RICHTER IN DEUTSCHLAND

Raimund Kusserow

RICHTER IN DEUTSCHLAND

Der längst fällige Report über die Halbgötter in Schwarz

Ein Stern-Buch

FOTOS VON CORNELIUS MEFFERT

Herausgeber:
Rolf Gillhausen, Peter Koch, Felix Schmidt

im Verlag Gruner + Jahr AG & Co, Hamburg
Umschlag: Dietmar Meyer
Druck: Clausen & Bosse, Leck
1. Auflage 1982
ISBN: 3-570-07016-6

Inhalt

„Eine selbständige und unabhängige Rechtspflege ist die erhabenste aller menschlichen Einrichtungen, ohne sie wäre aller Besitz die Beute der Gier; der Schwache würde das Opfer des Stärkeren. Der Richterstand ist daher der erste im Staate. Er wirkt unmittelbar auf den Zweck des gesellschaftlichen Lebens hin; denn von ihm gehen Recht und Ordnung, die einzigen Bedingungen der Wirksamkeit der gesellschaftlichen Verbindung, aus."

Heinrich Simon (1805–1860)
Stadtgerichtsrat in Breslau

I

Der Richter und sein Amt

Martin Beradt:

Amt und Anonymität

Der Richter wünscht anonym zu sein. Das kann er, braucht er nur Grundbücher zu betreuen oder ähnliche Register – als Spruchrichter kann er es nicht. Einzig der Spruchrichter erregt aber Interesse: Der andere übt Geschäfte aus wie ein Verwaltungsbeamter und unterscheidet sich nicht von einem Landesfinanz- oder Oberregierungsrat – kaum einer wird die Seele eines dieser Räte untersuchen oder sie darstellen wollen. Denn wenn auch alle Temperamente bei ihnen vorkommen können, wenn auch jede Vorzüglichkeit des Charakters ihnen eigen sein kann und keine Abscheulichkeit ihnen fremd sein muß – ihre Person ist nicht bemerkenswert.

Aber der Spruch- und namentlich der Strafrichter muß anders sein, denn wie? sammelt er nicht ein tausendfältiges Interesse auf sich? Der Angeklagte starrt auf seinen Mund, die Parteien warten auf seinen Ausspruch, die Rechtsanwälte belauern seine Gesten, müssen sie doch ihren Vortrag, ja ihre Handlung nach ihm einrichten; in Sachen von öffentlichem Interesse schildern Berichterstatter seine Art zu fragen; neuerdings hält ihn der Zeichner fest, der Photograph – wird nicht in den größten Sachen demnächst die Verkündung seiner Urteile in das Mikrophon erfolgen und mit dem Empfangsgerät auf der ganzen Erde zu hören sein? Schon jetzt hat der Richter in jeder Verhandlung auch über die reizlosesten Gegenstände Zuhörer, Zuschauer, die an ihm – was? studieren: das Recht?

das Leben? seine Zusammenhänge? die Gefahr des Sturzes? Oder einfach einen Mann, der Recht spricht, ausgestattet mit einer geradezu überwältigenden Macht, im Besitz einer Sicherheit wie die Propheten in der Bibel, umgeben von einer Würde, die Robe und Barett noch heben, in einem Saal, der unter seinem Wort verstummt, und mit einer Gewalt, die ebensosehr Werte vernichtet, wie sie Schicksale zermalmt?

Der Richter, den man darauf hinwiese, würde sich unangenehm berührt fühlen: denn nichts von alledem, nichts von dieser Macht, nichts von dieser Würde, nichts auch von seiner Fähigkeit, Schicksal zu gestalten, liegt ihm. Man beschenkte ihn, erklärte man, die Fälle, die er entschiede, seien gestellt, die Personen, deren Ehe er trennt, erdacht, der Angeklagte, den er in das Gefängnis wirft, nicht wirklich, bloß hergerichtet, eine Attrappe, alles andere, nur kein Mensch. Die Verantwortung liegt in Händen, die sie nicht suchen, die Macht ist Männern übergeben, die nicht machtgierig sind, und die Würde bei Menschen aufgehoben, die vorzögen, im Amt jene Bedeutungslosigkeit zu haben, über die ihr Leben nicht hinauskommt.

Der Richter setzt seinen Namen undeutlich unter sein Urteil, hat ein Schriftsteller gesagt, und er führte das nicht auf Nachlässigkeit zurück, sondern auf eine Scheu vor Verantwortung. Er irrte, aber nur zum Teil, denn allerdings: zur Rechenschaft will der Richter nicht gezogen werden. Deshalb hätte er nichts gegen die Streichung seines Namens im Sitzungsprotokoll, nichts gegen seine Auslöschung im Urteil. Eine Partei darf ihn falsch anreden, zu hoch oder zu niedrig titulieren, er wird keinen Anstoß daran nehmen, wenn die Titulatur nur den Abstand wahrt – aber er würde verlegen werden, wenn sie ihn mit seinem Namen anspricht. In den Gründen seiner Urteile sucht man vergeblich nach einem „ich", einem „wir"; immer stößt man auf etwas Allgemeines, auf das Ungreif-, aber auch Unangreifbare: „das Gericht". Der Richter verabscheut die aktive Form der Sprache, er haßt diese Form, die für sich einsteht und bekennt, er bevorzugt die passive als die unpersönliche. Er mißachtet das Präsens, in dem der ringende Mensch sich prüft und reinigt, er zieht sich hinter das Imperfekt zurück, ja, er liebt das Versteck hinter noch stärkere Grade, mit denen die Sprache Vergangenheit ausdrückt – je vergangener, um so historischer, je vergangener, um so losgelöster von seiner Person erscheint ihm sein Urteil.

Das sind zusammen Zeichen eines geradezu beherrschenden Verlangens nach Auslöschung der Person. Der Richter fühlt sich nur als Arbeiter, als Arbeiter in einem Staatsbetrieb; um es im Bild zu sagen: als eine kleine Schaufel an einer ungeheuren Turbine, die, getrieben von dem Wasser des Geschäftsplans, aus der Tiefe der Akten ein Häufchen beschriebenen Papiers nach dem anderen heraufschleppt und es ablagert. Wenn er morgen davongenommen wird, die Akten nimmt er nicht mit, die Akten überdauern ihn, sein Nachfolger findet sich in ihnen genauso zurecht wie er – die Akten sind unersetzlich, er selber nicht. Einen Anwalt, der lebensgefährlich erkrankt, hält der Wunsch am Leben, noch bestimmte Sachen zu erledigen, die nur er, davon ist er überzeugt, kein anderer zu Ende führen kann; er irrt, aber noch in diesem Irrtum liegt eine, wenn auch tragische Größe – keinen Richter würde dieser Glaube eine Stunde nur am Leben erhalten. Er ist für eine gewisse Zeit von Jahren an einen bestimmten Platz gestellt, um eine Reihe von Sachen zu erledigen, er sucht sie sich nicht aus, ein starrer Geschäftsplan trägt sie vor ihn hin – so verzichtet er darauf, über das Herkömmliche hinauszugehen, vermeidet er, vom usus fori abzuweichen, so entschiede er am liebsten alle Sachen so wie jeder andere Richter auch. Er entschiede sie am liebsten ohne Aufsehen und Aufheben, spräche am liebsten nur in Sachen Recht, bei denen nicht nachzudenken und das Herz nicht zu zermartern ist, ja, wenn es anginge, würde er zum Automaten, aus dem der verlangte Spruch einfach herausfiele.

Man soll nicht unwahr sein: Es gibt Richter, die lassen nicht nach, denen fehlt es auch später nicht an Energie, die weichen keiner schwierigen Sache aus, die bearbeiten, je schwieriger die Prozesse, sie um so lieber und haben auch den starken Willen zur Verantwortung. Aber ihre Vorzüge sind ungleich: Die Energie, sie bleibt, die Arbeitsfreude wächst sogar mitunter mit der Verwickelung des Falls, bloß der Verantwortungswille ist beirrbar. Da ist ein schwieriger, schwer zu Ende zu bringender Prozeß, der Richter versucht ihn beizulegen, der Vergleich mißlingt, er muß ein Urteil fällen, es ist ungerecht, er kann es begründen, es gibt da Gesetzesstellen und Entscheidungen, aber das Urteil dient keiner Partei, es schadet beiden, es schmeckt ihm selbst bitter auf der Zunge – das macht nichts: er fällt es. Das Leid, das er zufügt, hinterläßt ihm einen Stachel, er fühlt keinen Schmerz – er zieht sich hinter die Vorstellung zurück, er sei ein Staatsdiener, er habe bloß Gesetze anzuwenden, andere haben sie gemacht, nicht er, viele Gesetze seien schlecht, da sei eben nichts zu ändern, er spreche gar nicht Recht, ein anderer spreche aus ihm – so gaben die Priester immer vor, aus ihnen spreche die Stimme Gottes.

Der Richter fühlt sein Urteil nicht, weil er nicht seine Wirkung sieht. In größeren Städten, das heißt also in den meisten Sachen, hat er keinen Zusammenhang mit den Menschen. In seine Wohnung kommt kein Mann, den er vernichtet hat, und weint; vor seinen Augen erschießt sich keine Frau, deren Ehe er aus Kaltherzigkeit nicht schied – sie nimmt ihr Unglück auf sich, er erfährt es nicht, oder sie macht ihrem Leben ein Ende, und ihre Hinterbliebenen benachrichtigen ihn nicht. Mit einem falschen Urteil treibt er einen Kaufmann in den Konkurs, aber nie ermittelt der Mann, wohin er seine Spaziergänge unternimmt, nie kreuzt er seinen Weg mit vorwurfsvollen Blikken, er würde nicht verstanden, nicht erkannt werden, und bettelte er den Richter an, der wiese ihn ab. Kein durch seinen Spruch Beglückter hat ihm gedankt, kein durch seinen Spruch Gescheiterter ihn gezüchtigt – auch für die Masse ist er unpersönlich. Er trägt eine Robe, durch sie ist er den Menschen verborgen, hinter ihr sieht man nicht den Menschen, der darin lebt, allerdings darin so wenig zu leben sucht, wie es irgend angeht. Aber welches Unglück noch zu dem anderen, nämlich zu der falschen Grundeinstellung: diese Abgetrenntheit, dieses Nichtbemerken des Verderbens, das man anrichtet, dieses Schießen, wie im Krieg, wo man nicht den Einschlag sah!

Die Rechtstheorie hat sie stumpf gemacht, sie berührt das Elend nicht, das sie anrichten – aber neben etwas menschlicher Furcht vor dem Grimm der Mißhandelten fühlen sie wohl dunkel doch etwas von alledem, leise klagt sie ihr Gewissen an, sich zu etwas herzugeben, was nicht gut ist – darum das Verlangen nach Auslöschung, der Wunsch nach unpersönlichem Urteil, der Drang nach einem Untergehen in Anonymität!

(aus: Der deutsche Richter, 1930)

Diether Huhn:

Von der Standes- zur Klassenjustiz

Die Geschichte der BRD-Justiz beginnt nicht 1945

„Es gab Zeiten, da man im Richten etwas Heiliges und Göttliches sah."

Mit diesem Satz beginnt ein bekanntes Buch über den Richterberuf. Der Feierlichkeit der Formulierung hört man an, daß ihr Urheber – ein hoher Richter – sie nicht ohne Bedauern schreibt: Es gab diese Zeiten, warum gibt es sie nicht mehr? „Wenn aber", schreibt dieser Richter dann weiter, „in der atemlosen Stille eines Schwurgerichtssaals das richterliche Urteil verkündet wird, mit der Entscheidung, ob der Angeklagte freigesprochen oder zum Tode oder zu lebenslänglicher Strafe verurteilt wird, dann drängt sich manchem Zuhörer auch heute noch das Gefühl auf, daß hier die Grenzen des richterlich Erkennbaren überschritten sind und ein gerechtes Urteil oft mehr erfordert, als menschliches Können zu leisten vermag."

Das ist der Ton, in dem deutsche Richter gern über sich und ihren Beruf reden: mystisches Dunkel, Wohnort an den Grenzen des Faßbaren, Schaudern, Furcht, Bewunderung.

Mit der bundesdeutschen Wirklichkeit des Richterberufs hat das auf den ersten Blick nichts zu tun; erst auf den zweiten Blick ist auch vernebelnde Ideologie und gedankliche Befriedigung von Kompensationsbedürfnissen ein wichtiger Teil der Wirklichkeit. Wer verstehen will, warum die deutschen Richter heute sind, wie sie sich darstellen, braucht keinen viertausendjährigen Pyramidentext zu lesen und keine biblischen Vergleiche anzustellen. Die gegenwärtige deutsche Justiz ist ein verhältnismäßig junges geschichtliches Produkt: die DDR-Justiz ein ganz junges aus Nachkriegszeiten, und die bundesdeutsche kaum älter als 100 Jahre: ein Bismarck-Erzeugnis. Sie trägt bis heute die Züge, die ihr jene gewaltsame Zeit und dieser gewalttätige Mann aufgeprägt haben. In der erfolglosen Revolution von 1848/49 ist den deutschen Richtern das Rückgrat gebrochen worden. In der Reaktions- und Restaurationszeit, die dieser Revolution folgte, hat sich jener unpolitisch politische Geist geformt, der bis heute mit magnetischer Selbstverständlichkeit die falschen Gedanken zu Traditionen erhebt und Widerspruch nur in der Rolle des Opfers gestattet. Die besseren Traditionen sind verschüttet. Die bundesdeutschen Richter sind viel eher Hüter des Staates und der Besitzinteressen als Hüter des Rechts und derer, denen es vorenthalten wird.

Das hätte nicht so sein müssen, und ist doch notwendigerweise so: Die Geschichte ist kein Wunschkonzert. Es lohnt sich nicht, nach dem Wenn-dann-Muster über sie zu träumen. Wer sich aber Gedanken darüber macht, warum die deutsche Justiz ist, wie sie ist – eine Bürokratie wie andere auch – und ob sie vielleicht doch noch werden könnte, was sie ihrem rechtsstaatlichen Anspruch nach längst sein müßte, der wird sich nicht mit den Gegenwartsbildern begnügen dürfen, wird den Schutt des Vergessens ein wenig beiseite räumen müssen, nachsehen, an welchen Stellen die falschen Wege eingeschlagen worden sind, und sich fragen, ob Umkehr, Rückkehr, Wandlung möglich sind.

Damit – wie gesagt – ist ihm kein Weg in mythische Frühzeiten aufgetragen: Für das Göttergericht, vor dem – nach einem Pyramidentext aus dem dritten vorchristlichen Jahrtausend – Seth wegen Ermordung seines Bruders Osiris angeklagt war, braucht er sich dabei nicht zu interessieren, die Unterweltrichter Minos und Rhadamanthys können ihn gleichgültig lassen, auch das Reichskammergericht in Wetzlar kann er vergessen: Daß Goethe dort tätig war, weiß der Bildungsbürger und weiß damit nichts, was er anderswo gebrauchen könnte als in überlebten Gymnasialprüfungen. Ich wäre über das Schicksal dieser zweiten deutschen Republik beruhigter als ich's bin, wenn sich sagen ließe: Nachdem im NS-Staat auch die deutsche Justiz, auch deutsche Richter – wie deutsche Polizisten, Soldaten und andere „anständige Menschen" – als Mörder und Mordgehilfen den Namen des Rechts durchs Blut gezogen haben, hat diese Bundesrepublik sich eine Rechtsprechung geschaffen, die in einem Akt wirklicher Umkehr sich neuen Werten verpflichtet und im Gedenken der Schuld der Väter mit den Traditionen der Obrigkeit gebrochen hat. Aber das ist nicht so. Die deutschnationalen Traditionen der deutschen Justiz, die den Mordgerichten Adolf Hitlers so willfährige Helfer stellte, sind – alles in allem – auch in der BRD die herrschenden Verhaltensmuster der herrschenden Rechtsprechung. Es gelang ihnen – nur eines von vielen möglichen Beispielen – leicht, Gedankengut aus fürchterlichsten Nazigesetzen in eine neue Radikalenverfolgung, in Gesinnungsprüfungen und Berufsverbote umzusetzen: Es ist nichts als eine – unter der Vielzahl der ähnlichen Fälle – fast schon gleichgültige Anekdote, daß an einem der maßgeblichen „Anti-Radikalen"-Urteile des Bundesverwaltungsgerichts ein Bundesrichter mitwirkte, der sich auch in der Nazi-Zeit – bei sogenannten „Rassenschande"-Urteilen – in der Verfolgung von Minderheiten hervorgetan hatte. Und nach wie vor sind es nicht diese Richter, nicht diejenigen, die sie in hohe und höchste Richterämter der Republik aufsteigen ließen, denen die kritische Aufmerksamkeit der Ministerien und Kollegen gilt, sondern jene anderen, die sich gelegentlich erlauben, auf diese merkwürdige und beunruhigende Übereinstimmung hinzuweisen.

Republikanische Traditionen also hat die bundesdeutsche Justiz nicht. Ihre Geschichte ist älter als die Republik.

„Wird, auch für den Proletarier, irgendwann in Deutschland der Rechtsstaat beginnen, von selbst und ohne daß er die Waffen erhebt?" fragt 1851 Georg Weerth, Geisteskind Heines, der Freund von Engels und Marx. Die Frage ist unbeantwortet. Eine proletarische Revolution hat es in diesem Land noch nicht gegeben, vielleicht anderthalb bürgerliche; aus dem 1870er

Krieg kehrte der Kapitalismus siegreich nach Deutschland zurück, die Zollschranken hatte er vorher schon niedergehauen, nun blühten die Geschäfte, der Liberalismus verbündete sich mit den Kommerzienräten, den Grundherren und den Leutnants. Deutschland wurde einig für Handel und Massenausbeutung.

Die Justiz wird volljährig zwischen Gardemajoren und Bankiers

Das war die Zeit, in der die moderne deutsche Justiz volljährig wurde, die Zeit, in der „die Zahlen und das Geld erfunden wurden und das Wechselrecht und die politische Ökonomie . . . Von diesem Augenblick an kann man alles Unglück datieren, der Mensch wurde ein Artikel, der nun hinfort von der Nachfrage und der Zufuhr abhing und alle Leiden der Überproduktion mit der Wolle, der Baumwolle, dem Flachs usw. teilt. Wer nicht ein verheirateter Gardemajor, ein Landgerichtsrat, ein Bankier, ein Bischof wurde, der sank zu einem Schneider, zu einem Steinklopfer, zu einem Tagelöhner oder dergleichen herab", sagt Georg Weerth, nach dem zwar nicht in seiner Geburtsstadt Detmold (BRD), aber in Havanna (Kuba) eine Schule heißt. Ein Landgerichtsrat zwischen den herrschenden Kreisen: dem Militär, der alten und erhaltenen Macht, und dem Handel, der neuen, der finanzierenden Staatsgewalt, also mitten im liberal-konservativen Bündnis, das die deutschen Staaten seitdem (und manche sagen: immer noch) beherrscht, die deutsche Justiz, die deutschen Richter.

Um das Jahr 1900 gibt es ungefähr 8800 Richter im deutschen Kaiserreich, 15,6 Richter auf je 100 000 Einwohner, die meisten davon heißen Amtsgerichtsräte (und sie hießen heute noch so, wenn nicht eine der sich aufs Verbale beschränkenden SPD-Reformen der 1970er Jahre sie in „Richter am Amtsgericht" umbenannt hätte, und selbst diese Harmlosigkeit hat manche von ihnen bis zum Bundesverfassungsgericht empört), die anderen dürfen sich Landgerichtsräte, Oberlandesgerichtsräte, Reichsgerichtsräte nennen, die Kollegen in den besseren Positionen heißen Landgerichtsdirektoren, Senatspräsidenten (jetzt nur noch „Vorsitzende Richter", kein „anredefähiger Titel" mehr, aber es besteht – sagt das Bundesverfassungsgericht – in der zweiten deutschen Republik kein Grundrecht auf anredefähige Titel; das schmerzt viele).

Das sogenannte deutsche Kaiserreich von 1870 ist ein Erzeugnis der bürgerlich-konservativen Staatsmacht Preußen, die Bismarck durch den deutsch-deutschen Krieg von 1866 vor den „Gefahren der Demokratie" bewahrt und dem er nun seine Märkte zu sichern hatte. Preußen wurde Deutschland. Bis dahin war Preußen selbst ein zersplittertes Land gewesen. Seine Rechtszerrissenheit zeigte es an, es gab preußisches, sogenanntes gemeines (das heißt akademisch-römisches) und französisches Recht in seinen Landen. Die Organisation der Gerichte war entsprechend verwirrend und unübersichtlich: neben dem Geheimen Obertribunal bestanden nicht weniger als vier oberste Gerichtshöfe, außerdem die Oberlandesgerichte, der Appellationsgerichtshof in Köln, der Justizsenat in Ehrenbreitstein, das Hofgericht in Greifswald und die Stadt- und Kreisgerichte. Die Gerichtsorganisation im ganzen Deutschland zu überblicken, mußte man ein Fachmann sein. Damit hatte es nun ein Ende.

Die Geburtsstunde der bis heute in der BRD (seit den 50er Jahren nicht mehr in der DDR) geltenden Gerichtsorganisation war der 27. Januar 1877. An diesem Tag verabschiedete der Reichstag des Bismarck-Reichs das Gerichtsverfassungsgesetz. Zusammen mit den anderen sogenannten Reichsjustizgesetzen, der Zivilprozeßordnung, der Strafprozeßordnung und der Konkursordnung, trat es am 1. Oktober 1879 in Kraft und gilt – wie alle diese Gesetze des Kaiserreichs, wechselnder Staatsformen ungeachtet – bis heute. Seitdem gibt es überall in Deutschland (West) Amts-, Land- und Oberlandesgerichte. Das Reichsgericht gibt es nicht mehr. Es hatte seinen guten Namen längst verloren, als sein letzter Präsident, Richter schon im Kaiserreich, hoher Justizbeamter schon in der Republik von Weimar, nun Adolf Hitlers oberster „ordentlicher" Richter im Frühjahr 1945, sein letztes Todesurteil fällte und sich bald darauf selbst ums Leben brachte, wie längst schon um den guten Namen. Die Stelle dieses Gerichts vertritt in der Bonner Republik der Bundesgerichtshof, aber die Hunderte von Bänden der amtlichen Sammlung „Reichsgerichtsentscheidungen" stehen heute noch in allen Gerichtsbibliotheken: BRD-Rechtswissenschaft und BRD-Justiz zitieren daraus bis heute in ungebrochener Traditionstreue.

Die herrschenden Traditionen der bundesdeutschen Justiz, die inneren Leitbilder der meisten ihrer Richter stammen aus jener Zeit, aus der die Reichsjustizgesetze stammen, das Strafgesetzbuch und das Bürgerliche Gesetzbuch. Sie sind – in ihren gleichbleibenden Grundmustern jedenfalls – am Ende des 19. Jahrhunderts verfertigt worden, haben – als „Klassenjustiz" nicht geschmäht, sondern zu Recht charakterisiert – die Republik von Weimar überdauert und auch jenen 2. April 1935: In der Berliner Staatsoper fand damals ein feierlicher Staatsakt statt; „in feierlichem Zuge zogen, in Amtstracht und Ornat, 700 deutsche Richter, unter ihnen die Präsidenten und leitenden Staatsanwälte aller deutschen Gerichte, die Dekane der rechtswissenschaftlichen Fakultäten und die Vertreter der Anwaltschaft in den festlichen Raum ein, an ihrer Spitze in seiner pelzverbrämten Robe der Reichsgerichtspräsident. Hierbei vereinten sich zum ersten Male alle deutschen Oberlandesgerichtspräsidenten und Generalstaatsanwälte in Berlin." Der Anlaß war die „Verreichlichung" der deutschen Justiz, die Justizverwaltung hörte auf, Ländersache zu sein – wie sie es heute wieder ist, ohne dadurch freilich an der Einheitlichkeit der Traditionen und Denkweisen der deutschen Richter andere als lokale Korrekturen anzubringen. „Nachdem der Führer eingetroffen und die einleitende Musik verklungen war", redeten der preußische Ministerpräsident Hermann Göring und der Reichsjustizminister Dr. Gürtner, ehemaliger bayerischer Staatsanwalt. „So können wir mit gutem Gewissen", sagte er, „dem deutschen Volke und seinem Führer heute feierlich geloben, unseren Stolz und unsere Kraft daranzusetzen, treue Hüter des Rechts zu sein." „Stürmisch brausten die Heil-Rufe auf den Führer durch den großen Raum und brachen aufs neue hervor, als der Führer dem Reichsjustizminister dankend die Hand schüttelte." So schreibt über den denkwürdigen Tag der Staatssekretär im Reichsjustizministerium und ehemalige Senatspräsident am Kammergericht, Franz

Schlegelberger; er rettete seine Pensionen und seine erfolgreichen Kommentare auch in die zweite deutsche Republik hinüber. „Ich brauche kein schlechtes Gewissen zu haben", sagte er in den fünfziger Jahren.

Bumke, der Phänotyp

„An der Spitze in seiner pelzverbrämten Robe: der Reichsgerichtspräsident": der da aus der Geschichte hervortritt, heißt Erwin Bumke. Aufgewachsen – so die Festschrift zu seinem 65. Geburtstag 1939 – „in der Obhut eines harmonischen Elternhauses", ausgestattet mit „ausgeprägtem Sinn für Schönheit der sprachlichen Form", war er alles in allem nicht viel mehr als zwei Jahre praktischer Richter gewesen, als er 1929 durch die Republik von Weimar zum Reichsgerichtspräsidenten gemacht wurde. Diese beiden Jahre hatte er im Kaiserreich, 1905 bis 1907, als Landgerichtsrat in Essen zugebracht: „Hier", sagt die Festschrift aus der Hitler-Zeit, „im übervölkerten Industriegebiet" treten ihm „als besonders sinnfällig" die Probleme der arbeitenden Klasse entgegen; diese Probleme sind: der jugendliche Straftäter, der Gewohnheitsverbrecher, der geisteskranke Rechtsbrecher. Ob ihn das zu Gedanken veranlaßt hat über die Ursachen der sogenannten Kriminalität und über die Rolle der Justiz bei der Zuteilung des Verbrecherstigmas an die ausgebeuteten Volksschichten? Sicher nicht, denn wie wäre er sonst 1907 in das Reichsjustizamt, das damalige Reichsjustizministerium, gekommen. Er war 34 Jahre alt, als ihn dort Seine Majestät zum Geheimen Regierungsrat ernannte; weitere Karrierestufen folgten. „Nach Beendigung des Völkerringens", an dem er sich stilgerecht als Leutnant der Landwehr bei der Feldartillerie und „auf dem Gebiete der Spionageabwehr" beteiligt hatte, kehrte er an seinen alten Arbeitsplatz zurück und wurde 1920 bereits durch die Republik von Weimar zum Ministerialdirektor im Reichsjustizministerium befördert: die Karriere verlief ungebrochen. Bumke befand sich längst an einer der Stellen, von denen man damals – wie heute – die Gerichtspräsidenten herholt, denn ein „hoher Richter" wird man in Deutschland nicht dadurch, daß man als

Richter arbeitet, sondern vorzüglich dadurch, daß man sich in den Ministerien aufhält und in der Nähe derjenigen, die über die Beförderungen befinden: der Minister, der Regierungen „bei solchem Herkommen (nämlich beim Herkommen aus einem Ministerium)", schrieb 1930 der ehemalige oberste Staatsanwalt der Republik, Ludwig Ebermayer, „besteht ja von vornherein eine gewisse praesumtio iuris für besondere Leistungsfähigkeit". Neun Jahre lang war Bumke noch Ministerialer. Die „bessere Ausgestaltung des Jugendstrafrechts lag ihm besonders am Herzen", hier, meinte er, müsse der Richter „als Erzieher" walten. 1929 „erfuhr seine amtliche Laufbahn ihre Krönung": Der Reichspräsident Hindenburg ernannte ihn zum Reichsgerichtspräsidenten, zugleich zum Präsidenten des Staatsgerichtshofs für das Deutsche Reich, zum Vorsitzenden im Reichsdisziplinarhof, später im Dienststrafsenat des Reichsgerichts. Als solcher – wie gesagt – war er „rastlos tätig" bis ins Jahr 1945. Wenige Tage vor dem Einmarsch der Amerikaner in Leipzig fällte er noch ein Todesurteil wegen Wehrkraftzersetzung, kurz darauf nahm er sich selbst das Leben. Nach allem, was wir in der zweiten deutschen Republik erlebt haben, war das eine übereilte Handlung: Wäre Bumke nach 1945 nur rechtzeitig in die westlichen Teile Deutschlands umgesiedelt, vielleicht nach Karlsruhe oder nach München, wahrscheinlich hätte man dort kaum einen Grund gefunden, ihn seine Pension nicht verzehren zu lassen. Und wie er tatsächlich im Kuratorium des Gewandhausorchesters gewesen war, auch Vorsitzender der Neuen Bach-Gesellschaft, ja „in seinen Mußestunden immer noch zur Geige gegriffen" hatte, so hätte er gewiß auch in der Bonner Republik Gelegenheiten genug gefunden, „sein allgemeines künstlerisches Verständnis" zu betätigen. Es wären in verstreuten Zeitschriften vielleicht zwei Aufsätze erschienen, die bewiesen hätten, daß es dem Reichsgericht in Treue zu seinen streng sachlichen Traditionen gelungen sei, „Schlimmeres zu verhüten", nationalsozialistische Terminologie sei zwar erforderlich gewesen, wenn man aber den sachlichen Inhalt der betreffenden Entscheidungen überprüfe, so werde man feststellen, daß das Gericht streng auf dem Wege des Rechts geblieben sei. So z. B. in seiner berühmten Rechtsprechung zum Paragraphen 2 des Strafgesetzbuches, den die Nazis bereits 1935 in das Gesetz eingefügt hatten und der das sogenannte Analogieverbot im Strafrecht aufhob: Künftig sollte nicht nur der bestraft werden können, der gegen ein Strafgesetz verstoßen hatte, sondern auch der, „der nach dem Grundgedanken eines Strafgesetzes und nach dem gesunden Volksempfinden Strafe verdient". „Maßgebend bleibt auch nach dieser Vorschrift immer das Gesetz. Der Grundgedanken eines Strafgesetzes, wenn auch nicht sein Wortlaut, muß also auf die Tat zutreffen. Hieran kann auch der Umstand nichts ändern, daß das Dritte Reich eine große Anzahl von Vorschriften einstweilen aus der Vergangenheit hat übernehmen müssen, die den Lebensanschauungen der Gegenwart nicht mehr entsprechen ... Auch die Gesetze, die der Führer bis auf weiteres fortbestehen läßt, sind ein Bestandteil seiner Gesetzgebung." So hatte der Große Senat des Reichsgerichts unter Bumkes Vorsitz entschieden; daran würde man jetzt erinnern und man würde sagen: Nur die Terminologie ist nazistisch, in der Sache war das doch alte juristische Lehre, also eine besonders listige Form des Widerstands, eine besonders wirksame. Einige andere Bumke-Urteile würde man ganz vergessen haben: Entfernung aus dem Dienst für einen Beamten, der den Hitlergruß verweigert hatte („Das Bekenntnis zum Führer, das sich im Deutschen Gruß offenbart, gehört zu den vornehmsten Pflichten eines Beamten"), kein Recht des Beamten, in seine Personalakten Einsicht zu nehmen („Diese Bestimmung – der Weimarer Reichsverfassung – steht mit der nationalsozialistischen Grundauffassung ... im Widerspruch; sie ist daher mit dem nationalsozialistischen Umbruch ohne ausdrückliche gesetzliche Anordnung außer Kraft getreten"); Verurteilung wegen Rassenschande für einen „Juden deutscher Staatsangehörigkeit, der mit einer Staatsangehörigen deutschen Blutes im Ausland außerehelich verkehrt", eine Entscheidung, von der es in der Bumke-Festschrift von 1939 heißt, daß von ihr „ein gerader Weg bis zu der Entscheidung vom 2. Februar 1939 (RGSt Bd. 73, 94)" führt, „nach der Rassenschande begangen werden kann, ohne daß es überhaupt zu einer körperlichen Berührung zwischen den Beteiligten kommt". Daß dieser „gerade Weg" geradenwegs in die Massenvernichtungslager führte, hätte die Republik dem Reichsgerichtspräsidenten Bumke gewiß nicht angerechnet, denn, daß er davon „nur gerüchteweise vernommen, aber nicht eigentlich etwas gewußt" habe, das hätte man ihn schon nachweisen lassen. Wer sich „in treuer Pflichtauffassung" drei deutschen Staaten hat anpassen können, dem wäre es sicherlich auch überzeugend gelungen, sich dem vierten vertraut zu machen. Erwin Bumke hatte alle Voraussetzungen für einen hohen deutschen Richter, vielleicht hat er ein bißchen Pech gehabt: Wäre Hitler nicht gekommen . . . und hätte er nicht doch vielleicht eine gewisse pessimistische seelische Grundstimmung in sich gefühlt, er hätte die Giftampulle im Schränkchen gelassen, hätte die Koffer gepackt, wäre vielleicht nach Flensburg gereist wie sein Kollege Schlegelberger und hätte vielleicht doch einen Ehrenplatz bei der Eröffnung des Bundesgerichtshofs in Karlsruhe bekommen. Als ein Zeuge ungebrochener Tradition hätte er dort nicht falsch gesessen. Und wenn er heutige höchstrichterliche Rechtsprechung über das Beamtenverhältnis läse, würde er vielleicht denken, daß man aus seinen Urteilen nur das Wort „nationalsozialistisch" als Beiwort des Staates streichen und durch „freiheitlich-demokratisch" ersetzen müsse, um ganz ähnliche Ergebnisse hervorzubringen.

Bumke also als Vorbild? Das vielleicht gerade nicht, aber Bumke als Beispiel, Bumke als Phänotyp des höheren deutschen Richters, das ist eine zulässige Überschrift über seine Laufbahn und über die Laufbahn vieler NS-Richter, denen die nahtlose Einfügung in den Staat von Bonn gelang: die Bundesrichter Mattern, Haidinger, Chapeaurouge, Weber-Lortsch, der Senatspräsident am BGH Dr. Jagusch, der Generalbundesanwalt Fränkel, der Bundesverfassungsrichter Geiger, die wahrhaft furchtbaren Juristen, über die der sozialdemokratische Richter Hellmut Kramer aus Branschweig jüngst berichtet hat, sie und viele andere: es ist längst müßig, einzelne Namen zu nennen. „Was damals Rechtens war, kann heute nicht Unrecht sein", sagte Ministerpräsident Filbinger, einer von Adolf Hitlers vielen Blutrichtern. Er wird vielleicht auch sagen: „Ich brauche kein schlechtes Gewissen zu haben", ein einzelner Schriftsteller hat ihn, spät, für die Demokratie unmöglich gemacht; die Partei, die sich anschickt, zum zweiten Mal die Macht in der zweiten Republik zu übernehmen, würde ihn sonst „weiterhin tragen". Es geht also nicht um Aufdeckung, Enthüllung, noch nicht einmal mehr um Namhaftmachung. Alle diese Leute sind ja in der zweiten Republik nicht mit angeklebten Bärten, gefälschten Pässen, verstellter Identität aufgetreten. Sie haben sich in den Bonner Staat nicht deshalb so gut eingefügt, waren nicht deshalb nach wie vor so brauchbar, weil sie Nazis waren und der Bonner Staat eine Fortsetzung des Nazi-Staates wäre. Freilich gab es (in Berlin etwa) Sarkastiker, die sagten: „Nach 45 hatte ich es schwer, ich war nicht in der NSDAP gewesen" (da gab es die Nazi-Ministerialen Vogel und Creifels an wichtigen Personalfunktionen, auch in Niedersachsen gab es einen solchen Mann an einem solchen Platz, anderswo vielleicht andere). Aber das sind Übertreibungen und außerdem Zeugnisse vordergründigen Denkens. Denn es sind gar nicht die Nazi-Traditionen, die sich erhalten haben; der Reichsgerichtspräsident Erwin Bumke war gewiß kein Mann, der dachte wie Adolf Hitler oder Roland Freisler, und das gute Gewissen der Schlegelberger und Filbinger wird subjektiv eine Tatsache sein: ein Verdrängungsmechanismus älterer Herkunft, vom Ende des vorigen Jahrhunderts, ein Erziehungsprodukt. Nicht weil sie Nazis waren und der Bonner Staat der Nachfolger des Nazi-Staates wäre, konnten die Karrieren dieser Männer so frei verlaufen von Brüchen, sondern weil alle deutschen Staaten seit dem Bismarck-Reich Klassen-Staaten waren und weil es stets dieselbe Klasse war, die die deutschen Staaten beherrschte. Deshalb hatten die deutschen Staaten auch stets dieselben Richter, ofmals wirklich dieselben: Bumke als Phänotyp.

Der Kampf um die deutsche Justiz ist im 19. Jahrhundert verlorengegangen

Dieser Kampf war schon verloren, als die Reichsjustizgesetze in Kraft traten und Erwin Bumke in die Schule kam. Er hat gar nicht gewonnen werden können (aber er kann – bis heute – immer wieder und immer noch einmal neu verloren werden).

Die Richter sind unabhängig, nur dem Gesetz unterworfen. Das steht in der Verfassung, auch im Gerichtsverfassungsgesetz. Zu allen Zeiten ist für Richter und Publizisten die Unabhängigkeit der Justiz ein Thema gewesen, bisweilen sogar eine Forderung des Aufstands und der Revolution. Heute, wenn man Pech hat, kann man zum Verfassungsfeind werden, wenn man sich zur Unabhängigkeit der Richter nicht laut genug bekennt. Das sollte nachdenklich stimmen: Sehr wichtig kann ein Grundrecht für das Volk nicht sein, wenn sich alle Welt über seine Wichtigkeit so einig ist, sogar die Minister und die Staatspolizei. Bumke, der Phänotyp, hat das meiste gewiß freiwillig getan und hat nicht gezwungen und in seiner Unabhängigkeit vergewaltigt werden müssen. Ich will gewiß nicht, daß man die historischen Sätze über die Richterunabhängigkeit aus der Verfassung streicht, und ich will auch getreulich einstimmen in die staatsbürgerlichen Klagen über historische oder aktuelle Eingriffe in die Unabhängigkeit der Richter, aber ich will mir doch dadurch den Blick nicht verdüstern lassen für die einfache und eigentlich selbstverständliche Tatsache, daß die Justiz sich nicht unabhängig entwickeln kann von der Entwicklung der Gesellschaft insgesamt. Wenn der Staat kapitalistisch ist, wird auch seine unabhängige Justiz im Dienst der Kapitalisten stehen, zwar diese oder jene individuelle Korrektur im Klassengegensatz anbringen, aber dennoch insgesamt, im gesellschaftlichen Endergebnis: Klassenjustiz sein. Eine bürokratische, eine Beamtenjustiz wie die unsere kann keine Gegenmacht darstellen gegen die Kräfte, die die Gesellschaft beherrschen. In Zeiten des ökonomischen Überflusses wird das weniger auffallen als in Zeiten, in denen die Zahlungsmittel knapp werden und die Überschüsse ausbleiben, aus denen bis dahin die schmückenden Beiworte der Marktwirtschaft finanziert worden sind. Solange es eine moderne deutsche Justiz gibt, hat Unabhängigkeit der Richter immer nur bedeutet: Unabhängigkeit von den Regierungen und den Gesetzen, die der ausgebeuteten Volksmehrheit dienten. In seiner berühmten Schrift „Zur Soziologie der Klassenjustiz" hat der (damals) linke Sozialdemokrat Ernst Fraenkel 1927 deshalb gegen alle Verlockungen der sogenannten Freirechtsschule die politische Forderung verfochten: Das Proletariat erobere den Staat und mache seine Gesetze, binde aber den Richter streng an dieses Gesetz und lasse ihm tunlichst keinen Spielraum für „Billigkeitserwägungen". Die richterliche Billigkeit geht sozusagen immer nach hinten los. Dafür gab es in demselben Jahr 1927 eine bedrückend deutliche Bestätigung aus dem Mund des Reichsgerichtspräsidenten Simons, der Bumkes, des Phänotypen, Vorgänger war. In einem Vortrag in München sagte er: „Der Vorwurf der Klassenjustiz ist alt. Er ist falsch und unbegründet, soweit er subjektiv gemeint ist. Der Vorwurf ist aber nicht ohne Grund in gewissem objektiven Sinn. Das ist aber nicht Schuld des Richters, sondern der großen Kluft, die zwischen den sogenannten Gebildeten und den unteren Klassen besteht." Es war derselbe Vortrag, in dem der von dem Sozialdemokraten Gustav Radbruch in sein Amt beförderte Reichsgerichtspräsident einem Sozialdemokraten mehr oder weniger die Befähigung zum Richteramt absprach, weil diese Partei sich auf „Klassenkampf versteife": Klassenkampf ist nur als Klassenkampf von oben zulässig. „Das Bürgertum hat als besitzende Schicht ein Interesse daran, unter Wahrung des Gesichtes vom Klassenfrieden seinen Unterdrückungskampf gegen das Proletariat unter dem Ausschluß der Öffentlichkeit zu führen . . . Die Justiz ist eines der Mittel, deren sich die herrschende Klasse in ihrem latenten Kampfe gegen das Proletariat bedient" (Ernst Fraenkel 1927). Ist das Geschichte, Vergangenheit oder nur eine der vielen vergessenen Lektionen? Auf die Antwort, fürchte ich, werden wir heute, 1982, nicht mehr lange warten müssen.

Die Traditionen des Widerstands in der deutschen Justiz sind Traditionen des Scheiterns

„Die Gedanken der herrschenden Klasse sind in jeder Epoche die herrschenden Gedanken", sagt Karl Marx. Die herrschende Klasse beherrscht auch die Bildungswerte und stellt sie in den Dienst ihrer Geschichtsschreibung. Die Herrschaft der Vorstellungen und Denkweisen, die mit der modernen deutschen Justiz am Ende des vorigen Jahrhunderts ins Leben getreten sind, hat deshalb auch die Erinnerung an andere, ursprünglich vorhandene Möglichkeiten, ein deutscher Richter zu sein, verdrängt. Geschichte wird nicht nur erforscht und geschrieben, sondern auch verschwiegen und verfälscht. Die Traditionen des Widerstands, der Opposition in der deutschen Justiz sind daher Traditionen des Scheiterns und Vergessens. Das Eingeständnis des Reichsgerichtspräsidenten Simons, die deutsche Justiz sei vielleicht objektiv, aber nicht subjektiv Klassenjustiz, enthüllt darüber mehr, als es – wohlmöglich – eingestehen wollte: Klassenjustiz ist doch immer nur als objektive politische Tatsache für die von Bedeutung, die sie betrifft; ob der Funktionär der Klassenjustiz, der Richter, daneben ein gutes Gewissen hat oder ein schlechtes, interessiert erst später. Die Klassenjustiz des guten Gewissens, also: die „nur" objektiv, nicht aber subjektiv vorhandene Klassenjustiz, ist die gefährlichere. Man kann sie schwerer bekämpfen, weil sie in den Köpfen ihrer Beherrscher noch gar nicht vorhanden, vielmehr verstellt ist und versteckt hinter wissenschaftlichen Theorien, allgemeinen Vorstellungen und Stammtischgesprächen. Dagegen ist schwer aufzukommen. Denn wo in Deutschland Klassenjustiz herrscht, sind ja die Richter, die ihre Handwerker sind, nicht auch ihre Nutznießer; sie sind nur ihre Diener, sie leben im Untergeschoß des Kapitalismus; während oben die Gastmähler gehalten werden, sehen sie zu, wie die Platten vorübergetragen werden. Darum denken sie, sie lebten im Schutz der Speisenden, und da sie selbst wenigstens nicht hungern, wissen sie nichts davon, daß es draußen den wirklichen Hunger gibt und nicht nur den Hunger nach Gerechtigkeit. Am Ende des 19. Jahrhunderts bilden sich jene Bildungsgänge aus, die die deutschen Richter zu gutgläubigen Werkzeugen der Klassenjustiz erziehen, indem sie ihnen die Politik austreiben. Das 19. Jahrhundert führte nicht nur jene Epoche herauf, in der die Grundlagen der modernen Klassenjustiz gelegt wurden, sondern auch die Epoche, die der deutschen Justiz das politische Bewußtsein austrieb.

Der Reichskanzler Bismarck wußte warum. In den 1850er

und 60er Jahren waren es in vorderster Linie gerade deutsche Richter gewesen, die die Politik gegen ihn organisierten. Diese Richter waren mehrheitlich und meistens Liberale, nicht etwa Demokraten oder gar Sozialisten, Arbeiterfreunde daher auch sie nur aus karitativer Anwandlung, auch sie also vorherbestimmt, Werkzeug oder Opfer der Klassenjustiz zu werden. Aber sie waren doch auch handelnde deutsche Politiker. Richter und Politiker zu sein, wurde ihnen etwas Selbstverständliches (wie es heute – wieder – mehr und mehr etwas Verbotenes, Standeswidriges wird). Wäre es etwas Selbstverständliches geblieben, hätte sich also eine Tradition der politischen Aktion in der modernen deutschen Justiz und mit ihr entwikkelt, viele ihrer Funktionäre hätten vielleicht den stummen Verführungen der Klassenjustiz widerstehen oder doch wenigstens nach geschichtlichen Niederlagen, an denen es in Zukunft in Deutschland nicht mangeln sollte, Akte wirklicher Umkehr vollziehen können. Es gab für die deutsche Justiz die geschichtliche Möglichkeit, andere Phänotypen herauszubilden als Bumke und von anderen Autoritäten Weltkenntnis zu erlernen als von Palandt.

Wer die heutigen Nachfolger Bumkes studiert, der sollte deshalb auch einige Augenblicke vor den Gräbern derer verharren, die nicht ihre Väter wurden und die – mögen sie auch geirrt haben – die besseren deutschen Hoffnungen trugen; ihr zeitgenössischer Ruhm hat ihnen nicht dagegen geholfen, heute vergessen zu sein: Auch die Geschichte der Klassenjustiz ist von den Siegern geschrieben.

Oppositionelle Richter: Heinrich Simon

Heinrich Simons Grab ist der Wallensee, ein Ort des Exils, in der Schweiz. „Wer je seine Tage im Exil verbracht hat, die feuchtkalten Tage und die schwarzen langen Nächte, wer die harten Treppen der Fremde jemals auf- und abgestiegen, der wird begreifen . . .": Heinrich Heine am 24. Januar 1837 in Paris, 1835 vom Bundesrat praktisch mit Berufsverbot belegt, schon ein paar Jahre im Exil, als Heinrich Simon in Deutschland noch wirkte. Viele deutschen Schriftsteller haben in den hundert folgenden Jahren die bittere Exilerfahrung noch machen müssen wie Heine, kaum noch deutsche Richter wie Simon.

Heinrich Simon (1805-1860), Stadtgerichtsrat in Breslau, war der Sohn eines reichen Kaufmanns, ein vermögender, also ein unabhängiger Mann.

„Eine selbständige und unabhängige Rechtspflege", äußerte er 1831, „ist die erhabenste aller menschlichen Einrichtungen, ohne sie wäre aller Besitz die Beute der Gier; der Schwache würde das Opfer des Stärkeren. Der Richterstand ist daher der erste im Staate. Er wirkt unmittelbar auf den Zweck des gesellschaftlichen Lebens hin; denn von ihm gehen Recht und Ordnung, die einzigen Bedingungen der Wirksamkeit der gesellschaftlichen Verbindung aus." Solche Worte ließe man sich unter deutschen Richtern bis heute gefallen: schöne Worte, Sonntagsworte, Justizministerworte, auch heute noch passend für jede Gefängniseinweihung. Heinrich Simon wurde ein Oppositioneller, weil er sie ernst nahm.

Am 29. März 1844 publizierte das preußische Staatsministerium die Gesetze „betreffend das gerichtliche und Disziplinarverfahren gegen Beamte und das bei Pensionierungen zu beobachtende Verfahren". Diese Gesetze waren weniger harmlos, als ihr Titel vortäuschen wollte. Sie enthielten in Wirklichkeit – wie Simon sich ausdrückte – „eine vollständige materielle Umgestaltung des preußischen Staatsrechts in Ansehung der Stellung des Richterstandes". Simon polemisierte deshalb in einer Reihe von Zeitungsartikeln gegen die Gesetze. (Das möchte ich heute sehen: Kolumnen in Massenblättern von einem bundesdeutschen Richter gegen konservative Gesetze!) „Der preußische Richter", schrieb er, „ist schlecht besoldet, stiefmütterlich bedacht, sogar gegen die Verwaltungsbeamten hat er mit Entbehrungen zu kämpfen, aber er hat nie darüber geklagt. Er hatte etwas, was ihm höher dünkte als äußere Vorteile, das Bewußtsein, preußischer Richter zu sein. Er wird fallen, der bisher so edle preußische Richterstand, man wird nicht mehr ungläubig lächeln, wenn Fälle eines höheren Einflusses auf preußische Richterkollegien geflüstert werden, und die Trümmer dieser Institution werden auf den preußischen

Thron stürzen und auf die bürgerliche Freiheit des preußischen Volkes." Auch das sind vielleicht Worte, die noch in die Sammlung der Feiertagssprüche hineinpassen. „Arm, aber selbstbewußt": Das ist der ideologische Stoff, aus dem man, das Biedermeier am Schopf packend, nach 1870 den „gemütlichen Kapitalismus" verfertigte. Dieter Claessens hat ihn beschrieben: „Da die Einkünfte (des höheren Beamten) aus den Kassen des Staates kamen, diese Kassen aber aus Steuern gefüllt wurden, über deren Herkunft man sich als Beamter keine Rechenschaft ablegen mußte, konnte man das kapitalistische System, das zunehmend diese Kassen füllte, großzügig übersehen. Da der Staat nicht sehr gut zahlte . . . bestand überhaupt kein Anlaß, etwas wie ein 'schlechtes Gewissen' zu entwickeln." Aber es sind auch andere Töne in Simons Sätzen: „Die Trümmer dieser Institution werden auf den preußischen Thron stürzen", herabstürzen also, und also wäre diese Institution, die Justiz, das Richtertum, als ein Garant der bürgerlichen Freiheit über dem Thron angesiedelt, eine die Exekutive kontrollierende Staatsmacht? Damit war der Punkt beschrieben, an dem die Frage der richterlichen Unabhängigkeit – niemals zuvor von einem deutschen Richter mit solcher Verve in Anspruch genommen – aufhörte, ein Justizgrundrecht zu betreffen, ein Organisationsprinzip des Staates, sondern anfing, sich auf ein demokratisches, ein Freiheitsgrundrecht zu beziehen. Das Beharren auf der richterlichen Unabhängigkeit begann, ein Akt der Opposition zu sein: die Justiz als Gegenmacht. Aber es zeigte sich bald, daß derartige Proteste nicht wirksam möglich waren, solange sie aus den Grenzen eines richterlichen Amts erfolgten. 1845 nahm Simon, ein frühes Zeichen der Unmöglichkeit, deutscher Richter und deutscher Oppositioneller zu sein, seinen Abschied aus dem preußischen Staatsdienst. Er begleitete diesen Vorgang mit einem Wort, das – ins jeweils Zeitgemäße übersetzt – das Auswendiglernen lohnt.

Erstaunlicherweise war es das Wort eines Königs, Friedrich Wilhelms III. „Jeder Staatsdiener", hatte er – karg bis in die Formulierung – gesagt, „hat doppelte Pflicht: gegen den Landesherren und gegen das Land. Kann wohl vorkommen, daß die nicht vereinbar sind; dann aber ist die Pflicht gegen das Land die erste."

Der Vorfall hatte weite Wirkung durch Preußen. Der preußische Richterstand – mehrheitlich bürgerlich, liberal gesonnen – schien einen Führer zu sehen und brachte das in der die Zeit und den Stand der Spender charakterisierenden „Genossenschaftsspende" eines Ehrenbechers mit lateinischer Aufprägung zum Ausdruck. Die Sympathieerklärung enthüllt in ihrer biedermeierlichen Zeitgebundenheit kaum noch ihren bedeutenden Inhalt. Sie ist ein Beweis dafür, daß viele Richter, viele seiner Kollegen das Exemplarische der Simonschen Opposition begriffen. Das Charakteristikum dieser Opposition gegen eine als Symptom empfundene Maßnahme der exekutiven Staatsmacht liegt nicht nur darin, daß sie entschlossen standespolitische in staatspolitische Forderungen umgestaltete, sondern vor allem darin, daß sie eine Erkenntnis vorbereitete, die freilich hernach niemals ganz bis ins Bewußtsein der Richter und anderen deutschen Beamten gedrungen ist: „Nur auf das kann man sich stützen, was Widerstand leistet", schrieb Simon an den preußischen König. „Man wird diesen zweifellosen Satz auch gleichmäßig auf die persönliche Selbständigkeit der einzelnen Beamten anwenden müssen, insbesondere in einem Staate, in welchem diese, ohne die Gegengewichte der freien Presse und constitutioneller Institutionen, die ungeheuere Aufgabe leisten sollen, deren Stelle zu vertreten." Das muß man sich heute, da die meisten Richter, Beamten die Öffentlichkeit eher scheuen als suchen und mit den „Zeitungsschreibern" nur vorsichtig umgehen, am liebsten gar nicht, vergegenwärtigen: die Presse als Gegenmacht und, solange sie fehlt oder nur staatliche, gesellschaftliche Auftragsproduktionen liefert, die Richter und Beamten als die öffentliche Ersatz-Opposition, Gegenöffentlichkeit, Gegenmacht. Dürfte man, solche Ansichten in die Gegenwart verlegt, gefahrlos Folgerungen aus ihnen ziehen? Oder müßte man sich sagen lassen: Wir haben die freie Presse, wir haben die unabhängige Verwaltungsgerichtsbarkeit, der Rechtsstaat besteht, wer das bezweifelt, ist ein Feind der Verfassung? Oder könnte man, umgekehrt, einen kleinen Schritt weitergehen und die Simonschen Ansprüche nicht nur auf den Staat beziehen, der doch selbst nur Werkzeug ist, sondern auch auf die Kräfte, die die Gesellschaft beherrschen, also z. B.: die Richter, die Beamten als Gegenmacht gegen Springer und die, deren Interessen er dient?

Die Richter sind nicht nur kraft privater Anschauung, sondern kraft Amtes, von Staats wegen zur Opposition berufen gegen Staat und Gesellschaft, die ihre Feuer- und Brandopfer haben wollen. Ein Bumke jedenfalls hätte man in der Tradition solcher Anschauungen des deutschen Juden Heinrich Simon nicht werden können.

Diese heroische Vorstellung vom Amt des Richters – in vielen Äußerungen Simons aus seiner oppositionellen Anfangszeit deutet sie sich an – ist ein historischer Vorgang, der auch ein anderes, ein berühmtes Lehrbuchereignis der deutschen Rechtsgeschichte als ein Stück oppositioneller Haltung charakterisiert und aus der falschen Perspektive befreit, die die geläufigen Lehrbücher ihm verleihen.

Die Wertlosigkeit der Jurisprudenz: Julius v. Kirchmann

Wenige Jahre nach Simons entschiedenen Aktionen oppositionellen Richtersinns hielt 1848, am Vorabend revolutionärer Erhebungen, Julius v. Kirchmann (1802-1884), Erster Staatsanwalt in Berlin, seinen berühmten Vortrag über die Wertlosigkeit der Jurisprudenz als Wissenschaft. Die sprachliche Brillanz einiger Formulierungen erklärt den Nachruhm dieses Vortrags ebensowenig wie die Provokation seines Titels. „Die Nation ist der wissenschaftlichen Juristen überdrüssig. (Denn:) Durch die Wissenschaft ist die Rechtspflege zum Glücksspiel geworden . . . Die Sprache des gemeinen Mannes hat für diesen Zustand bezeichnende Ausdrücke: Fragt man einen Bauern, wie es mit seinem Prozeß stehe, so ist die Antwort: Er schwebt noch; ein vortreffliches Wort für den schleichenden Fortgang der Sache, die völlige Unverständlichkeit derselben für die Partei. Hat der Bauer den Prozeß verloren, so sagt er nicht, daß er unrecht gehabt, sondern: Ich habe verspielt. Der Verlust des Prozesses und die Verwüstung des Feldes durch Hagelschlag sind ihm Ereignisse ganz gleicher Natur; Unglück, aber kein Unrecht . . . Dies also ist der Triumph der Rechtswissenschaft: ein Recht, das das Volk nicht mehr kennt, das von ihm mit den wilden Mächten der Natur auf gleiche Stufe gestellt wird . . . Ein solches Übel ist zu groß, als daß nicht die Reaktionen kommen sollten. Schon Justinians (des oströmischen Kaisers) Verbot, als sein Gesetzbuch vollendet war, dasselbe zu kommentieren, gehört hierher. Es liegt diesem Verbot der hochzuachtende Wunsch zugrunde, das Recht vor der zersetzenden Macht der Gelehrsamkeit zu schützen. Das Unternehmen Friedrichs des Großen, die Advokaten abzuschaffen, ruht auf demselben Grund. Das Unternehmen mußte verunglücken, weil es eine halbe Maßregel war; nicht die Advokaten allein, auch die gelehrten Richter hätte es abschaffen sollen."

Natürlich ist die „Wandelbarkeit des Gegenstandes der Rechtswissenschaft nach Zeit und Ort" (Gustav Radbruch) kein Beweisgrund gegen ihre Wissenschaftlichkeit. Aber Kirchmann müßte der Philosoph und der Politiker nicht gewesen sein, der er in revolutionärer Stunde war, ehe man ihm unterstellen dürfte, er habe Selbstverständlichkeiten wie diese durch den Glanz seiner Sprache zum Problem erheben wollen. Muß man sich wirklich wundern, daß Kirchmanns Schrift immer noch, immer wieder zitiert wird? Bringt denn das offizielle Gerechtigkeitswesen heute tatsächlich hervor, was man voraussehbare Rationalität der Entscheidungen nennt und was man schließlich mit dem hehren Namen der Gerechtigkeit belegen könnte? Das möchte ich Erik Wolf fragen, der – seine nationalsozialistischen Sündenfälle waren vergessen – in den fünfziger Jahren, zugleich christlich und existenzphilosophisch, ein bedeutender Rechtprofessor war: In einer Schrift aus dem Jahre 1953 konnte er den Nachruhm Kirchmanns überhaupt nicht verstehen und hielt ihm, mehr als hundert Jahre später, entgegen, was ihm 1849 schon Julius v. Stahl entgegengehalten hatte, der rechtswissenschaftliche Wegbereiter von Reaktion und Restauration. In der BRD weiß die offizielle Rechtswissenschaft, an welche Traditionen sie anzuknüpfen hat und an welche nicht. Noch 1966 trat derselbe Karl Larenz, der in Kiel ein juristischer Wegbereiter Hitlers gewesen war, der in der Bonner Republik ein anerkannter Lehrer künftiger Richter, führender Lehrbuchautor geworden war und der heute noch der CSU-Bildungszentrale in Kreuth die juristischen Feldzeichen hochhält, in Berlin auf, vor derselben Juristischen Gesellschaft, vor der mehr als ein Jahrhundert früher Kirchmann seinen berühmten Vortrag gehalten hatte, und wies die Kirchmannschen Irrtümer zurück. Er redete für die herrschenden juristischen Traditionen, die unterdessen mit ihren vielen Schülern und Gehilfen Millionen Tote an ihrem geschichtlichen Wegesrand zurückgelassen hatten, die aber trotzdem in Deutschland als siegreich und unerschütterlich gefeiert werden dürfen. Sie sind mächtig genug, die Absichten auch noch ihrer besiegten Gegner geschichtlich zu verfälschen und zu entstellen. In Wirklichkeit ist dem hundertjährigen Kirchmann mit den Mitteln der Wissenschaftstheorie und der Methodenlehre nicht beizukommen, denn auf diesen Gebieten betätigt er sich hier nicht. Der berühmte Vortrag hat vielmehr politische Absichten: Die Jurisprudenz ist nicht nur die einzige Wissenschaft, sondern überhaupt das einzige Handwerkszeug, dessen sich die Richter mit Bewußtsein bedienen; und wertlos ist sie, sagt Kirchmann, jedenfalls in dem Sinn, daß sie zwar eine Wissenschaft ist (das interessiert nur die Professoren), „daß sie aber des Einflusses auf die Wirklichkeit und das Leben des Volkes entbehrt“ (und das interessiert jeden, der mit deutschen Gerichten zu tun bekommt). Die Jurisprudenz ist für den Richter wertlos, das war Kirchmanns Lehre, weil sie ihm nicht hilft, die im Volk wirksamen Rechtsvorstellungen zu finden und das geschundene Recht durch einen Machtspruch wiederherzustellen. „Dies ist eben das Klägliche der Jurisprudenz, daß sie Politik von sich aussondert“: mit solcher Offenheit hat Kirchmann geredet. Wer hat ein Interesse, ihn mißzuverstehen?

Mit der öffentlichen Gerechtigkeitspflege steht es nach wie vor nicht zum Besten. Das soll nicht heißen, daß das gegenwärtige deutsche Rechtswesen im internationalen Vergleich der Unzulänglichkeiten besonders schlecht abschnitte; aber das, was die Gerichte produzieren, und das, was die Rechtsanwälte ihnen vor- und nachdenken, erfüllt doch kaum – und das ist ein freundliches Urteil! – eine andere gesellschaftliche Funktion, als sie jede andere bürokratische Kompetenz auch erfüllt. Der Bürger hat zum Rechtswesen kein anderes – vielleicht eher noch ein schlechteres – Verhältnis als zur Polizei und zu anderen Behörden: Besser, daß man nichts damit zu tun bekommt. Die Differenz zwischen Anspruch und Wirklichkeit ist bedrückend groß. Ich sage das als ein täglicher Praktiker des Rechts. Daß meine Berufstätigkeit in einer besonderen Nähe zur Gerechtigkeit sich bewege, habe ich niemals ernsthaft annehmen können. Gerechtigkeitsverwirklichung ist nicht unser Problem, unser Problem ist Aktenbearbeitung. Unsere Aufgabe ist – nach einem alten Justizspruch – nicht, den Parteien Recht zu geben, sondern ein Urteil, eine Entscheidung. Die Wirklichkeit des deutschen Rechtswesens vollzieht sich weit jenseits jener Festrednerlichkeit, die das Recht und die Gerechtigkeit immer wieder anruft, neuerdings auch noch Ordnungsfunktion von der Justiz verlangt und sie unter die Sicherheitsbehörden einreihen will: Gerechtigkeit und Sicherheit, wohl vereint in bundeskanzlerlichen Worten und dabei doch oft genug schwere Gegensätze. Die Justiz – ein Sicherheitsorgan; das werden nur diejenigen Richter gern hören, die ihr Sozialprestige nach den Bewachungsmannschaften messen, die ihnen überallhin folgen, vielleicht die Bundesrichter, die in Karlsruhe ihren Frauen für alle Fälle Schießunterricht erteilen lassen. Geht ihnen kein Licht auf?

Natürlich nicht! Es hat keinen Zweck, ihnen Kirchmann zum Lesen zu geben; sie haben Larenz und Wolf schon zuvor gelesen, da werden sie nicht mehr bemerken, daß sich unter der Formel von der „Wertlosigkeit der Jurisprudenz“ nicht antiquierte Irrtümer, sondern risikovolle Einsichten verbergen gegen eine der Perpetuierung der Macht dienende Rechtspflege, Aufforderungen zur Methodenänderung, die auch heute – hundert Jahre zugedeckt mit akademischen Erörterungen über den Wissenschaftsbegriff – noch ebenso oppositionell sind, aber unbeachteter und chancenloser als damals. 1848, vielleicht, war die Geschichte der deutschen Justiz noch offen.

Deutsche Oppositionelle unterliegen nicht nur, sie werden auch vergessen: Waldeck, Temme

Die mit dem handelnden Großbürgertum (gewiß nicht mit den Landarbeitern und Industrieproletariern) gegen die Feudalbesitzer des Staates aufbrechenden Richter der 1850er, 1860er Jahre waren für die Kirchmannsche Aufforderung nicht taub. Während eines kurzen, später vom dunklen Schatten Bismarcks zugedeckten Abschnitts deutscher Geschichte rechtfertigten deutsche Richter die Hoffnung auf bessere Zeiten. Wenn es keinen anderen Beiweis dafür gäbe, wären es die absprechenden Äußerungen, mit denen Bismarck über die deutschen Richter geredet hat. „Kreisrichter" ist in seinem Mund fast ein Schimpfwort, von der demokratischen „Anglomanie von Kammern, Zeitungen, Sportsmen, Landwirten und Gerichtspräsidenten" redet er in geringschätzigem Ton, und als er von einem Diplomaten etwas besonders Unfreundliches sagen will, sagt er: „Er sieht mehr wie ein Kammergerichtsrat aus als wie ein Diplomat." „Kreisrichter und andere Revolutionäre" heißt sein pauschales Urteil über die Führer einer parlamentarisch erwachenden Zeit. Das verhängnisvollste Ergebnis der politischen Erfolge, mit denen die Geschichte diesen märkischen Junker belohnte, ist, daß sie das deutsche Volk den Unterschied zwischen dem machtpolitischen Erfolg und den Methoden seiner Herstellung vergessen ließ. Deutsche Oppositionelle unterliegen nicht nur, sie werden auch vergessen. Nur durch Bismarcks Schmähreden weiß heute ein allgemeineres Bewußtsein noch ein bißchen aus den besseren Zeiten des deutschen Richterstands.

Einer der ersten Führer dieses oppositionellen, widersprechenden Standes war Benedikt Leo Waldeck, 1802 geboren, einer aus der Generation derer, die mit männlichem Bewußtsein erlebten, wie die Hoffnungen von 1815 vor der machtpolitischen Beharrlichkeit einer untergehenden Klasse verflogen. Seit 1847 Obertribunalrat in Berlin, war er in den revolutionären Auseinandersetzungen von 1848/49 einer der wortgewaltigen Anführer, Vorsitzender der Verfassungskommission des Vereinigten Landtages; aus seiner Feder stammte die erste liberale Verfassung Preußens, diejenige, die der irritierte König aller Wirkung beraubte, als er sie aus eigener Machtvollkommenheit dekretierte und im Januar 1850 beschwor.

Waldeck war der erste hohe deutsche Richter, der sich wegen seiner politischen Tätigkeit vor einem deutschen Gericht verantworten mußte. Der Prozeß, der am 28.11.1849, morgens 9.15 Uhr „im Lokale des Königlichen Kriminalamtes" gegen Waldeck und den 24jährigen Handlungsgehilfen Ohm, einen Polizeispitzel, eröffnet wurde, war in Deutschland ohne Beispiel. Man muß sich vorstellen: einer der höchsten Richter des Landes, einer seiner populärsten politischen Führer, aus über sechsmonatiger Untersuchungshaft vorgeführt, des Hochverrats angeklagt, eines todeswürdigen Vorwurfs. Der Prozeß bot alles, was man seitdem als das Arsenal politischer Strafprozesse auch noch bedrückender in Aktion gesehen hat: bestochene Zeugen, Polizeibeamte, die sich nicht mehr erinnern können, sich in Widersprüche verstricken, sich auf Staatsgeheimnisse herausreden, wenn sie bei Lügen ertappt werden, einen auftrumpfenden Polizeipräsidenten, der Gefahren für den Staat beschwört, aber bei Merkwürdigkeiten getroffen wird, plötzlich wegen anderer wichtiger Geschäfte keine Zeit mehr hat, Zeugen, die in Tränen ausbrechen, Bewegung im Zuschauerraum. Die Anklageschrift schildert den prominenten Angeklagten so: „Hervorragend an Kenntnissen, Talenten und Entschiedenheit gewann er bei der Aufgabe, welche er der Nationalversammlung gestellt glaubte und welche er darin fand, die älteren Zustände schleunigst hinwegzuräumen und die ganze Verwaltung neu zu organisieren, gar bald einen entscheidenden Einfluß, und so konnte es nicht fehlen, daß er sehr bald als das Haupt der Partei auftrat, welche die maßloseste Opposition gegen jede Regierungs-Maßregel ergriff und alle bestehenden Einrichtungen umzuwerfen bestrebt war. Indem in dieser Weise Waldeck die heftigste Opposition unterhielt, finden wir ihn am 16. 10. 1848, als die zum Schutze der öffentlichen Ordnung aufgerufene Bürgerwehr in einen Kampf mit Arbeitermassen geraten war, bei der Barrikade in der Roßstraße im Verkehr mit den Arbeitern, und als in der Nationalversammlung ein Antrag zu Gunsten der Hinterbliebenen der gefallenen Arbeiter und um für letztere ein feierliches Begräbnis zu erwirken nicht genehmigt werden, war Waldeck es, der mit anderen Mitgliedern der äußersten Linken dem Leichenzuge folgte, um den im offenen Aufruhr gefallenen Arbeitern die letzte Ehre zu erweisen." Und in diesem Ton ging es fort.

Unter den Anklagepunkten bezieht sich einer auf Waldecks Verbindung mit Temme. Es ist, wie die Anklageschrift sich ausdrückt, „der nämliche Temme, der mit einem Teile der Mitglieder der deutschen Nationalversammlung nach Stuttgart sich begeben und hier am 6. und 7. 7. 1849 an den Beschlüssen sich beteiligt hat, kraft deren unter Auflösung der provisorischen Centralgewalt eine Regentschaft eingesetzt und die schleunige Aufstellung eines Reichsheeres sowie die Organisation der Volksbewaffnung, zur Durchführung der in Frankfurt beschlossenen Reichsverfassung gegen die Regierungen, welche sich diesen Beschlüssen nicht fügen zu wollen erklärt hatten, dekretiert worden ist". Die Anklageschrift verschweigt, daß auch dieser Temme ein hoher und prominenter Richter war: 1839 wegen oppositioneller Haltung, aber immerhin durch Beförderung aus Berlin nach Tilsit entfernt, 1848 für eine kurze Zeit als Staatsanwalt wieder in Berlin, Vizepräsident des Oberlandesgerichts Münster, zweimal verhaftet, 1850 ebenfalls angeklagt in einem großen politischen Prozeß, freigesprochen, aber im anschließenden Disziplinarverfahren 1851 ohne Pension seines Amts enthoben, im Schweizer Exil Verfasser von vielen und vielgelesenen Kriminalromanen.

Der Waldecksche Prozeß endete mit einem Freispruch, mußte vor den Augen der Öffentlichkeit so enden, denn der Verteidigung war es gelungen, nachzuweisen, daß die eigentlichen Anklagevorwürfe auf einem Polizeikomplott beruhten: Die Polizei hatte Briefe gefälscht, Zeugen bestochen, Meineide schwören lassen und ihren Agenten Ohm nur deswegen mit auf die Anklagebank setzen lassen, damit er ungefährdeter lügen könne. Vorausgegangen war diesem Freispruch eine der in der deutschen Gerichtspraxis nicht so sehr häufigen großen Verteidungsreden. Der Name des Verteidigers, später eines der angesehensten Rechtsanwälte seiner Zeit, darf nicht unerwähnt bleiben: Es war Karl Dorn (1816-1893), später Rechtsanwalt am Reichsgericht, damals – eben 33 Jahre alt – Advokat am Rheinischen Revisions- und Kassationshof in Berlin. Er nannte den entscheidenden Punkt: Was die Staatsanwaltschaft dem angeklagten Richter als die „maßloseste Opposition" vorwarf, waren meist Äußerungen, die Waldeck als Abgeordneter der Nationalversammlung getan hatte: „Das politische Leben", sagte der Verteidiger, „die Abstimmungen und Meinungen des Abgeordneten des Volkes unterliegen nicht der Beurteilung irgendeiner Behörde. Unerschrockenheit ist die erste Pflicht des Volksvertreters, die Meinung, die er für die richtige hält, gleichviel, ob sie andere für die richtige halten, diese Meinung muß er verteidigen, solange er sie verteidigen kann." Am Ende seines denkwürdigen Plädoyers schilderte der Verteidiger die politische Lage Deutschlands in diesem trüben Augenblick seiner Geschichte. Er sagte: „Blicken Sie um sich in unserem Vaterlande! Wohin Sie sehen, überall politische Prozesse! Sie sind eine Furcht des leidenschaftlichen Hasses, der angeregt und angestiftet wird durch böse, geschäftige Hände. Schrecken und Trauer werden in die Familien getragen. Der unschuldige Bürger wird fortgerissen von seinem häuslichen Herd, Monate lang in Fesseln geschlagen, trauriger Untersuchungshaft unterworfen, um dann endlich, vielleicht, seine Freiheit wieder zu erlangen. Niemand fühlt sich mehr sicher in seinem Hause, der Bürger zittert vor dem Bürger und fürchtet Verrat. Es ist die traurige Zeit der politischen Verfolgungen." Leider – wir wissen es – eine Rede, die nicht nur ihre Gegenwart beschrieb, sondern auch verschiedene Epochen folgender Zukunft. Häufiger seitdem hat man Polizei und Staatsanwaltschaft auf Hexenjagden gehen sehen, nicht immer auf so mörderische Weise wie im Nazi-Staat, nicht immer aber auch an der Justiz gescheitert wie im Waldeck-Prozeß, im Gegenteil: viel häufiger sind die Gerichte und die Richter selbst auf der Seite der Verfolgungsorgane. Heinrich und Elisabeth Hannover haben 1966 ein bedrückend eindrucksvolles Buch über die „Politische Justiz 1918 bis 1933" geschrieben, es ist gewidmet „allen, die vergeblich für eine bessere Justiz gekämpft haben". Die Anlässe für diesen Kampf und die Ursachen dieser Vergeblichkeit sind seitdem nicht entfallen.

Freund, jetzt ist Zeit zu lärmen: Carl Twesten

Die Geschichte deutscher Opposition ist stets auch eine Geschichte politischer Prozesse gewesen. Auf den Anklage-, Verhaftungs-, Verurteilungslisten stehen die glänzendsten Namen, solche, die aufgerufen werden dürfen als deutsche, wenn in Not- und Schuldzeiten Deutschlands ein Hinweis auf seine besseren Möglichkeiten ratsam und notwendig ist: so der Name Theodor Mommsens, und auch der des vielleicht bemerkenswertesten politischen Genies unter den deutschen Richtern: Carl Twestens Name.

Carl Twesten, Schleiermachers Patenkind, Sohn eines berühmten Theologen, war 1820 in Kiel geboren. Er gehörte also – anders als Waldeck, Temme, Kirchmann, Simon – zu der Generation derer, deren politische Wirksamkeit nicht mit enttäuschten, sondern mit erwachenden Hoffnungen begann. Mit der Regentschaft des Prinzen Wilhelm, der später der rücksichtslose Kartätschenprinz und dann der gemütlich blickende Kaiser Wilhelm I. wurde, schien eine Zeit großer liberaler Erwartung anzuheben. In dieser Zeit – seit 1845 Assessor beim Kammergericht – begann Twesten seine selbständige Wirksamkeit zugleich mit dem ersten deutschen Versuch einer positivistischen, heute würde man sagen: soziologischen Geschichts- und Methodenbetrachtung in der Nachfolge des großen Franzosen Auguste Comte. 1849 wurde er Kreisrichter in Wittstock, 1855 Stadtgerichtsrat in Berlin. Einen höheren richterlichen Rang hat er niemals erreicht: Er wurde ein Oppositioneller, als um 1850, wie er selbst es formulierte, Opposition nicht allein die Sache politischer Parteien, sondern gewissenhafter Männer war. Dieses Wort – vielleicht eher noch lutherisch als wirklich politisch – stand in der ersten der beiden glänzenden Flugschriften, die – obwohl anonym gedruckt – Twestens Namen schnell durch Preußen verbreiteten. Sie heißen: „Woran uns gelegen ist“ und „Was uns noch retten kann“.

Die letztere, 1861 in einer Zeit finsterer Reaktion erschienen, schloß mit dem beherzten Wort: „Freund, jetzt ist Zeit zu lärmen!“ Das Aufsehen, das sie machte, war so groß, daß der besonders angegriffene Chef des Militärkabinetts, der spätere Generalfeldmarschall, damalige Generalmajor Edwin von Manteuffel, den Stadtgerichtsrat auf Pistolen forderte. Twesten nahm an. Der General blieb unverwundet, der Richter erlitt eine Armverletzung, die niemals ganz heilte. Aber der Kugelwechsel hatte ihn mit einem Schlag zu einem der populärsten Männer des Landes gemacht: Er zog in das Abgeordnetenhaus ein und war im Jahr darauf der gewählte Führer der Mehrheitsfraktion der der Regierung opponierenden Fortschrittspartei.

Drei Jahre lang dauerte die glänzende parlamentarische Tätigkeit dieser Opposition, verherrlicht durch viele Reden ihres Führers, darunter die vielleicht bedeutendste vom 20. Mai 1865: ein einziger gewalttätiger Angriff auf die Korrumpierung der preußischen Justiz durch das Justizministerium des Bismarck-Ministers Lippe. Bismarck hatte das Parlament aufgelöst, die Neuwahlen waren wieder gegen ihn ausgefallen, wieder war eine kräftige Opposition von Kreisrichtern in das Parlament eingezogen. Der Ministerpräsident empfahl nun, „die Kreisrichter mit den Kosten ihrer Stellvertretung zu ängstigen"; es fällt nicht schwer, sich vorzustellen, auf welche Weise die Disziplinarverfahren geführt wurden, die einem solchen Wort aus befehlendem Mund folgten. Manipulationen bei der Ernennung der Richter und Benachteiligungen der Richter innerhalb des Staatsapparats sind stets Anzeichen dafür, daß die Staatsmacht sich von der Rechtmäßigkeit zu entfernen und der Rechtsspruch unerwünscht zu werden beginnt. Während der ersten Ministerpäsidentenschaft Bismarcks geschieht solches nicht zum ersten und natürlich auch nicht zum letzten Mal. Aber nur ein einziges Mal ist von einer parlamentarischen Tribüne in Deutschland und von einem prominenten Politiker so deutlich dagegen geredet worden wie am 20. Mai 1865. Das Datum bezeichnet eine deutsche Sternstunde, aber seit 1866 weiß niemand mehr etwas davon. Im Jahr zuvor noch hatte man es gespürt. Der Justizminister hatte Twesten nur kurz, nur mit Phrasen antworten können. Der rechtswidrige Charakter der Politik, mit der Bismarck seine große internationale Karriere begann, war enthüllt. Bismarck selbst war durch solche Feststellungen nicht zu erschüttern. Eine rechts- und verfassungswidrige Politik zu betreiben, war ja im Gegenteil geradezu sein Regierungsprogramm: Weil er dazu vorbehaltlos bereit war, gerade deswegen war er preußischer Ministerpräsident geworden: „Mit seiner Majestät gegen die Parlamentsmehrheit!" Seine geschichtliche Aufgabe bestand darin, die Offiziere und Großgrundbesitzer mit den Kommerzienräten politisch zu versöhnen und die Monarchie dadurch zu retten, daß sie Handel und Industrie neue imperiale Märkte verschaffte. Die idealistische Opposition der Gehaltsempfänger gegen diese Politik saß zwischen den Stühlen der Geschichte: Sie verkannte den Charakter des aufsteigenden Kapitalismus und weigerte sich deshalb sowohl dagegen, in den Dienst der herrschenden Klassen zu treten wie in den der beherrschten. Marx wurde nicht gelesen in diesen gebildeten Kreisen, damals nicht, heute nicht, noch nicht einmal Bebel: Die Verteidiger der Justizunabhängigkeit bereiteten sich darauf vor, die Funktionäre der Klassenjustiz zu werden. Sie wußten es nur noch nicht. Deshalb mußten sie nun vergebliche Opfer bringen.

Das Ministerium Bismarck verließ sich auf Waffen, die in Deutschland wirksamer sind als Argumente. Es ließ den Abgeordneten Twesten wegen Verleumdung, begangen eben durch jene berühmte Parlamentsrede, anklagen, obwohl es in der Verfassung hieß, daß ein Abgeordneter „wegen einer in der Kammer ausgesprochenen Meinung nur in der Kammer zur Verantwortung gezogen werden" dürfe. Dieses Verfassungsartikels wegen sprach das Berliner Stadtgericht in 1. Instanz, das Kammergericht in 2. Instanz Twesten frei. Aber das Obertribunal, eben jenes Gericht, dessen verfassungswidrige Besetzung Twesten scharf gerügt hatte, erklärte am 29. 1. 1866 die Strafverfolgung für zulässig. Das Parlament verwarf diesen Beschluß des Obertribunals in einer denkwürdigen Sitzung; Twesten selbst rief Bismarck zu: „Mögen Sie Ihre Richter mit allen Orden des preußischen Staates behängen, ihre Sterne decken die Wunden nicht, welche diese Männer ihrer Ehre vor der Mit- und Nachwelt geschlagen haben, aber leider nicht bloß ihrer Ehre, sondern auch der Ehre des Vaterlandes." Bismarck wußte seinen herrischen Charakter nicht zu bändigen; er hielt Twesten ein Zitat aus der Gesindeordnung entgegen: Reizt das Gesinde durch ungebührliches Betragen seine Herrschaft zum Zorn, so kann es wegen der Injurien, die es von der Herrschaft erfährt, nicht klagen.

Das war am 10. 2. 1866. In der abschließenden Abstimmung erhielt die Regierung Bismarck nur 35 Stimmen, die 263 anderen Abgeordneten stimmten gegen sie. Aber das war zugleich die letzte große Stunde der parlamentarischen Opposition. Wenige Monate später erreichte Bismarck auf dem Schlachtfeld von Königgrätz, was auf den Tribünen deutscher Parlamente damals nicht zu erreichen war. Der Waffensieg in einem deutschen Bruderkrieg schien ein gewaltiger politischer Triumph zu sein. Im Rausch der Siegesklänge endete die liberale Opposition. Aus der oppositionellen Fortschrittspartei spaltete sich die Nationalliberale Partei ab, die von nun an für Jahre Bismarcks eigentliche Regierungspartei war. Twesten war einer ihrer Führer. Die Bildungsbürger stellten sich in den Dienst der herrschenden Klasse: der Industrie, der Wirtschaft. Die Klassenjustiz war etabliert.

Wo sind sie nun geblieben, die großen oppositionellen Sterne der deutschen Richterschaft? Wie vollzog sich ihr Weg in die geschichtliche Vergessenheit?

Das Ende des Prozesses gegen Twesten wäre als das Satyrspiel deutscher Opposition zu erzählen, wenn Twesten nicht darüber gestorben wäre. Die Justiz ließ auch nach Königgrätz nicht ab von ihrem großen Verteidiger. Das Berliner Stadtgericht und das Kammergericht sprachen zwar Twesten trotz des Beschlusses des Obertribunals wiederum frei. Beide Gerichte zeigten sich unbeeindruckt von der scheinjuristischen Rabulistik des obersten preußischen Gerichts. Das Obertribunal hob die Entscheidungen jedoch auf und verwies die Sache, nun mit bindender Kraft, an das Stadtgericht zurück, das am 11. 11. 1867 Twesten – nunmehr Mitglied des norddeutschen Reichstages und immer noch Mitglied des urteilenden Gerichts – wegen Verleumdung zu zwei Jahren Gefängnis verurteilte. Das Urteil hatte den Verlust des Richteramts zur Folge. Der Justizminister suspendierte Twesten sofort. Aber das Kammergericht machte seinen besseren Traditionen zum dritten Male Ehre in diesem Verfahren. Es hob das Urteil des Stadtgerichts auf und verurteilte Twesten unter ausdrücklicher Hervorhebung des Umstands, daß es gegen seine eigene bessere Überzeugung durch den Spruch des Obertribunals zur Verurteilung gezwungen sei, zu einer Geldstrafe, die unter die Amnestie von 1866 fiel.

Aber Twestens politische Kraft war gebrochen. Er alterte vor der Zeit; 1870, im Oktober, starb er, im Juli hatte er melancholisch über seine Tätigkeit als oppositioneller deutscher Richter resümiert: „So scheide ich denn aus der politischen Tätigkeit – mit einem zerbrochenen Arm, Verlust von Amt und Einkommen, gänzlich zerrütteter Gesundheit – ohne etwas gewirkt und erreicht zu haben.“ Dieses Resümee einer politischen Laufbahn in den höheren Rängen war zutreffend, man könnte ihm noch einen Schuß Bitterkeit hinzufügen: ohne etwas gewirkt und erreicht zu haben, aber auch ohne etwas erkannt zu haben. Auch für den ersten Soziologen unter den deutschen Richtern reichten die geschichtlichen und persönlichen Lehrstücke seines Lebens nicht mehr zu der Erkenntnis der Ursachen dieser Vergeblichkeiten.

Die Klassenjustiz ist nicht verschwunden von deutschem Boden

Darüber hat Karl Marx geschrieben. Aber seine Bücher gehören nicht zur regelmäßigen Lektüre deutscher Richter; selbst Germana Ernst, der DDR-Richterin, von der in diesem Buch an anderer Stelle die Rede ist, wird man nur Auszüge zu lesen gegeben haben, auch für sie bleiben die Konsequenzen theoretisch. Julius v. Kirchmann hatte der Rechtswissenschaft eine Tür aufgestoßen, aber seit 130 Jahren laufen die Zelebritäten herbei, sie zu verschließen und verschlossen zu halten. In zwei deutschen Republiken hat die Partei, vor der Gneist und viele andere oppositionelle Liberale gewarnt und sich gefürchtet haben, die SPD, Regierungen gestellt und Gesetze erlassen. Seit Bismarcks Sozialistenverfolgungen, also fast vom Anfang der modernen deutschen Justiz an, hatte sie Erfahrungen mit der Klassenjustiz am eigenen Leib erlitten. Aber die Klassenjustiz ist trotzdem nicht verschwunden von deutschem Boden. Manche sagen: Das liegt daran, daß die SPD die Geschichte nachvollzogen hat, die die Liberalen schon vor ihr abgeschlossen hatten. Hat nach dem Liberalismus auch der Sozialismus sich mit dem Kapitalismus arrangiert und seine politischen Hoffnungen auf die Überschüsse gerichtet, die die Märkte abwerfen würden, nachdem ihre Herren sich befriedigt haben! Es gibt nicht viele Sozialdemokraten in der gegenwärtigen westdeutschen Justiz, auch die SPD-Wähler werden eine Minderheit sein unter den deutschen Richtern und Rechtspflegern. Manche sagen: Es wäre nicht vieles anders in der deutschen Justiz, wenn das anders wäre. Die Geschichte der Reform-Vergeblichkeiten ist nicht zu Ende. Auch die 1960er Jahre waren eine Epoche des Justizreformismus wie die 1860er Jahre. Auch ihnen folgten bald Jahre der Verfolgung durch Justiz und Rechtswissenschaft; das Wort „Verfassungsfeind" geht als Lehnwort aus dem Deutschen ein in fremde Sprachen. Manche sagen deshalb heute: Opposition; wenn wir die Verhältnisse nicht ändern können, laßt uns wenigstens etwas tun für unser gutes Gewissen. Sie sollten sich erinnern an die Geschichte der Kollegen aus dem vorigen Jahrhundert. Aus dem guten Gewissen sind schließlich die Bumkes erstanden.

In demselben Jahr wie Twesten starb Waldeck. Er war – wie der berühmte Virchow – bei der fortschrittlichen Opposition gegen Bismarck geblieben; bald galt er auch vielen seiner früheren, jetzt nationalliberalen Kampfgenossen nur noch als ein verbitterter Nein-Sager. Sein Leichenbegängnis zeigte, wer er gewesen war: „eine der größten allgemeinen Feierlichkeiten", schrieb eine Zeitung, „die Berlin jemals gesehen hat. Weit über die Hälfte der Bevölkerung der Hauptstadt wetteiferte darin, dem geliebten Toten die letzte Ehre zu erweisen", allein 21 Musikkorps im Trauerzug, Deputationen aus allen Teilen Deutschlands, mehr als 30 000 Leute im Zug, die Straßen „dicht an dicht besetzt von Hunderttausenden", mehre tausend Sozialdemokraten „mit Schweitzer und Hasenclever an der Spitze", sie „führten ihre große rote Fahne als Standarte aufgerollt und in Flor gehüllt", am Ende der Feier auf dem St.-

Hedwigs-Kirchhof: „allgemeiner Gesang des Chorals: Manche Hoffnung! Manche Wunde!" Im Oktober 1848 hatte der erzkonservative Bismarck-Freund Ernst Ludwig von Gerlach, ein Gerichtspräsident übrigens, in sein Tagebuch notiert: „Ohne unsere Tätigkeit wäre Waldeck jetzt Minister", aber diese Tätigkeit zielte darauf, daß Bismarck Minister würde. Er ist es so nachhaltig geworden, daß der einstige Riesenname Waldeck kaum noch eine Fußnote abgibt in der deutschen Geschichte. In den Schulbüchern kommt er nicht vor, Traditionen hat er nicht gebildet, auch dann nicht, als später die Partei regierte, die ihre große rote Fahne in Flor gehüllt hinter seiner Leiche hergetragen hatte.

Heinrich Simon, der Vorkämpfer, war zu dieser Zeit schon zehn Jahre tot. Er hatte sich – Führer der Linken in der Frankfurter Nationalversammlung und zuletzt noch Mitglied der provisorischen Reichsregentschaft – schon 1849 allen Verfolgungen durch Emigration in die Schweiz entziehen müssen, in Abwesenheit war er zu lebenslänglichem Zuchthaus verurteilt, jetzt schrieb die *Nationalzeitung:* „Das deutsche Volk hat einen seiner größten Bürger verloren ... Männer wie Heinrich Simon verkünden durch ihr Leben eine bessere Zukunft ... Mögen die Geister der Tiefe den Leib des Dahingeschiedenen festhalten im feuchten Element – sein Geist ist nicht niedergesunken." Am 16. 8. 1860 ist Heinrich Simon im Wallensee ertrunken. Die freiheitliche Schweiz hatte auch Temme Asyl gegeben. 1852 bis 1878 Professor in Zürich, ist er, Strafrechtslehrbücher und Kriminalromane schreibend, dort 1881 vergessen gestorben.

Julius v. Kirchmann, 1846 Erster Staatsanwalt beim Kriminalgericht in Berlin, wurde 1848 ähnlich wie Temme politischer Gründe wegen aus Berlin wegbefördert nach Ratibor als Vizepräsident des dortigen Appellationsgerichts, wodurch sein Mandat als Abgeordneter der preußischen Nationalversammlung erlosch. 1850 wurde er wegen mißliebiger politischer Äußerungen mit Amtsenthebung und teilweisem Gehaltsverlust bestraft und schließlich 1867 wegen seines im Berliner Arbeiterverein gehaltenen Vortrags „Über den Kommunismus in der Natur" mit Verlust der Pension vollends des

Amts entsetzt. 1871 bis 1876 war er Mitglied des Reichstags (Fortschrittspartei). 1884 ist er als philosophischer Schriftsteller in Berlin gestorben. Da hatte auch Bumke auf dem Gymnasium in Stolp/Pommern seine „Vorliebe für alles Schöne, besonders für die alten Sprachen“ schon entdeckt.

„Die erste Gleichheit“, sagte Kirchmann in jenem Vortrag, der ihn endgültig aus dem Staatsdienst entfernte, „die erste Gleichheit, auf die die menschliche Gesellschaft ausging, war die Gleichheit des Rechts. Aber mit dieser Gleichheit des bloßen Rechts konnte es nicht abgetan sein. Was hilft dem Einzelnen die gleiche Fähigkeit, Grundbesitz zu erwerben, wenn ihm die Mittel dazu fehlen; was hilft ihm das gleiche Erbrecht, wenn er nichts zu vererben hat; was hilft ihm die Freiheit der Wissenschaft, wenn er nicht die Zeit hat, das Wissen sich anzueignen? Konsequente Köpfe bemerkten deshalb sehr bald, daß die politischen Kämpfe für die Gleichheit des Rechts nicht genügten; daß zu der Gleichheit der Gesetze noch eine Gleichheit der Mittel und Kräfte hinzukommen müsse, wenn die wahre Gleichheit der Menschen erreicht werden solle.“ Aber wie ist die Lage? „Das System des Privateigentums, der Sonderung der wirtschaftlichen Stände in Unternehmer, Kapitalisten, Grundeigentümer und Arbeiter, das System der Konkurrenz, des Kapitalzinses und des Arbeitslohnes besteht noch als das allein herrschende. Alle Versuche, der wirtschaftlichen Tätigkeit der Völker eine andere Grundlage zu geben, sind bis jetzt gescheitert, selbst der Glaube an die sozialistischen Ideen ist gebrochen.“

Zwischen diesen Sätzen und denen, die ich hier schreibe, liegen mehr als 120 Jahre. Wollen wir noch einmal fragen: Wie ist die Lage? Oder: Wie tot ist Julius von Kirchmann? Und: Wo sind heute die Staatsanwälte, Gerichtspräsidenten, die reden wie er? Die Disziplinarbeamten, die verfolgen würden wie jene, die ihn verfolgt haben, die sind noch da. Im letzten Jahrzehnt haben sie sich sogar kräftig vermehrt.

Um 1860 beginnt die melancholische Geschichte deutscher Opposition ihren verhängnisvollen Verlauf. Fortwährende und aussichtslose Opposition bedingt, wenn nicht Korrumpierung durch Unterwürfigkeit geschieht (wie im Fall der Nationalliberalen Partei), Festlegungen, die auf die Dauer diejenigen in einen allzu leichten Vorteil setzen, die statt aller Ausführungen zur Sache sich schließlich nur noch des deutschen Traditionsarguments bedienen, fortwährendes Nein-Sagen sei kein politisches Programm, nicht einmal zulässige Kritik, da solche „positiv" sein müsse. Das ist das Argument, das auch zur Zeit der ersten deutschen Republik von 1918 bis 1933 eine bedenkliche Rolle gespielt hat gegen die Richter, die sich – ich nenne den Berliner Oberverwaltungsgerichtsrat Wilhelm Kroner und die Senatspräsidenten am Kammergericht Großmann und Freymuth – für ein republikanisches Richterideal einsetzten. Auch sie müssen Oppositionelle genannt werden, weil sie in tatkräftiger politischer Verbindung, aber gegen die große Mehrheit ihrer Kollegen dem Richterstand eine aktive gesellschaftliche Wirksamkeit in Richtung auf freiheitliche Gesellschaftszustände zu sichern suchten.

Meine Porträtgalerie oppositioneller Richter ist hier zu Ende. Ihr letztes Bild ist ein Fragezeichen. Warum habe ich meinen erinnernden Blick auf Simon, Waldeck, Twesten, Kirchmann, Temme gerichtet, warum sind dies die oppositionellen Richter, warum sind es nicht die Räte am Bayerischen Obersten Landesgericht von der Pfordten und Poehner, die mit Hitler gegen die Republik von Weimar marschierten? Warum bleibt in meiner deutschen Justizgeschichte von der Pfordten der Hochverräter und nicht der Reichsgerichtsrat von Dohnanyi, der seine Konspiration gegen Adolf Hitler mit dem Leben bezahlte? Auch Theodor von der Pfordten ist für seine Anschauungen gestorben; am 9. 11. 1923 ist er in München vor der Feldherrnhalle von republikanischer Polizei erschossen worden; „Kameraden, die Rotfront und Reaktion erschossen, marschier'n im Geist in unseren Reihen mit": von der Pfordten fiel als Hochverräter, 1936 ehrte ihn ein selbstvergessener deutscher Juristentag als den „Heros des deutschen Rechtslebens". Als der Reichsgerichtsrat von Dohnanyi von der SS ermordet wurde, war *er* der Hochverräter, um uns Heutigen als einer von denen zu gelten, die ein Stück von der Ehre der deutschen Richter vielleicht gerade noch gerettet haben.

Gibt es eine andere Lehre aus alledem als das nicht nur auf

die Geographie, sondern auch auf die Zeiten zu beziehende Pascalsche Wort: Irrtum diesseits, jenseits Wahrheit? Es müßte sie geben.

Zuerst muß sie in dem unheroischen Wort bestehen, daß heroisches Leben kein Beweis für die Richtigkeit von Anschauungen ist. Auch wer nicht auf Straßen verblutet, nicht ermordet wird, auch wer seine Ämter behält und schließlich seine Pension verzehrt, kann recht haben. Auch die Beharrlichkeit ist kein Argument für sich allein. Der Kammergerichtsräte, die Friedrich II. Nein sagten, dürfte sich niemand rühmend erinnern, wenn sie außer der Standhaftigkeit nicht auch das Recht gehabt hätten. Weil es das stolze Wort gab: „Es gibt doch ein Kammergericht in Berlin!", allein deswegen ist es noch kein gesellschaftlicher Gewinn, daß es das Kammergericht tatsächlich in Berlin noch gibt; man muß sich auch fragen, was es tut (als Strafgericht zur Zeit jedenfalls nicht sehr viel Gutes). Es täte dem deutschen Volk gut, wenn künftig deutsche Opposition auch ohne deutschen Heroismus möglich wäre.

Die deutschen Richter passen sich an die herrschenden politischen Zustände an, solange sie ihrer Klassenlage entsprechen

Aber das ist nur ein Wunsch. Allein mit guten Wünschen wird man eine Funktionärskaste nicht ändern, für deren Denk- und Verhaltensweisen Erwin Bumke das charakterisierende Beispiel liefert. Anpassung an die jeweils herrschenden politischen Zustände, bis sogar das schlechte Gewissen verlorengeht. Wenn das die Grundhaltung der deutschen Richter wäre, dann hätte die erste deutsche Republik ihre Justiz nicht so mehrheitlich gegen sich haben dürfen: Der politische Kampf des Sozialismus hätte an der Justiz vorbeigeführt werden können. Wir müssen also ein bißchen genauer hinsehen. Bumke ist ja kein Opportunist gewesen, kein Mann, der kühl und kalt die Zustände analysierte, um zu wissen, in welchen Wind das Mäntelchen zu hängen war. Die Anpassung der deutschen Richter geschieht vielmehr aus einer Grundhaltung, einem seit über hundert Jahren feststehenden Bestand von Überzeugungen, die ihnen durch ihre Ausbildung und gesellschaftliche Stellung in einem noch selten aufgeblätterten geheimen Lehrplan überliefert werden. „Wenn die Republik kapitalistisch bleibt und nicht sozialistisch wird, werden schließlich auch die deutschen Richter Republikaner werden", sagte Paul Levi, der erste Vorsitzende der KPD, der später zur SPD zurückkehrte, der ein großer Rechtsanwalt war und – wie wir hier sehen – einen Sinn für Ironie hatte. „Wenn die Regierung fortfährt", fügte er gar nicht ironisch, sondern bitterernst in seiner Reichstagsrede vom 15. Juli 1922 hinzu: „Wenn die Regierung fortfährt, das Beamtentum aus den Kreisen herauszuziehen, die bisher die Rekruten für das Beamtentum stellten, so wird sie Schiffbruch erleiden", und so haben die demokratischen Regierungen der ersten Republik Schiffbruch erlitten. „Fürwahr: Sie sind einander wert: diese Justiz und die Klasse, zu deren Schutz sie das Recht spricht", das war 1924 Levis Resümee.

Das heißt also: Die deutschen Richter passen sich an die herrschenden politischen Zustände an, solange sie ihrer Klassenlage entsprechen. Und daß die Bonner Republik nicht wie die Weimarer von der Mehrheit ihrer Richter geradezu bekämpft wird, wäre also nur dem Umstand zuzuschreiben, daß diese zweite deutsche Republik jedenfalls kein sozialistischer Staat ist, sondern ein kapitalistischer? Ich werde später die Antwort zitieren, die der Senatspräsident Wagner vom Bayerischen Obersten Landesgericht auf diese Frage in demselben Buch gibt, aus dem das Zitat am Anfang dieses Aufsatzes stammt. Aber zunächst will ich erklären, warum es überhaupt zu dieser Frage kommt (und das erklärt schließlich auch, warum der Beiname eines Oppositionellen hier als ein Ehrenname verwendet worden ist, der keineswegs jedem zusteht, der dagegen ist).

Die moderne deutsche Justiz stammt aus dem 19. Jahrhundert, habe ich gesagt. Am Anfang dieses Jahrhunderts gibt es in Deutschland zwei Gruppen von Menschen, von denen man sagen könnte, daß sie die Geschlossenheit sozialer Klassen besaßen: die Feudalagrarier und die Handwerker. Im Verlauf des Jahrhunderts vermochte es das Wirtschaftssystem, das dem politischen Liberalismus entspricht: der Kapitalismus, daß an seinem Ende im wesentlichen zwei andere soziale Klassen als die sozusagen modernen Klassen die Zustände des Staates bezeichnen: die Bourgeoisie und das Proletariat mit etwa 2¼ bis 2½ Millionen Köpfen, etwa drei bis fünf Prozent der Bevölkerung, das Proletariat, das „niedere Volk", die „arbeitende Bevölkerung" (nach der Berufs- und Gewerbezählung von 1895) mit 35 106 313 Menschen, 67,5 Prozent, etwas mehr als zwei Dritteln des ganzen deutschen Volkes zu veranschlagen. Das gesamte Bevölkerungswachstum des 19. Jahrhunderts in Deutschland bewirkte also nichts anderes als die Heraufkunft einer Klasse von Menschen, die 900 Mark und weniger jährlich verdienten. Gegen diese „moderne" Entwicklung steht mehr noch als in ihrer politischen, in ihrer soziologischen Haltung die herrschende Staatsmacht: die Monarchie. Politischer noch als durch ihre eigentlich politischen Vorhaben wirkt sie durch eine nur scheinbar romantische Anhänglichkeit an ein versunkenes Ideal von Edelmann. Die fortdauernde politische Wirksamkeit dieser veralteten Klassenvorliebe besteht darin, daß sie der Klasse des tatsächlich vorhandenen deutschen „Edelmanns", nämlich des adeligen Grundbesitzers, des Junkers, durch das Jahrhundert hindurch, zwar nicht mit früherer Ausschließlichkeit, aber dennoch in (mit-)entscheidender Weise an der Macht hält.

Die höheren Staatsbeamten, die Richter, also diejenigen, die in einer gewissen gehobenen Weise gewohnt und bereit waren, Befehle auszuführen von anderen und gegen andere, waren nach Herkunft, Ausbildung und Beteiligung am steigenden Reichtum weder Bourgeois (im eigentlichen soziologischen Sinne), noch natürlich Gentilhommes oder Proletarier. Das Jahrhundert bot ihnen im wesentlichen drei sozialtypische Verhaltensweisen an: Sie konnten sich – erstens – konservativ, besser: traditionell verhalten, ihren Dienst als eine personale Verpflichtung, romantisch-mittelalterlich als Fürsten-, Patriarchendienst auffassen; das rückte sie in die ehrende Nähe der Offiziere und Hofchargen. Sie konnten sich – zweitens – „modern", das hieß: liberal (nationalliberal, fortschrittlich) verraten; ihren Dienst als eine allgemeine Aufgabe, rationale

Notwendigkeit, als Staatsdienst auffassen; das rückte sie in die nicht minder ehrende Nähe der Kommerzienräte, gutverdienenden Bauunternehmer, Mietshausbesitzer. Auf die eine wie die andere Weise fanden sie sich wie die Unternehmer und Gutsherren selbst bei einer herrschenden Minderheit des Volkes, in der der konservative Grundadelige und der liberale Bankier sich in dem gemeinsamen Interesse vereinten, sich die arbeitende Bevölkerung zu möglichst billigen Preisen dienstpflichtig zu halten. Als nach 1870/71 die nationale Begeisterung langsam zu erkalten beginnt, erweckt dieser soziale Zustand bei manchem Angehörigen jenes sogenannten gebildeten Bürgertums um so weniger Sympathie, je weniger er seine eigene Wirtschaftskraft mit der seiner liberalen Gesinnungsgenossen auf der Kommerzienratsseite vergleichen konnte. Für diese schmale Schicht von Menschen gewinnen die Gefühle Bedeutung, die Theodor Fontane in seinem vorsichtig sozialkritischen Roman „Frau Jenny Treibel oder: Wo sich Herz zu Herzen find't" dem Gymnasialprofessor Willibald Schmidt nahelegt: Sie folgten für ihn aus der Tatsache, daß es ihm zunehmend unmöglich wurde, seine hübsche Tochter in die Familie der liberal geadelten, nämlich kommerzienratähnlich entrückten Bürstenbinderstochter Jenny Treibel zu verheiraten. Unter solchen Akademikern bildete sich daher die Meinung, das sich zunehmend auf die Tribüne des Reichstags beschränkende liberale Zueinanderfinden von Herz zu Herzen sei ihrerseits eine recht verlorene Liebesmüh. „Die Intelligenz des Landes", so formuliert der seltsame Sombart, „steht nun der Bourgeoisie fremder gegenüber." Aus diesem Sachverhalt folgt die dritte Verhaltensweise, die zu Ende des Jahrhunderts für deutsche Richter und ähnliche Büroarbeiter möglich wurde. Diese dritte soziale Verhaltensweise empfahl sich um so mehr, je mehr das, was zu Mitte des Jahrhunderts als eine große politische Idee gegolten hatte, zurücktrat hinter Problemen der Finanzverwaltung, der Zölle, Abgaben und Versicherungsrechte, je weniger auch die Begeisterung eine politische Legitimation war und je mehr den verdienenden Liberalen die Freiheitsrechte zum Gegenstand von Erinnerungsfeiern wurden. Als die Konjunktur die Parteien bildete und zerstörte, fanden die in den Grenzen und Sicherheiten staatlicher Gehälter nach oben und unten befriedeten sogenannten Gebildeten das eine Verödung der Politik; Zahlenspiele als Wahlprogramme statt der alten schön klingenden Worte, das war für manchen „Gebildeten", von den Zahlen der Ökonomie scheinbar nicht betroffen, „Niveausenkung". Ihre Reaktion ist die Abkehr. Es war möglich, sich konservativ, liberal und nunmehr – drittens – gänzlich unpolitisch zu verhalten.

Diese Geisteshaltung ließ sich trefflich mit Klassik und allerlei Bildungsgut zur Weltanschauung drapieren. „Wir wollen wieder mehr in Goethe leben", zu solchen Sätzen begeistert sich beispielsweise Werner Sombart, nachdem er auf 550 vorangegangenen Seiten über die deutsche Volkswirtschaft im 19. Jahrhundert gesprochen hat (1903), denn das erinnerte ihn „zur rechten Zeit daran, daß das teuerste Erbstück, das uns Intellektuellen die Größten und Besten unseres Volkes hinterlassen haben, der unpolitische Sinn ist, der schon fast abhanden zu kommen schien".

Das Fatale all dieser Formen, sich gesellschaftlich zu verhalten, ist ihre Gemeinsamkeit in einer ängstlichen Antipathie gegen das sich sozialistisch organisierende Proletariat, gegen die Arbeiter. Der konservative und der liberale Richter verwirklichen diese Antipathie als politische Gefolgschaft zu den Besitzern des Staates und seines Rechts. Der unpolitische Richter verwirklicht sie in der Einbildung höheren geistigen Werts als Unkenntnis, hochmütigen Akademismus; er ist vielleicht gefährlicher als sein konservativer und liberaler Kollege, weil er unkundiger, unbelehrbarer, kleinbürgerlicher ist. Als ein Symptom der Stimmung unter den deutschen Richtern ist es daher typisch, daß zur gleichen Zeit, da die Sozialdemokraten bereits die meisten Wählerstimmen (wenn auch wegen des Klassenwahlrechts nicht die Mehrheit der Reichstagsmandate) errangen (1898), ein Gericht (in Halle an der Saale) es für ehrverletzend erklärte, mit einem Sozialdemokraten zu verkehren.

Selbst in einer Zeit der Reaktion und Beharrung vermögen es die deutschen Richter, ihren Blick so sehr auf die späte

Goethe-Forschung und so wenig auf die sozialen Tatsächlichkeiten zu richten, daß sie auch hinter solcher Zeit noch zurückbleiben. Das 19. Jahrhundert überliefert sich dem 20. mit einem Verrat an seinen besten Traditionen. Dieser Verrat ist der geschichtliche Beitrag des sogenannten gebildeten Bürgertums, zu dem auch die Richter gehören. Er liegt in einer mit dem Zug zum Unpolitischen beinahe notwendig verbundenen Bewegung zum Irrationalen. Die Leistung des Jahrhunderts ist der Rationalismus, die Aufklärung. Als das 20. Jahrhundert wenig verheißungsvoll beginnt, als das Bürgerliche Gesetzbuch mit seiner Negierung der Lebensverhältnisse der großen Mehrheit des Volkes in Kraft tritt, hat ein zahlenmäßig nicht großer, aber verhältnismäßig einflußreicher Teil des Volkes, der akademische Mittelstand, von dieser Tradition sich ebenso abgewendet wie von den tatsächlichen gesellschaftlichen Gegebenheiten und ist im Begriff, mit Tamtam zu den Müttern hinabzusteigen ins Grundlose. Bei Langemarck finden sie sich wieder und um die Lagerfeuer der Hitlerjugend, in Speerschen Lichtdomen weiht der Führer ihre Fahnen.

Der Kapitalismus erzieht sich seine Funktionäre

Mit den großen Rechtskodifikationen des endenden 19. Jahrhunderts konnte sich eine Auffassung in den selbstverständlichen Rang der Wahrheit erheben, für die das Amt des Richters allein in der Ableitung von konkreten Untersätzen aus gesetzlichen Obersätzen bestand. Das lief auf eine logisch-philologische Arbeit hinaus, die man Subsumtion nennt. Die Richter nahmen diese Aufgabe an, sie paßte in ihr unpolitisch-verschwommenes Weltbild und gestattete es ihnen fortan, ihre Berufstätigkeit als eine Art wissenschaftlicher Arbeit zu begreifen mit allen Bequemlichkeiten einer solchen. Der Beruf des Richters schien künftig eine politische Kenntnis- und Stellungnahme nicht zu fordern, er entrückte sich dem Tag, dem wirtschaftlichen und sozialen Leben, der Wirklichkeit des Volkes. Die Rechtswissenschaft wurde eine Lehre der Logik und der Philologie. Die Gegenwartskunde, die Wirtschafts- und Verwaltungslehre, beinahe sogar das Zeitunglesen wurden aus den Rechtsschulen verbannt und aus der Praxis der Richter. Der Richter hatte nicht mehr nötig, zur Kenntnis zu nehmen, was geschah. Unterdrückung und Ungerechtigkeit, Siege und Niederlagen interessierten den Richter amtlich nicht mehr, er hielt seinen Blick auf das Gesetz gerichtet, das er ein positives nennt, sobald es ein geltendes, das heißt im Gesetzblatt abgedrucktes Gesetz ist. Lujo Brentano, der kathedersozialistische Volkswirtschaftslehrer, berichtet davon, wie die Gerichte auch weiterhin treu und kenntnislos kulturkämpferische und sozialistenverfolgende Urteile erließen, als Kulturkampf und Sozialistenverfolgung schon aus der Mode gekommen waren. Aber das waren erst die Anfänge; später erwies sich auch das Kommentieren und Anwenden der rassistischen Nürnberger Gesetze als eine Arbeit, die ohne Aufgabe erlernter Methoden und ohne Verlust des guten Gewissens ausführbar war; im Bonner Staat konnte man trotzdem Staatssekretär im Bundeskanzleramt werden. Aber niemand hätte sich darüber wundern müssen, daß es für deutsche Richter in den fünfziger und sechziger Jahren geradezu pflichtgemäße Amtsausübung bedeutete, den moralischen Anspruch der Wiedergutmachungsgesetze im menschlichen Dschungel der Interpretationen und Beweisfragen untergehen zu lassen. Die bis heute fortgeltenden Reichsgesetze der Bismarck-Zeit sind tatsächlich weitgehend die Kodifikationen der Verantwortungslosigkeit. Die Gesetze dachten, handelten, brachten zum Leben und zum Tode, Menschen waren nicht zu entdecken, auf die der anklagende Finger hätte weisen dürfen.

Ich rufe noch einmal Bumke auf, den Phänotypen. Was hat er gelernt auf dem Gymnasium in Stolp für seine Richtertätigkeit im Ruhrgebiet? Viel weniger als nichts. Der Stil und der Geist jener Generation von Richtern und anderen Beamten, die hernach auch die erste deutsche Republik beherrschten, ist – nach einem Wort von Leautaud – der Stil und der Geist jener Leute, die nicht sehen können, wie eine Frau die Wäsche wäscht, ohne von Nausikaa am Brunnen zu sprechen, er ist jene Scheinbildung, Un- und Antibildung, die sich in weinseliger Abendstunde mit hundert auswendig gelernten Homer-Versen zu Wort meldet, jene Sauf- und Klatschgesellschaft, die der Reichsanwalt Ebermeyer als den „13. Senat" des Reichsgerichts „voller Dankbarkeit" beschreibt. Die „große Zeit der humanistischen Bildung in Deutschland" war ja nicht nur diejenige, in der die Schüler – beispielsweise – über die „Natur" eines Stadions aus dem Mund eines Professors unterrichtet wurden, der das selbst nur aus Büchern wußte und sich bei Vermeidung des Amtsverlusts an keiner modernen Sportstätte hätte sehen lassen dürfen; es war nicht nur die Zeit der Wirklichkeitsferne der Schule; die Schüler lernten nicht nur, daß es auf die Wirklichkeit des Volkes nicht ankam, sie lernten viel eher auch, daß es allein auf sie ankam: Das Schulwesen der ersten Jahrzehnte des 20. Jahrhunderts ist eingegliedert in den staatspolitischen Versuch einer Klasse, sich machtpolitischen Einfluß zu erhalten. Das humanistische Gymnasium ist klassenbildend. Seine Wirklichkeitsferne erweist sich als dienlich; sein Vordergrundhumanismus kommt als eine Geheimsprache der Herrschenden zu aktueller Bedeutung.

Bei der Beschäftigung mit Jugenderinnerungen von Männern, die im ausgehenden 19. oder beginnenden 20. Jahrhundert das Gymnasium besucht haben, fällt es als etwas Seltames auf, daß sie diese Schulzeit sowohl mit wütendem Groll wie mit geheimem Stolz schildern. Wenn man Friedrich Meinecke, dem Historiker, trauen darf, dann ist jene Regung als Reaktion auf die erzieherischen Inhalte, diese aber als die Spiegelung der sozialen Tatsache aufzufassen, daß der Inhaber „humanistischer Bildung" nach herrschender Wertung anderen Zeitgenossen etwas Unschätzbares voraus hatte. Er durfte sich einer privilegierten Gruppe zuzählen, in der man sich durch leichte Zeichengebung untereinander verständigte. Was bis heute „Bildung", „Allgemeinbildung" genannt wird, ist in der gesellschaftlichen Praxis deutscher Akademiker allzuoft nichts anderes als soziales Vorurteil, „Bumkes Liebe", wir erinnern uns, „galt von Jugend auf der Musik; in seinen Mußestunden greift er auch heute noch zur Geige".

Der Kapitalismus erzieht sich seine Funktionäre, und er erzieht sie in Deutschland so, daß sie später auch als Funktionäre des Massenmords taugen. Der wesentlichste Teil dieser Erziehung geschieht, wie wir heute wissen, versteckt vor der

Öffentlichkeit, nicht in der Schule, sondern im Kinderzimmer.

Erwin Bumkes Vater war Arzt. Er ist früh gestorben; das warf angeblich „einen dunklen Schatten über (Bumkes) glückliche Jugend". Der Senatspräsident am Reichsgericht Brandis, der das 1939 über Bumke schreibt, wußte aber gar nichts über den Erziehungsstil in Bumkes Kinderstube. Bumke selbst wußte darüber wahrscheinlich nichts. Aber wir wissen es. Denn wir kennen den Senatspräsidenten Daniel Paul Schreber. Als seine paranoide Erkrankung zum Ausbruch gekommen war, mußte er sein Amt aufgeben; seine Autobiographie hat Sigmund Freud berühmt gemacht durch seine Schrift „Psychoanalytische Bemerkungen über einen autobiographisch beschriebenen Fall von Paranoia" (1911). Eines der Hauptthemen dieser Schrift ist der Zusammenhang zwischen verdrängter Homosexualität und Paranoia. Schrebers Krankheit stammte aus seinem Kinderzimmer; sein Vater hat sie ihm anerzogen. Dieser Vater war Arzt wie Bumkes Vater. Er war zugleich ein berühmter Gesundheitspolitiker. Die Schrebergärten verdanken ihm ihren Namen. Mit mehreren populären, oft aufgelegten, also wahrscheinlich auch viel gelesenen Erziehungsbüchern hat er die elterlichen Erziehungsmethoden stark beeinflußt. Dieser hochgeachtete, noch heute in jedem Lexikon der Erinnerung überlieferte Mann war – nach Katharina Rutschkys Wort – wahrhaftig einer der Päpste der „schwarzen Pädagogik". Hier ist ein Beispiel aus einer von Schrebers Erziehungsschriften:

„Als die ersten Proben, an denen sich die geistig-erzieherischen Grundsätze bewähren sollen, sind die durch grundloses Schreien und Weinen sich kundgebenden Launen der Kleinen zu betrachten . . . (Man darf sich dabei nicht abwartend verhalten), sondern muß schon in etwas positiverer Weise entgegentreten: durch schnelle Ablenkung der Aufmerksamkeit, ernste Worte, drohende Gebärden, Klopfen ans Bett . . . oder, wenn dies alles nicht hilft – durch natürlich entsprechend milde, aber in kleinen Pausen bis zur Beruhigung oder zum Einschlafen des Kindes beharrlich wiederholte körperlich fühlbare Ermahnungen . . . Eine solche Prozedur ist nur ein- oder höchstens zweimal nötig, und – man ist Herr des Kindes für immer. Von nun an genügt ein Blick, ein Wort, eine einzige drohende Gebärde, um das Kind zu regieren . . . Bleiben hierin die Eltern sich selbst treu, so werden sie bald durch den Eintritt jenes schönen Verhältnisses belohnt, wo das Kind fast durchgehend nur mit einem elterlichen Blick regiert wird."

Das ist – vielleicht merkt das heute mancher auch ohne psychoanalytischen Kommentar – ein Horrortext. Wir wissen genug über den berühmten Vater des armen Senatspräsidenten, daß wir noch schrecklichere Schrecken aus seiner Erziehungspraxis mitteilen könnten. Dann werden sich die Leser aus den guten Elternhäusern abwenden und sagen: „Glücklicherweise hatte ich liebevolle Eltern, eine glückliche Jugend", wie Erwin Bumke. Aber nun – nämlich seit Alice Millers Buch „Am Anfang war Erziehung" – wissen wir auch, daß das oft, meistens ein Irrtum ist, ein tragischer und gefährlicher Irrtum. „Die Tragik der gut erzogenen Menschen besteht (nämlich) darin, daß sie als Erwachsene nicht merken können, was ihnen angetan wurde und was sie selber tun, wenn sie es als Kinder nicht haben merken dürfen. Davon profitieren unzählige Institutionen und nicht zuletzt die totalitären Regime" (Alice Miller).

Henker und Opfer

1914 zog Bumke „ins Feld". Die meisten von den Juristen, die die Anfänge der bundesdeutschen Justiz bestimmt haben, haben den Ersten Weltkrieg erlebt. Aber selbst aus dieser ersten großen Vernichtungsaktion Europas war keine klassenverbindende allgemeine Erfahrung hervorgegangen. Ganz im Gegenteil, wie Hermann Kantorowicz' Schrift über den Offiziershaß im deutschen Heer (1919) kann man bedrückende Beispiele der Klassengesinnung nachlesen. Die geschlagene soziale Klasse, aus der in Deutschland die prägenden Justizfunktionäre hervorgehen, beendet den Krieg mit einem Selbstbetrug. Sie weigert sich, ihre Niederlage anzuerkennen. „Besiegt, aber nicht geschlagen", die Dolchstoßlegende: „Von hinten wurde unser herrliches Heer erdolcht", diese Parole zur Irreführung des Volkes ist, wie wir aus dem Zeugnis des Generalmajors Graf Schulenburg wissen, von der Obersten Heeresleitung

Anfang November 1918 erfunden und systematisch in Umlauf gesetzt worden. Sie wirkte, weil sie dem Klasseninteresse der herrschenden Klasse entsprach. Trotzig ist sie 1918/19 entschlossen, an ihren alten Praktiken festzuhalten. Es hatte sich nichts geändert. „In unserem Reichsjustizamt gingen die Geschäfte ruhig weiter“, schreibt der spätere höchste Staatsanwalt der Republik. „Der Umschwung machte sich nur insofern bei uns bemerkbar, als man uns einen sogenannten parlamentarischen Staatssekretär zur Seite gab, dessen Aufgabe es wohl gewesen ist, darüber zu wachen, daß die Geschäfte im Sinne der neuen Machthaber geführt wurden. Er hat uns wenig gestört, und nach kurzer Zeit war er verschwunden und hatte sich in die russischen Gefilde verzogen.“

Die Rückkehr zum Gestern, die sich in Deutschland nach dem Ersten Weltkrieg in den Kreisen der Beamtenschaft, ganz besonders in der Justiz, unter den Richtern, so allgemein vollzieht, folgt – vielleicht kann man es so sagen – aus einer Art von Persönlichkeitsspaltung. Der einzelne trennt sich von der Wirklichkeit, er verweigert die Kenntnisnahme, er war erzogen, „nicht zu merken“, nicht zu bemerken, was mit ihm geschah und was er anderen geschehen ließ. Als ein Rettungsmittel für die eigene Seele (Hölderlin und Rilke im Tornister) entwickelt er die furchtbare Fähigkeit, gleichgültig zu sein. Im Jahre 1930 hat der große Hermann Broch dieses soziale Phänomen so beschrieben:

„Gleichgültig gegen fremdes Leid! Jene Gleichgültigkeit, die die Bürger ruhig schlafen läßt, wenn im nahen Gefängnishof einer unter der Guillotine liegt oder am Pfahl erwürgt wird! Jene Gleichgültigkeit, die bloß multipliziert zu werden braucht, damit es von denen daheim keinen anficht, wenn Tausende in Stacheldrähten hängen! Gewiß ist es die nämliche Gleichgültigkeit, und es greift trotzdem darüber hinaus, denn hier geht es nicht mehr darum, daß sich eine Wirklichkeitssphäre fremd und teilnahmslos gegen eine andere abschließt, sondern es geht darum, daß es ein einziges Individuum ist, in welchem Henker und Opfer sich vereint vorfinden, daß also ein einziger Bereich die heterogensten Elemente in sich vereinigen kann, und daß trotzdem das Individuum als Träger dieser

Wirklichkeit sich völlig natürlich und mit absoluter Selbstverständlichkeit darin bewegt."

Fast ein Epitaph für Bumke. Der war schon Reichsgerichtspräsident, als dieser Text erschien. Die der Klassenlage der deutschen Beamten und Richter entsprechende und daher durch Erziehung planvoll herbeigeführte Fähigkeit, zugleich Henker und Opfer zu sein, entfernt den Millionenmord der 1940er Jahre von der persönlichen Verantwortlichkeit und sogar von den Rührungen des schlechten Gewissens. Vielleicht ist also Bumkes lebendigste Tat sein Tod. Aber das Reichsgericht war ein ordentliches Gericht; nach Meinung des Bundesgerichtshofs war das auch der Volksgerichtshof, obwohl doch außer diesen hohen Richtern der Republik von Bonn jedermann auf Filmdokumenten sehen kann, daß er die rechtsförmige Gestalt des organisierten Staatsverbrechens war. Auch die Justiz der zweiten deutschen Republik verschließt ihre Augen vor den Verbrechen und den Sünden der eigenen Klasse.

Paul Levi – wenigstens Charlotte Beradts Sammlung seiner Schriften soll man doch lesen, Europäische Verlagsanstalt 1969 – schreibt in seinem Aufsatz „Justizbankrott":

„Am Morgen des 2. Mai 1919 wird der Schriftsteller Gustav Landauer, Mitglied der bayerischen Räteregierung, in das Gefängnis Stadelheim eingeliefert. „Er wird schwer beschimpft und selbst schon geschlagen, doch scheint er eben das Tor durchschreiten zu wollen, das ihn von den wilden Soldatenhorden, den ‚Ordnungsstiftern', trennen und in Sicherheit bringen soll, als ein Offizier von rückwärts nachkam und dem Zug zurief: ‚Halt, der Landauer wird sofort erschossen.' Versteht sich: Der Offizier war nicht zu ermitteln. Und der amtliche Bericht der bayerischen Regierung fährt dann fort: ‚Um die gleiche Zeit erschien der durch seine Kleidung (Sportanzug) auffallende Gutsbesitzer und Major a. D. Freiherr von Gagern, der sich als Führer einer freiwilligen Patrouille an dem Unternehmen gegen München beteiligt hatte. Er fragte Landauer, wer er sei und schlug ihm, als dieser seinen Namen nannte, mit der Reitpeitsche unter gleichzeitigen Beschimpfungen ins Gesicht. Das war das Zeichen für eine allgemeine Mißhandlung des Landauer, in deren Verlauf ...' dann Landauer von einem Unbekannten – versteht sich – erschossen wurde. Einen Schuß gab der Ulan Digele ab, und er stahl auch des toten Landauer Uhr.

Und dann schritt die Justiz rächend ein. Erst gegen Digele. Das Gericht sprach ihn von der Anklage des Totschlags frei, verurteilte ihn aber wegen eines Vergehens der gefährlichen Körperverletzung und eines Vergehens der Hehlerei zur Gesamtgefängnisstrafe von fünf Wochen. Soweit Digele.

Und dann der Freiherr v. Gagern, ein deutscher Edelmann. Der hatte mit seiner Reitpeitsche das Zeichen gegeben. Gegen Freiherr v. Gagern wurde durch Strafbefehl des Amtsgerichts München vom 13. September 1919 wegen der an Landauer begangenen Mißhandlung eine Geldstrafe von 500 Mark festgesetzt. Fünfhundert Mark. Das waren, wenn er sie gleich bezahlt hat, 90 Goldmark. Wenn er einige Zeit gewartet hat, entsprechend weniger. Wir erinnern uns aus unserer Gerichtspraxis eines Falls: Ein Bauernbursch hatte nachts um elf Uhr auf der Dorfstraße im Suff den Nachtwächter angepißt. Für diesen Rückfall ins Hundeleben bekam der Bauernlümmel sechs Wochen Haft, und er hat sie abgesessen. Der deutsche Edelmann zahlte 500 Papiermark: Wenn er mit einer Hure schlafen geht, kostet's ihn mehr als sein Lumpenstreich gegen Landauer. Deutsche Justiz!"

Dieser Aufsatz stammt aus dem Jahre 1924. Er berichtet diesen und andere schauerliche Taten der Klassenjustiz aus der damals eben mit Mühe erschienenen „Denkschrift des Reichsjustizministeriums über vier Jahre Mord" (vielleicht hat Bumke daran mitgeschrieben?), also alles von amtlicher Seite zugegebene Fälle:

„Und dieses schauerliche Buch konnte erscheinen, und eigentlich hat keiner davon Notiz genommen. Keine bürgerliche Zeitung, kein demokratisches, kein christliches Organ. Ein Buch, das in jedem anderen Lande die Revolution bedeuten würde, ein Schandmal, das kein anderes Land, kein Niggerstaat auf sich sitzen lassen würde; die Deutschen nehmen es nicht; es ist das Buch von der deutschen Ordnung." Das war erst 1924, die Deutschen nahmen noch viel mehr hin in den Jahren, die folgen. Immer das alte Lied:

Gott versah uns mit zwei Händen,
Daß wir doppelt Gutes spenden . . .
Und man baut aus deutschen Eichen
Keine Galgen für die Reichen.

Als 1928, im Jahr bevor Bumke Reichsgerichtspräsident wurde, die Republik von Weimar ihren 10. Geburtstag feierte, schrieb Levi, der Führer der sozialdemokratischen Linken – der Reichskanzler war Sozialdemokrat, Sozialdemokraten waren Minister – in der Zeitschrift „Der Klassenkampf": „Wir feiern keine Feste, wir zünden keine Fackeln an, wir wollen uns nicht an Worten berauschen, wir wollen nur erkennen, was ward. Was ward, ist die Niederlage der Arbeiterklasse in ihrer ersten Erhebung . . . Ein Funken dieser Erkenntnis in die Hirne der Massen: Das ist das wahre Gedenken." Ein halbes Jahr später, 1929, im Jahr als Bumke Reichsgerichtspräsident wurde, sagte der preußische Innenminister Carl Severing (SPD) auf dem SPD-Parteitag in Magdeburg: „Heute haben wir sozialdemokratische Polizeiminister, sozialdemokratische Polizeipräsidenten . . . in der Polizei ein starkes und verläßliches Instrument gegen Putschpläne . . " Lebhafter Beifall, meldet das Parteitagsprotokoll, denn, was Severing gesagt hatte, hieß ja: Der Staat gehört uns, die Arbeiterklasse hat gesiegt, wir lassen uns nicht in die Unterdrückung zurückverweisen. In dieser Gewißheit lebte Severing nun noch drei Jahre. 1932 wurde er durch Papens Putsch von oben aus dem Amt getrieben; sang- und klanglos, auf ein Stück Papier hin, ging die sozialdemokratische preußische Staatsregierung ab in die Resignation. Keine republikanische Polizeiaktion warf sich dem Deutschnationalismus der Industriekapitäne und Zeitungsherren in die Arme.

Das ist nun genau 50 Jahre her. Die Bundesrepublik hat einen sozialdemokratischen Kanzler, sozialdemokratische Minister. Alles ist jetzt ganz anders; ist alles ganz anders jetzt?

Senatspräsident Wagner, der schon das erste Zitat in diesem Aufsatz geliefert hat, schreibt 1959 in seinem Buch „Der Richter": „Die Richter zeichnen sich durch ein nicht mehr bezweifeltes soziales Verständnis aus." Als indessen ein Student in einem Frankfurter Demonstrationsprozeß das anzweifelte, als er von „Klassenjustiz“ sprach, wurde er vom Gericht wegen Ungebühr zu drei Tagen Haft, der Höchststrafe, verurteilt. Es stimmt eben nicht, daß die Geschichte der Klassenjustiz zu Ende wäre. Auch die Justiz des Bonner Staates ist ganz überwiegend eine Veranstaltung der Ober- und Mittelschicht gegen die Unterschicht, auch immer noch eine Veranstaltung von Männern gegen Frauen, von Arbeitgebern gegen Arbeitnehmer. Ich bin selbst ein deutscher Richter, seit fast zwanzig Jahren. Ich würde mich nicht noch einmal entscheiden, ein deutscher Richter zu werden. Die deutschen Richter machen mir angst. „Es gab Zeiten, da man im Richten etwas Heiliges und Göttliches sah.“ Mit diesem Wagner-Zitat habe ich diesen Aufsatz begonnen. Auch vor dem lieben Gott, der hier so trauernd angerufen wird, habe ich Angst. Er straft uns, indem er uns liebt. Er ist wie die Menschen. Aber meine Hoffnung ist die Aufklärung. „Was für ein Glück für die Regierenden, daß die Menschen nicht denken“, hat Adolf Hitler gesagt. Gegen dieses Glück muß es Mittel geben. Bis sie zur Anwendung gebracht werden, empfehlen sich in Deutschland immer noch: Wohnungen mit mindestens zwei Ausgängen.

Raimund Kusserow:

Häufig nichts als fauler Zauber

„Die Jurisprudenz beginnt, mir zu gefallen. So ist es doch mit allem wie mit dem Merseburger Biere. Das erstemal schaudert man, und hat man's eine Woche getrunken, so kann man es nicht mehr lassen", schrieb Goethe am Ende seines Jura-Studiums. Dann wurde er Dichter.

Kurz vor Ostern 1982 entschied die 9. Große Strafkammer des Landgerichts Duisburg einen Jahrhundert-Fall der deutschen Justiz – den Fall des 49jährigen Joachim Georg Kroll, der zwischen 1955 und 1976 acht Menschen umgebracht hat. Man schaudert heute länger als Goethe, erst über den Mörder, dann über seine Richter.

Joachim Kroll hat, wie das Gericht herausfand, zunächst „versucht, sexuellen Kontakt zu Schweinen aufzunehmen, es gelang ihm aber nicht". Joachim Kroll hat sein letztes Opfer, Marion, ein Nachbarskind, regelrecht geschlachtet und dann die Eingeweide des Mädchens in der Toilette weggespült, bis die Abflußrohre verstopften und die anderen Mieter aufmerksam wurden.

Joachim Kroll – ein abartiger Mensch? Nicht ganz normal? Überhaupt nicht mehr zurechnungsfähig?

Die Richter in Duisburg entschieden anders. Sie bescheinigten Kroll volle Zurechnungsfähigkeit und verurteilten ihn zu lebenslanger Haft. Zwar sei dieser Mann abartig, doch andererseits sei er „wie ein geschickter Jäger zu Werk gegangen, mit hinreichender Deckung". So einer könne nicht „willenloser Sklave seines Triebs" gewesen sein. Kroll habe gewiß auch anders handeln können, wenn er nur gewollt hätte.

Wie ist das möglich? Zwei Gutachter, Professoren aus Hamburg, hatten vor dem Duisburger Gericht ausführlich begründet, warum Kroll ein schwerkranker Triebtäter und deshalb schuldunfähig sei. Dabei war es keine Frage, daß die Gesellschaft vor so einem Mann geschützt werden muß. Doch die Sachverständigen plädierten für Heilanstalt, nicht für Haftanstalt.

Die Duisburger Richter gingen an Sexualwissenschaft und Neurosenlehre vorbei. Für die Strafrichter galt nur ihre persönliche, begrenzte Lebenserfahrung: daß nämlich ein Mensch, der nach Tatplan „wie ein geschickter Jäger" tötet, auch zurechnungsfähig sein muß. Der Rest kam sozusagen aus dem Bauch, in dem das natürliche Rechtsgefühl siedelt, die „gesunde Volksseele" in uns, die nach echter Sühne und Vergeltung für die unbeschreibliche Grausamkeit ruft.

Unverblümter noch Gefühlsentscheidungen statt Kopfarbeit, als im März 1981 Nürnberger Haftrichter 141 junge Leute verhafteten. Erinnern wir uns: Als während der Staatsaktion plötzlich vier Entlastungszeugen für die Jugendlichen auf dem Gerichtsflur bereitstanden, um auszusagen, unterbrachen die Haftrichter ihre Verhandlungen, setzten sich kurz zusammen und beschlossen, daß sie die nicht hören wollten.

Um welcher Sache willen begab sich die Dritte Gewalt in Nürnberg auf das Niveau einer Bananenrepublik?

Günther Meyerhöfer, der allein rund 50 Haftbefehle in wenigen Stunden schaffte, bekannte am Biertisch etwas enthemmt, also „voll" zurechnungsfähig, vielleicht zurechnungsfähiger denn je: „Man darf sich von diesen Leuten nicht erpressen lassen." Diese Demonstranten wüßten genau, daß ihnen einzeln von der Justiz kaum Straftaten nachzuweisen seien, „wenn sie in Hundertschaften auftreten". Nürnberg habe im Gegensatz zu anderen bundesdeutschen Städten gezeigt, „daß die Justiz dann nicht machtlos ist".

Berlin, im Februar 1982. Die 18. Große Jugendstrafkammer des Landgerichts verurteilt einen Hausbesetzer zu einer dreieinhalbjährigen Haftstrafe. Jan H. hatte nach Überzeugung des Gerichts ein Hackebeil in eine Richtung geworfen, wo zwei Polizisten standen.

Hatte die Justiz den Richtigen erwischt? Ein anderer Hausbesetzer, Gerd J., widersprach den belastenden Aussagen der Polizisten. Er gab sogar schriftlich zu: „Das Beil habe ich weggeworfen, als die Bullen kamen ... Jan ist unschuldig!"

Die Berliner Richter schickten einen Wachtmeister in ein besetztes Haus, um den zweiten Verdächtigen als Zeugen zu laden. Ohne Erfolg.

Die Strafkammer verurteilte daraufhin Jan H., den sie hatte, wegen versuchten Totschlags. Auf den Entlastungszeugen, Gerd J., den sie nicht hatte, kam es den Juristen „nicht so sehr an". Ein erneuter Beweis, daß die Justiz in solchen Zweifelsfällen „nicht machtlos ist".

Die richterliche Anmaßung gegen „Zersetzer des Staates", gegen Außenseiter der Gesellschaft, hat bis heute etwas Zwanghaftes. Im Mai 1982 verurteilte das Landgericht Itzehoe zwei Brokdorf-Demonstranten. Der neunzehnjährige Abiturient Markus M. soll vorn an der Demonstrations-Front mit einer Schaufel auf einen hilflosen Polizisten eingeschlagen haben. Obwohl bis Prozeß-Ende erhebliche Zweifel an der Täterschaft des jungen Atomkraftgegners blieben, forderte die Staatsanwaltschaft für den Heranwachsenden zwei Jahre Haft mit Bewährung. Den Richtern war das noch zu lasch. Sie verhängten gegen den neunzehnjährigen M. drei Jahre, ohne Bewährung.

Der Vorsitzende Richter Selbmann betonte in Itzehoe: „Es geht um die Aufrechterhaltung der öffentlichen Ordnung ..." Die Straftat allein war also nicht der Grund für die ungewöhnliche Härte. Aber: Welche „öffentliche Ordnung" will dieser Gerichtsvorsitzende „aufrechterhalten"?

Gesinnung ist natürlich nicht strafbar. Auch nicht die Gesinnung der Richter. Man hätte bloß gern mehr gewußt über das Weltbild, über die Gefühlsarbeit, über die Vorurteile, die zum Urteil führen. Doch das, was aus dem Bauch kommt, legen die Richter selten offen. Sie halten uns Gesetze vor wie Schauspieler ihre Masken.

„Die erzwungene Objektivität", schreibt der Soziologie-Professor Hans Albrecht Hesse aus Hannover, „ist häufig nicht weiter als fauler Zauber, und das schlechte Gefühl, das Juristen vielfach noch haben bei diesem faulen Zauber, äußert sich in Zynismus wie dem bekannten Spruch, wonach es drei Arten von Urteilen gibt: die schriftlichen, die mündlichen und die wahren."

Man wüßte gern die wahren Entscheidungsgründe, weshalb der bis dahin nicht vorbestrafte Schriftsteller Peter Paul Zahl für seine Schüsse auf Polizisten die Höchststrafe von 15 Jahren gekriegt hat, wo auch drei Jahre möglich gewesen wären. Gesinnungszuschlag für einen Mann, der – so die Richter – „von einem tiefgreifenden Haß auf unser Staatswesen ergriffen" sei?

Man wüßte gern, weshalb der bis dahin nicht vorbestrafte Heidelberger Rechtsanwalt Dr. Gerhard Härdle wegen Landfriedensbruchs 22 Monate absitzen soll – während in vergleichbaren Fällen allenfalls sechs Monate mit Bewährung verhängt werden. Gesinnungszuschlag für den Maoisten Härdle?

Als Adolf Hitler 1924 wegen seines mißlungenen Münchner Putsches vor Gericht stand und mit fünf Jahren (von denen er nur ein Jahr absitzen mußte) recht gut davonkam, schrieben die deutschen Richter wenigstens noch ins Urteil, was sie wirklich bewegte: „Auf einen Mann, der so deutsch denkt und fühlt wie Hitler", könne das Republikschutzgesetz, ein frühes Anti-Terror-Gesetz, „keine Anwendung finden".

Als Hitler nach 1933 dann auch so handeln konnte, wie er dachte und fühlte, ging die Dritte Gewalt den Gewaltigen im Staat hemmungslos zur Hand: nicht nur der blutige Volksgerichtshof des Juristen Freisler, auch die Auslegungskünstler des traditionsreichen deutschen Reichsgerichts in Leipzig. Sie entschieden, daß keineswegs nur Geschlechtsverkehr zwischen Juden und Ariern Rassenschande sei. Schon die „wollüstigen Blicke" eines Juden wurden als Rassenschande ausgelegt. Diese Perversität war selbst Hitler nicht eingefallen.

Nach dem Ende des Faschismus traf sich die furchtbare Richter-Kompanie aus Leipzig beim Bundesgerichtshof in Karlsruhe wieder. Mitglieder von Hitlers Volksgerichtshof bezogen Pension oder wurden ebenfalls wieder aktiv. Der Ankläger am Volksgerichtshof Edmund Stark wurde sogar Landgerichtspräsident in Ravensburg – und Vorsitzender einer Prüfungskammer für Wehrdienstverweigerer.

Edmund de Chapeaurouge, inzwischen pensioniert, hat als Bundesrichter 1975 an einem Urteil gegen die Lehrerin Anne Lenhart mitgewirkt. Der Senat des Bundesverwaltungsgerichts, in dem Chapeaurouge saß, entschied, daß die junge DKP-Aktivistin ihren Beruf an der Schule nicht ausüben dürfe, weil sie nicht die Gewähr biete, jederzeit für die freiheitlich-demokratische Grundordnung einzutreten.

Derselbe Edmund de Chapeaurouge war auch schon 1939, als junger Richter am Landgericht Hamburg, im Namen des Volkes tätig. Damals wirkte er an einem Urteil gegen den jüdischen Kaufmann Leon Abel mit. Zwei Jahre Zuchthaus fanden Chapeaurouge und Kollegen seinerzeit erforderlich, weil sich Abel, der Nicht-Arier, von der „deutschblütigen Olga König" seine Magenbeschwerden wegmassieren lassen wollte. Das war „Rassenschande", weil Abel sich irgendwie auf dem Massage-Weg geschlechtliche Befriedigung verschafft habe. Und es half ihm auch nichts, daß die Masseuse selbst, die bei der Arbeit „sein Glied mit einem Handtuch bedeckt" hatte, die sexuelle Erregung gar nicht bemerkt hatte.

Die Richter des Bundesgerichtshofs brauchten keine jüdischen Kaufleute mehr zu bestrafen, die bei arischen Dirnen oder Masseuren einkehrten. Doch das Thema Geschlechtsverkehr blieb für Deutschlands höchste Richter ein großes Feld, das der Bundesgerichtshof mit viel Engagement bestellte: „Die sittliche Ordnung will", schrieb der Große Senat 1953, „daß sich der Verkehr der Geschlechter grundsätzlich in der Einehe vollzieht, weil der Sinn und die Folge des Verkehrs das Kind ist . . ." Konsequenz dieser Rechtsfindung aus dem Bauch der Oberrichter: auch Geschlechtsverkehr zwischen Verlobten galt als Unzucht. Wer diesen Verkehr förderte, etwa als Verwandter, machte sich wegen Kuppelei strafbar. So wurde die Moral des katholischen Kleinbürgertums zum Maßstab für staatliches Strafrecht.

Überhaupt durfte die Kirche, neben dem Staat, stets sehr

viel Verständnis und Entgegenkommen von der Dritten Gewalt erwarten. 1959 fand der Bundesgerichtshof, daß einem Strafgefangenen die übliche Entlassung aus der Haft nach Verbüßung von zwei Dritteln der Strafe zu Recht verweigert worden sei: denn der Häftling, ein Atheist, habe Zellennachbarn Tabak versprochen, wenn sie aus der Kirche austreten würden. Dieses Geschäft – Tabak gegen den lieben Gott – lasse „einen solchen Grad an gemeiner Gesinnung und moralischer Niedertracht" erkennen, daß der Atheist – bei aller Bekenntnisfreiheit – bis zum Ende weiterbrummen müsse.

Zur stabilen Staatsordnung gehört nach Auffassung deutscher Richter nicht nur die Verteidigung der Kirche, sondern auch der gewachsene Unterschied zwischen oben und unten. Was immer die Richter dafür tun konnten, haben sie getan.

Als 1961 ein Professor für Völker- und Kirchenrecht in einer Zeitungsanzeige irrtümlich als Ginseng-Forscher präsentiert wurde und sich seine Studenten darüber kaputtlachten, sprach ihm der Bundesgerichtshof ein Schmerzensgeld wegen schwerer Beeinträchtigung des Persönlichkeitsrechts zu: 8000 Mark.

Als 15 Jahre später ein Arbeitgeber in Baden-Württemberg eine seiner einfachen Arbeiterinnen als „rachsüchtige, herrschsüchtige, taktlose, schwatzhafte und gefühlskalte Intrigantin" hinstellte, hielt das Landesarbeitsgericht einen viel kleineren Betrag als Schmerzensgeld für angemessen: 2000 Mark.

Dies alles ist nicht logisch oder rational zu erklären, sondern höchstens psychologisch oder soziologisch. Die Willkürlichkeit deutscher Justizergebnisse wird bestimmt durch die Ethik, Psyche, durch die Vorstellung von Land und Leuten, durch das Gefühl und die Vorurteile der Männer und Frauen, die bei uns Recht sprechen.

Es muß wohl so sein. Doch verhängnisvollerweise stammen diese „Vorverständnisse" aus einer höchst spießigen Schicht, aus der Schicht, aus der die meisten deutschen Richter heute stammen: aus dem mittleren deutschen Beamtentum. Darf man sich also wundern, daß unter deutschen Richtern die Hinwendung zu Autorität und die Lust an der Schulmeisterei weiter verbreitet sind als die Fähigkeit, die Proportionen eines Problems zu erkennen?

Ganz hysterisch reagierte in den fünfziger Jahren die deutsche Justiz auf Kommunisten oder solche, die sie dafür hielt. So verurteilte der Bundesgerichtshof einen Angeklagten wegen „Verbrechens der Beihilfe zur Geheimbündelei in verfassungsverräterischer Absicht". Der Gesinnungstäter war zwar selbst nicht Mitglied der FDJ. Doch bei ihm konnte man sich zum „II. Deutschlandtreffen der FDJ", Pfingsten 1954, anmelden. Daß bei dem Angeklagten kein einziger Interessent erschienen war, schützte ihn vor Strafe nicht.

Und heute sind sogar radikale Katholiken von bundesdeutscher Gesinnungsjustiz betroffen. Im September 1981 verhinderte das Freiburger Verwaltungsgericht die Einstellung einer katholischen Religionslehrerin in den öffentlichen Schuldienst. Die junge Frau hatte zwar gar nichts gegen die freiheitlich-demokratische Grundordnung. Doch blind und treu ergeben könne sie nur einem sein: Gott. Unter diesem Vorbehalt wolle sie freilich jederzeit die erforderliche Gewähr bieten. Das reichte den Richtern in Freiburg nicht. Sie wollten das Bekenntnis zum Staat totaler und radikaler, als es Gott erlaubt. Gewiß ein Höhepunkt in der Geschichte der deutschen Rechtspflege.

Eine ähnlich absurde Überhöhung der Staatsidee durch die Justiz ist bislang nur in Berlin gelungen. 1976 entschied dort die 52. Zivilkammer des Landgerichts, daß die Forschungsarbeit einer Wissenschaftlerin nicht bezahlt zu werden brauche, die Mitglied der maoistischen KPD war. Zwar war die Arbeit der Frau, auch nach Überzeugung des Gerichts, wissenschaftlich einwandfrei und an sich eine ordentliche Leistung. Trotzdem sei sie für den staatlichen Auftraggeber, das Bonner Arbeitsministerium, schlechterdings unverwertbar. Ein zwar bestelltes und richtiges, aber letztlich doch kommunistisches Machwerk. So entfiel der Lohnanspruch der wissenschaftlichen Mitarbeiterin. Der Radikalenerlaß im Zivilrecht – bis zur Erbarmungslosigkeit.

Der Fernmeldehauptsekretär und DKP-Aktivist Hans Peter ist vom Bundesverwaltungsgericht rechtskräftig aus dem Beamtendienst entfernt worden. Doch das reichte den Verwaltungsrichtern noch nicht. Sie entschieden in diesem Fall zugleich, daß der Mann, der 22 Jahre lang stets mit hervorragenden Zeugnissen für die Deutsche Bundespost gearbeitet hatte, keinerlei Ruhestandsbezüge bekommen soll.

Wolfgang Immerwahr Fränkel hingegen, der 1962 Generalbundesanwalt wurde, dann aber bald wegen seiner wütenden Tätigkeit bei Hitlers Reichsanwaltschaft seinen Dienst quittieren mußte, erhält bis heute volle Pension. Das Richterdienstgericht des Bundes sorgte für diese komfortable Regelung.

Mal so, mal so – alles legal. Der Jurist lernt schon in seiner Ausbildung, daß es für einen Fall viele unterschiedliche Lösungen gibt. Bei einer Berliner Examens-Klausur waren kürzlich fünf Lösungen „richtig". „Wer erst mal erfahren hat", schreibt Professor Hesse aus Hannover, „daß man als Jurist praktisch alles begründen kann, dem eröffnen sich weite Wege in eine Darstellungsfreiheit, die beliebigen Zwecken verfügbar gemacht werden kann."

Zudem pflegt die Juristenausbildung liebevoll „die herrschende Meinung": Anpassungsfähigkeit statt Wachheit, Kühnheit und Widerstandskraft. Aber woher kommt das alles?

Die großen deutschen Rechtslehrer der Nachkriegszeit heißen Theodor Maunz, Ernst Forsthoff und Hans Carl Nipperdey, alle hochdekorierte Professoren. Sie waren früher Nazis oder haben den Nazis wissenschaftlich gedient. In der Bundesrepublik waren sie dann staatstragende Demokraten. Nipperdey galt als „Karajan des Rechts".

Professor Dr. jur. Dr. h. c. Dr. h. c. Dr. h. c. Hans Carl Nipperdey war wirklich der Größte. Im Dritten Reich hatte er an der nationalsozialistischen „Akademie für Deutsches Recht" eifrig am „Gesetz zur Ordnung der nationalen Arbeit" gebastelt und es später kommentiert.

In der jungen Bundesrepublik stieg er zum Papst des deutschen Arbeitsrechts auf. Er schrieb Gutachten für die Arbeitgeber, Lehrbücher und Kommentare. Und 1954 wurde er auch noch Präsident des Bundesarbeitsgerichts, dessen Ersten und Großen Senat er bis 1963 führte.

Nipperdey – der Richter, Gutachter, Kommentator, Lehrer

und Denker – war ein blühendes In-sich-Kartell, das die herrschende Meinung jener Zeit bestimmte. Nipperdeys Kollegen schwärmten: „Eine Meinung, die Sie nicht teilen, kann nicht die herrschende sein." Gegen den Widerstand der Gewerkschaften machte der Präsident und Professor denn auch bundesdeutsche (Rechts-)Geschichte: Der politische Streik wird verboten, die Gewerkschaften werden in ein straffes Korsett der Friedenspflicht gezwängt, der Streik ohne gewerkschaftliche Führung wird als „wild" für rechtswidrig erklärt, die Aussperrung wird als „paritätisches Gegenmittel" der Arbeitgeber festgeschrieben.

Als Hans Carl Nipperdey 1968 zu Grabe getragen wurde, schrieb das Bundesministerium für Arbeit und Soziales: „Einer der großen deutschen Rechtslehrer ist von uns gegangen. Sein gesamtes Wirken war geprägt von der Kraft schöpferischer Ideen . . ." Von der Idee wohl auch, daß Richtermacht im Zweifel für die Mächtigen im Staat einzusetzen ist.

Deutsche Juristen sind zu allem fähig gewesen. Dies vor allem macht sie in Europa so einmalig, die bundesdeutsche Rechtskultur, falls das Wort noch gestattet ist. Das Unheil, das die mehrfach angepaßten Professoren bei den jungen Juristen angerichtet haben, findet man heute – in personam – hinter jedem zweiten deutschen Richtertisch.

Doch man soll nicht ungerecht sein. Ein Hauch von Demokratie gelegentlich sogar bei der Justiz: Im September 1981 wandten sich 148 Richter und Staatsanwälte der Westberliner Gerichte in einer Zeitungsanzeige gegen den Nachrüstungsbeschluß der Nato: „Sind wir von allen guten Geistern verlassen, die Vorbereitung dieses Wahnsinns – ohne jedes Vetorecht im Ernstfall – auf eigenem Territorium zuzulassen?"

Die von der CDU geführte Berliner Justizverwaltung reagierte prompt. „Ich kann mir ja", so der Senatsdirektor von Stahl, „die Anzeige mit den Unterschriften neben mein Stehpult hängen und immer wieder mal draufgucken, wenn Beförderungen anstehen."

Deutsche Richter sind unversetzbar, unabsetzbar und unabhängig. So steht es im Gesetz.

1978 wurde der Braunschweiger Richter Helmut Kramer disziplinarisch gemaßregelt. Er hatte es nämlich gewagt, öffentlich und kommentarlos aus der 1937 verfaßten Doktorarbeit des niedersächsischen Justizministers Hans Puvogel (CDU) zu zitieren. Sätze wie diesen: „Nur ein rassisch wertvoller Mensch hat innerhalb der Gemeinschaft eine Daseinsberechtigung . . ."

Der Präsident des Oberlandesgerichts Braunschweig, Rudolf Wassermann, verfügte daraufhin gegen Kramer: „Es steht einem Richter nicht zu, seinem Vorgesetzten Verfehlungen vorzuwerfen oder dessen Ansehen . . . zu untergraben, selbst wenn die Tatsachen zutreffend sind." Berühmt geworden ist der Richter Wassermann nicht deshalb, sondern, schon viel früher, als Hans Dampf der deutschen Justiz-Reformer. Mit Sätzen wie diesem: „Die Neigung, auf Nestbeschmutzung mit mehr oder weniger subtilen Repressionen zu antworten, überlagert die in Festreden gefeierte Toleranz . . ."

Deutsche Richter, schwankend zwischen hohem Anspruch und grobem Versagen.

II

Raimund Kusserow:

Reportagen aus der deutschen Justiz

„So haben die Gauleiter getönt“

Krieg der Provinzler im Badischen

„Der Amtsrichter steht in einem patriarchalischen Verhältnis zur Bevölkerung, besitzt Autorität am Stammtisch und in der Gesellschaft, hat nicht viel Arbeit, kurz: Er führt ein ruhiges, gesundes, in engen Bahnen gleichmäßig dahingleitendes Leben.“
Violets Berufswahlführer, 1914

„Der Mensch“, denkt Walter Kießling oft, „wird nicht dadurch glücklich, daß er an allem und jedem herumnörgelt, sondern dadurch, daß er sich auch mal zufriedengibt.“

Es ist Freitag, Ende Februar. Es wird Frühling in Ettenheim, einer kleinen Stadt am Rande des Schwarzwaldes. Amtsrichter Kießling gießt sich eine Tasse Kaffee ein. Dann greift er, wie jeden Morgen, zum „Lahrer Anzeiger“.

Beim Durchblättern der Lokalberichte findet der Amtsrichter einen Leserbrief seines Freundes Franz Hoferer, der Rechtsanwalt in Ettenheim ist und CDU-Fraktionsführer im Kreistag. Franz Hoferer, 54, nörgelt. Er will sich mit dem Zustand der Gesellschaft nicht zufriedengeben und schreibt: „So weit haben wir es also gebracht. Ausweislich der Anzeige in der Zeitung der Gewerkschaft Erziehung und Wissenschaft wirken an unseren Schulen schwule Lehrer und Erzieher. Diese haben den Mut, öffentlich zu werben. Ich bekenne freimütig meine Auffassung, die dahin geht, daß schwule Lehrer und

Erzieher an unseren Schulen nicht zu tolerieren sind und daß es mir geboten erscheint, sie aus dem Schuldienst zu entfernen ... Denn unseren Kindern droht Gefahr."

Josef Berblinger, 45jähriger Familienvater und Lehrer in Lahr, das etwas nördlich von Ettenheim liegt, liest die Zeitung und ist erschrocken. Er schreibt auch einen Leserbrief im „Ettenheimer Heimatboten" – den ersten seines Lebens: „Man muß doch erst etwas verbrochen haben, bevor man aus dem Dienst entfernt werden kann – nicht wahr, Herr Jurist? Und was heißt: ‚unseren Kindern droht Gefahr'? Von wem? Von homosexuellen Lehrern, meinen Sie. Sind Sie eigentlich noch bei Trost, Herr Jurist? Diese Sprache kenn ich noch von früher. Es ist die grobschlächtige, menschenverachtende, verdummende Sprache der Nazis. So haben die Gauleiter getönt."

Niemand ahnte Anfang März 1981, daß dieser Leserbrief-Streit zwischen dem Anwalt und dem Lehrer später als „Gauleiter-Prozeß" noch Ettenheimer Justizgeschichte machen wird. Am wenigsten Amtsrichter Walter Kießling. Und hätte er eine Ahnung gehabt, dann hätte er sicher gedacht: „Der Mensch wird nicht dadurch glücklich, daß er an allem und jedem herumnörgelt."

Chorprobe abends um acht. Walter Kießling schwitzt. Er lächelt etwas säuerlich und legt sein ausgebeultes Jackett ab. „Ein Chor, in Freiheit dressiert, wirkt zehnmal besser, als wenn jemand vorne herumrudert." Der Richter setzt sich an den Bechstein-Flügel, und sein gemischter Chor bringt das alemannische Rührstück „haimat am hochrhy". 40 Sängerinnen und Sänger erheben sich über die Kahlheit ihres Alltags. „Frisch, doch innig" soll es nach Anweisung des Komponisten dabei zugehen. Einige Frauen des Gesangvereins halten sich strikt an den Befehl. Innig schauen sie hinüber zum Dirigenten.

Kießling lächelt wieder etwas säuerlich. Er hat Höheres im Sinn. Er will demnächst mit seinem gemischten Chor Mozarts „Zauberflöte" aufführen. „Das einzige, was mir noch Sorgen macht – wie bringe ich die riesenlange Ouvertüre."

Mozart ist Kießlings Leidenschaft. Und Orgelspielen sonntags in der evangelischen Kirche von Ettenheim. Dafür würde er alles stehen- und liegenlassen, den Landgerichts-Präsidenten in Freiburg, das Oberlandesgericht Karlsruhe, den Bundesgerichtshof sowieso. Vielleicht sogar sein Amtsgericht Ettenheim, das kleinste deutsche Provinzgericht.

Der 52jährige Richter ist ein aussterbendes Exemplar der Dritten Gewalt im Staat. Nur noch zwei Dutzend Ein-Mann-Gerichte gibt es in der Bundesrepublik, davon 20 in Baden-Württemberg. Seine 5800 Amtsrichter-Kollegen an den größeren Gerichten arbeiten als Spezialisten: als Strafrichter, als Zivilrichter oder als Vormundschaftsrichter. Kießling macht alles allein.

In der zweiten Hälfte des vorigen Jahrhunderts, als die Amtsgerichte geschaffen wurden, hatte fast jede Kleinstadt ihre höchstpersönliche Justiz. Einer der ersten Amtsrichter war Theodor Storm in Husum. Als der 1867 die Richterstelle auf dem platten norddeutschen Land übernahm, dachte er freilich nicht daran, sich auf den tristen Alltag eines Kleinstadtrichters zu beschränken. Zwischen Zahlungsbefehlen und Entwendungsdelikten verfaßte er seine schwermütigen Schicksalsnovellen „Pole Poppenspäler" und „Draußen im Heidedorf". Der Mensch und die dämonischen Elemente – wer könnte authentischer darüber schreiben als ein deutscher Richter.

Der Aufgang zum Amtsgericht Ettenheim ist mit Steinen gepflastert. Das Gebäude aus dem Jahr 1909 liegt am Rande der 9000-Einwohner-Stadt. In seinem wilhelminischen Palast – erste Instanz für 20 000 Menschen am Fuß des Schwarzwalds – genießt Kießling mindestens soviel Autorität wie bei seinem gemischten Chor. Die untere Etage des Gebäudes ist an die Polizei vermietet. Das ist praktisch. „Außerdem", schmunzelt der Richter, „wenn wir da ein Auslieferungslager für Damenwäsche reingenommen hätten, das würde irgendwie nicht passen."

In der oberen Etage, neben einem handgearbeiteten Jugendstil-Schreibtisch, steht Walter Kießling am Fenster seines ganz in Oliv gehaltenen Dienstzimmers. Seit 18 Jahren geht von hier aus sein Blick über die roten Dächer des über tausendjährigen Städtchens.

Wenn Walter Kießling Strafgericht hält, immer mittwochs,

dann steigt er in seinem Dienstzimmer ein paar Stufen hoch, geht durch eine Jugendstiltür, hinein in einen holzvertäfelten Gerichtssaal, der viel zu groß ist. Dann setzt er sich hinter einen Richtertisch, der auch viel zu groß ist. In schwarzer Robe, ganz allein da oben, umstellt nur von Gesetzbüchern, umwittert von Weisheit, in Kontakt mit einer geheimnisvollen Macht, die Rechtspflege heißt und deren Stillstand er zu verhindern hat.

Der Angeklagte heißt Hermann. Er wird aus dem Gefängnis Baden-Baden vorgeführt. „Sie können sich ruhig nach hinten setzen“, sagt Kießling zu Hermanns Bewachern, „der läuft nicht weg.“ Hermann schlägt auf der Anklagebank die Beine übereinander, wie einer, der sich nichts vorzuwerfen hat. Nach vorsichtiger Schätzung der Justiz hat Hermann sieben Kinder in die Welt zwischen Oberrhein und Schwarzwald gesetzt. Mehr hat er nicht getan.

Nach Ansicht des jungen Staatsanwalts, der extra aus Freiburg angereist ist, war das nicht genug. Er hätte auch noch Unterhalt für seine Kinder zahlen müssen. Doch dazu war Hermann nie so recht in der Lage. „Der Bau is das einzige, wo ich arbeiten kann. Ich brauch frische Luft.“ Da hat Hermann nicht immer das Passende gefunden. Und wenn er mal Arbeit hatte, dann ist das Jugendamt gekommen, um einen guten Teil seines Lohns zu pfänden.

Hermann ist ein hoffnungsloser Fall. Er wird die Rückstände nie zahlen können und auch nicht den laufenden Unterhalt für seinen Nachwuchs. Nicht, wenn man ihn freiläßt. Nicht, wenn man ihn wegen Verletzung der Unterhaltspflicht einsperrt. Erst recht nicht, wenn man ihn zu einer Geldstrafe verurteilt, die seine Schulden nur vergrößern würde.

Die Mittagspause fällt wegen des unlösbaren Sozialfalls aus. Hat Hermann nicht doch irgendwann einmal mehr verdient, als er für sich allein verbrauchen durfte? Die Dame vom Jugendamt blättert in den Akten, der Staatsanwalt blättert in den Akten. Amtsrichter Kießling blättert nicht weiter: „Und was nun, Herr Staatsanwalt? Ich würde vorschlagen, die Sache einzustellen, mit einer ganz primitiven Auflage. Alles andere schafft er doch sowieso nicht.“

Der Ankläger mit jener Pingeligkeit, die an der juristischen Fakultät hoch bewertet wird: „Ich stimme einer Einstellung nicht zu. Er hat nicht genug getan!"

Walter Kießling blickt scheinbar gelassen auf seinen Richtertisch, holt dann aber tief Luft und sagt: „Die Menschen, junger Mann, tun stets das, was ihnen möglich ist. Und das ist weiß Gott nicht viel."

Hermann spürt Oberwasser. Der Mann, der die Frauen liebte, beginnt nun, rein informatorisch, aus seiner reichhaltigen Beziehungskiste zu plaudern: „Also 1976, oder war's 1975, wo ich bei Frau ... äh ... na bei meiner zweiten geschiedenen Frau ..." Oder war's die dritte?

„Nun lassen Sie's mal gut sein", unterbricht Amtsrichter Kießling den Angeklagten. Und im selben Moment erhebt er sich rumpelnd, um „im Namen des Volkes" sein Urteil zu verkünden: „Der Angeklagte wird freigesprochen. Die Kosten des Verfahrens trägt die Staatskasse."

Am Schluß der Sitzung ohne Mittagspause ist Walter Kießling erschöpft, aber noch nicht am Ende. Wir sitzen auf dem Jugendstilsofa seines Dienstzimmers. Auf dem Bücherregal stehen zwei Engel aus Eisen, Leuchter, die früher angezündet wurden, wenn Zeugen vor dem Ettenheimer Amtsgericht den Eid abzulegen hatten. Auf dem Schreibtisch gegenüber steht ein Buch von Wolfgang Hildesheimer über Mozart. Kießlings Augen wirken müde. „Man muß sich hier so oft mit den letzten Querelen herumschlagen." Doch die depressive Phase ist kurz: „Amtsrichter ist immer noch der schönste Job, den die Justiz zu vergeben hat."

Freitag um neun. Der „Herr Direktor" bietet, nun als Zivilrichter, eine „Ein-Mann-Show" ohne Robe. Er sitzt in seinem Dienstzimmer am Schreibtisch. Um ihn herum Kläger und Beklagte, oft mit der ganzen Familie, Rechtsanwälten. Wer keinen Stuhl mehr findet, setzt sich auf die Stufen zum leerstehenden Gerichtssaal. Die Zivilprozeßordnung sieht solch zivile Form der Rechtsprechung nicht vor. „Aber", sagt Kießling verschmitzt, „sie verbietet es auch nicht."

Justiz für kleine Leute. Streit um Kaufverträge, Mietverhältnisse, Wasserschäden oder Erbschaften – „Sachen", deren

Wert nicht über 3000 Mark liegt. Ein deutscher Amtsrichter hat durchschnittlich 640 solcher Zivilverfahren im Jahr zu erledigen. Er macht die Knochenarbeit der Justiz. Ein Richter am Landgericht, der jährlich nur 130 Fälle bearbeiten muß, kann seiner besserverdienenden Kundschaft und ihren größeren Streitwerten mehr Zeit widmen. Ob das gerecht ist? „Jedenfalls", findet Kießling, „sind wir dem kleinen Mann aus dem sogenannten Volk ein ebenso gutes Urteil schuldig wie dem größten Kapitalisten."

Aber das hohe Pensum fordert seine Opfer. Schlosser T. aus Ettenheim, ein biederer Mann aus dem sogenannten Volk, will seinen Sohn, mit dem er nicht mehr zurechtkommt, aus der Wohnung klagen.

Weil man vor dem Amtsrichter nicht unbedingt einen Anwalt braucht, kommt der Schlosser allein. Geschrieben hat er dem Gericht nur das Nötigste. Denn für einen Mann, der mit dem Hammer ausgezeichnet umgehen kann, kostet es Überwindung, das gewohnte Arbeitsgerät mit dem Kugelschreiber zu vertauschen. Er hofft deshalb auf einen Dialog mit dem Richter in dieser Sitzung, die „mündliche Verhandlung" heißt.

Richter K.: „Also wahrscheinlich sehen wir uns in ein paar Wochen wieder."

Schlosser T.: „Wegen was?"

Richter K.: „Ihr Sohn wird ja wohl Einspruch gegen das Versäumnisurteil einlegen."

Schlosser T.: „Was für ein Versäumnisurteil?"

Richter K.: „Sie haben gewonnen. Für heute ist die Sache erledigt."

Schlosser T. weiß nicht, was er davon halten soll. Kießling klärt ihn nicht darüber auf, daß im Zivilprozeß eine Partei schon gewonnen hat, wenn die Gegenpartei, in diesem Fall der beklagte Sohn, nicht zum Gerichtstermin erscheint.

Deshalb meldet sich der Schlosser noch einmal: „Darf ich auch mal was sagen?"

Richter K.: „Nein!"

Schlosser T.: „Also, was ist das für ein Verbrecher- und Zigeuner-Staat . . ."

Richter K.: „Nun hören Sie aber auf. Ich weiß gar nicht, was

Sie noch wollen!"
Schlosser T.: „Darf ich mal was sagen?"
Richter K.: „Nein!"
Schlosser T.: „Ich seh' schon, ohne Rechtsanwalt komme ich hier nicht durch."
Richter K.: „Was wollen Sie denn noch. Sie verhalten sich wie ein Fußballspieler, der nach dem Abpfiff noch aufs Tor schießen will. Was soll das?"

Gelächter im Dienstzimmer. Walter Kießling spricht die Sprache, die das Volk versteht. Aber versteht er auch das Volk, über das er richtet? Menschen wie den Schlosser T. muß der Soziologe Ralf Dahrendorf vor Augen gehabt haben, als er schrieb: Im Gerichtssaal sei „die eine Hälfte der Gesellschaft befugt, über die ihr unbekannte andere Hälfte zu urteilen".

Wenn Amtsrichter Kießling gute Laune hat, erzählt er, während er in den Akten blättert, gelegentlich Geschichten, die nicht so direkt mit dem Prozeßstoff zu tun haben: „Ettenheim hat früher 17 Gastwirtschaften gehabt. Kein Mensch weiß, wovon die alle gelebt haben. Wahrscheinlich haben sich die Wirte ständig gegenseitig besucht – zum Frühschoppen." Gelächter im Dienstzimmer. Doch die Unfeierlichkeit täuscht Volkstümlichkeit nur vor. Für die Schwächeren der Gesellschaft liegt das Amtsgericht Ettenheim im toten Winkel bundesdeutscher Justizreform.

Als mal eine Zeugin, die Kießlings flotter Verhandlungsführung nicht folgen konnte, nach deutschen Worten suchte und ein Anwalt um etwas Rücksicht bat, da die Frau doch aus Polen stamme, da zeigte sich der Richter von Ettenheim verärgert: „Ich weiß, die Frau spricht ein fürchterliches Deutsch, das ist es ja gerade." Nach diesem Rüffel brachte die Zeugin überhaupt keinen Ton mehr heraus.

Kießling rühmt gern die Vorzüge, die kleine Amtsgerichte gegenüber der Mammut-Justiz in den Großstädten haben, wo die Richter in ihren schäbigen Dienstzimmern Brauereikalender aufhängen, um Tapetenflecke zu verdecken. „Nirgends", sagt der Herr Direktor über sich und sein feines, kleines Gericht, „geht's so reibungslos und so schnell wie bei uns." Die meisten Ettenheimer Prozesse sind spätestens nach drei Monaten erledigt. Das größte deutsche Zivilgericht, in Berlin-Charlottenburg, braucht für seine Verfahren bis zum Urteil durchschnittlich zwölf Monate.

Und die Ein-Mann-Justiz von Ettenheim arbeitet obendrein kalkulierbarer. Wenn in Ettenheim ein Häuslebauer Handwerker für Schäden haftbar machen will, dann weiß er, was ihn bei Richter Kießling in etwa erwartet. „Es hat sich in der Gegend herumgesprochen", sagt der Richter, „daß ich zum Beispiel in Bauprozessen die Auffassung vertrete: Ein Zimmermann ist kein Feinmechaniker."

Trotz solcher Vorzüge wäre das badische Justiz-Reservat beinahe dem rechtspolitischen Reformeifer der sechziger Jahre zum Opfer gefallen. Baden-Württemberg wollte, wie die anderen Bundesländer, 1972 die Ein-Mann-Gerichte abschaffen. Doch das Gesetz zur Auflösung der ländlichen Mini-Gerichte scheiterte am Sitzfleisch einiger Abgeordneter der SPD. Sie blieben bei der entscheidenden Abstimmung in der Landtags-Gaststätte gemütlich sitzen, weil ihnen das Thema zum Hals heraushing. So konnte der damalige SPD-Justizminister Schieler seine Reform nicht durchsetzen.

Walter Kießling verdient heute auf seinem Provinz-Posten rund 5000 Mark netto. Er ist „Direktor", sein Sohn studiert Wirtschaftswissenschaften, seine Tochter steht kurz vor dem Abitur. Er ist Mitglied im „Rotary Club", seine Freunde gehören zur honorigen Oberschicht der weinseligen Gegend. Wie gesagt: „Amtsrichter ist der schönste Job, den die Justiz zu vergeben hat."

Aber auch der gefährlichste. Da sind die dunklen Kräfte der Provinz, die er im vergangenen Herbst bitter zu spüren bekommt. Kräfte, die so dunkel sind wie die wilhelminischen Gänge seines Gerichts. Ist nicht jeder hier in Ettenheim durch sein Leben in das Leben anderer eingespannt, verstrickt? Er spricht nicht gern darüber – oder nur in Andeutungen: „Das Dumme ist, daß man hier manchmal kein Mensch sein darf."

Richter Kießling als Mensch: Er spielt eine leidvolle Rolle, muß sie plötzlich spielen, ganz unvorbereitet in dem Gerichtsverfahren, das die Ettenheimer den „Gauleiter-Prozeß" nennen.

Ein schwüler Tag im August 1981. Die Zuhörer drängen sich wie schon lange nicht mehr auf den harten Bänken des kleinen Amtsgerichts. Der Lehrer Josef Berblinger ist wegen Beleidigung angeklagt. Der „Geschädigte" ist Franz Hoferer, jener Anwalt und CDU-Mann, der in einem Leserbrief die Abschaffung der homosexuellen Lehrer gefordert hatte und deshalb von Lehrern wie Berblinger scharf attackiert worden war.

Hochrot erhebt sich Franz Hoferer und wehrt sich gegen den Vorwurf, sein Leserbrief erinnere an die Sprache der Nazis. Dann versucht der CDU-Politiker, seine Abneigung gegen Homosexuelle aus der deutschen Geschichte zu begründen: Sein Onkel, ein Priester, habe ihm gesagt, das schlimmste für Geistliche im KZ sei gewesen, wenn Homosexuelle zu ihnen gelegt wurden.

Amtsrichter Kießling, der Stammtisch-Bruder und CDU-Parteifreund von Hoferer ist, blättert in den Akten und läßt den Nebenkläger ausreden. Als dann Berblinger, der keiner Partei angehört, blaß vor Aufregung, versucht, sein Verhalten zu erklären – daß doch Minderheiten im Grundgesetz geschützt seien –, da unterbricht Kießling: „Das gehört jetzt nicht hierher."

Der Amtsrichter will auf seine Art Frieden stiften – und dirigieren. In einer Verhandlungspause rät er dem Pädagogen zum Rückzug. Denn: „Wir wollen die Sache hier ins reine bringen." Umzingelt von Staatsanwalt, Richter und Franz Hoferer läßt der Angeklagte sich überreden, seine Leserbrief-Kritik „mit dem Ausdruck des Bedauerns" öffentlich zu widerrufen. Doch schon auf dem Weg nach Haus denkt er: „Dann hätt' ich ja gleich das Maul halten können."

Wenige Tage später widerruft Berblinger in einem Brief an das Gericht seinen Widerruf – und geht zugleich zum Angriff über. Lehrer-Kollegen haben ihm Munition gegen den Richter besorgt. Hemmungslos wird das Privatleben der ländlichen Justiz zu den Akten gereicht. „An Eides Statt", so will es die Prozeßordnung, erklärt eine Lehrerin, als „Vertraute" einer anderen Lehrerin, daß Walter Kießling „ein Verhältnis" mit ihrer Freundin hatte. Und „daß Herr Dr. K. hierwegen von seinen Freunden, namentlich im Kegelclub, Spott und Ablehnung erfuhr und damals Herr Rechtsanwalt Hoferer der einzige war, der ein offenes Ohr für seine Probleme hatte und zu ihm hielt".

Diese Erklärung, die schmutzige Ettenheimer Wäsche, kommt Berblinger und seinem Verteidiger, so leid es ihnen tut, gerade recht. Sie lehnen Kießling als ihren Richter ab. Denn nach der Strafprozeßordnung reiche schon die Besorgnis einer Befangenheit „aus der Sicht eines besonnenen Betrachters".

Am nächsten Tag wird die Entwicklung im „Gauleiter-Prozeß" in allen Einzelheiten dem besonnenen Betrachter der badischen Lokalpresse übermittelt. Walter Kießling lehnt sich nun selber ab. „Ein beleidigter Richter", beschließt er, „ist ein befangener Richter."

Vorhang zu. Kießling ist erschöpft wie Dorfrichter Adam im letzten Akt. Wir sitzen im „Löwen" in Lahr, wo der Richter von Ettenheim sich regelmäßig mit seinen Freunden vom „Rotary Club" zum Dinner trifft. Hätte er vielleicht doch besser Musiker werden sollen? Walter Kießling überlegt lange. Dann lächelt er wie einer, der nichts mehr zu lachen hat: „Die Musik hat jedenfalls einen großen Vorteil: Man kann folgenlos Fehler machen."

P.S. Der Ettenheimer Rechtsanwalt Franz Hoferer erhielt 1982 wegen seiner Verdienste in der Kommunalpolitik das Bundesverdienstkreuz. Der Lehrer Josef Berblinger wurde vom Amtsgericht Kenzingen am 17. März 1982 wegen Beleidigung zu einer Geldstrafe von 800 Mark verurteilt.

„Ich halte den Kopf hin für den Staat"

Ein Schwergewicht der deutschen Justiz

„Wir waren schon in Gebieten, wo man normalerweise gar nicht hinkommt", sagt der Vorsitzende Richter Adalbert Schäfer. Er war dienstlich in Moskau, Minsk und Pinsk, in Tel Aviv, Haifa, in Detroit und New York. Doch normalerweise arbeitet der weitgereiste Jurist in der Bundesrepublik, rechts von der Zeil, dort, wo Frankfurt am häßlichsten ist.

Der Saal: Das Parkett ist schäbig, und die Stühle sind unbequem. Eine Wand aus schußsicherem Glas mitten im Raum, dahinter die Zuhörer. Ein erhöhter langer Richtertisch, dahinter ein goldener hessischer Löwe, übergroß und aus Eisen gezogen. Die Mikrophone scheppern, das Licht kommt aus 32 Neonröhren.

Der Vorsitzende: Adalbert Schäfer ist 52 Jahre alt, 1,92 Meter groß und 220 Pfund schwer. Wenn er durch die schmale Tür von hinten in Saal 146 tritt, muß er den Kopf einziehen. Sonst stößt er sich an den Ausläufern des hessischen Löwen. Er geht voran, furchtlos wie ein Soldat. Im Entengang folgen die übrigen Richter des Staatsschutzsenats, zunächst der dienstälteste Richter Frölich, dann die zweitdienstälteste Richterin Schwän und so fort.

Die Angeklagte: Sieglinde Hofmann ist 36 Jahre alt. Vor vielen Jahren hat sie ihr Medizin-Studium abgebrochen, um bei der Rote Armee Fraktion (RAF) den „antiimperialistischen Kampf" aufzunehmen und notfalls darin umzukommen. Als sie in Saal 146 kommt, hebt sie die rechte Hand, zur Faust geballt. Aus dem Zuhörerraum ruft jemand „Hui". Frau Hofmann lacht, weiß aber nicht genau, ob sie den Gruß erwidern soll. Sie geht in ihre Box, links neben dem Richtertisch. Doch sie wird nicht lange bleiben.

Die Angeklagte: „Ich beantrage, mich aus diesem Staatsschutzverfahren auszuschließen."

Der Vorsitzende: „Ich muß Sie zunächst belehren."

Die Angeklagte: „Ich hab' beantragt, mich auszuschließen."

Der Vorsitzende: „Dann will ich trotzdem mal versuchen . . ."

Die Angeklagte: „Ich werde so lange dazwischenreden, bis ich hier wieder abgeführt werde."

Hier bricht Adalbert Schäfer die Szene ab. Er weiß, als altgedienter Staatsschutz-Richter, was nun von der Anklagebank auf ihn und die Justiz zukommen kann: „Schweine", „Faschistenpack", „Mordgesindel". Und weil niemand im Saal mehr Spaß daran hat, wird Frau Hofmann für den Rest der Beweisaufnahme von ihrem Prozeß ausgeschlossen. Schäfer: „Ich bedauere das, man verhandelt dann gegen ein Phantom."

Die „antiimperialistische Widerstandskämpferin" bleibt ihm eigenartig fremd. Dabei würde er sie gern mal näher kennenlernen. „Sie hat mir ja auch ausrichten lassen, daß sie mich eigentlich gar nicht beleidigen will." Aber wie soll er das alles verstehen. Er war noch nie in seinem Leben in einer terroristischen Vereinigung. Er steht auf der anderen Seite der Kampflinie – wie ein freudloser Soldat: „Niemand macht so was Freude. Sie glauben ja nicht, was das für ein fürchterlicher Stress ist an der Front."

Wir verlassen unter strenger Bewachung von drei Polizisten in Kampfanzügen Gebäudeteil D, um hinüber zu Gebäudeteil A zu gehen. Schäfer sagt: „Wir halten da oben den Kopf hin für den Staat." Er darf deshalb keinen Schritt mehr ohne Bewachung tun. Im Fahrstuhl nimmt mich der schwergewichtige Vater von fünf Kindern beiseite und flüstert: „Die Polizei hat Erkenntnisse, daß ich auch von anderer Seite observiert werde." Aber das Schlimmste am ganzen Verfahren sei: „Es wird einem nicht gedankt, nicht mal anerkannt."

Das ist denn doch zu bescheiden. Schäfer ist längst so etwas wie der heimliche Herrscher der Frankfurter Justiz. Schon 1974 notierte ein Amtsrichter in seinem Tagebuch über Schäfer: „Er verfügt über die besten Beziehungen zu Landgerichtspräsident Kuck und zum Justizministerium und spricht neben Kuck das entscheidende Wort bei Beförderungen von Richtern. Die Richter, die zu seiner Saufclique gehören . . . kommen fortlaufend zu ihm, um sich in entscheidenden Dingen Rat zu holen; damit mischt er sich fortlaufend in fremde Prozesse ein."

In eigenen Verfahren ist Schäfer ein besonders wachsamer Mann. Als mal ein junger Bursche den Zuhörertrakt von Saal 146 verließ und demonstrativ die Tür zuknallte, schickte der Vorsitzende sogleich Wachtmeister Göbel hinterher: „Holen Sie den mal rein!" Doch der alte Beamte mußte erst eine Tür in der schußsicheren Glaswand aufschließen und dann durch das Gestühl. Er konnte den Türknaller nicht mehr fassen. Der Vorsitzende war verärgert: „Da müssen Sie beim nächsten Mal aber mehr drauf achten."

Vorsitzender Schäfer löst, so der Soziologe Ralf Dahrendorf über den deutschen Strafrichter, „alle Zwistigkeiten aus dem Vollgefühl seiner allerhöchsten Autorität". Er redet nicht laut, sondern ganz leise, fast verbindlich. Aber der Verantwortungswille ist unbeirrbar. Die Macht liegt in Händen, die die Macht suchen. Je schwieriger ein Prozeß, um so besser. Schäfer erscheint als einer jener Haudegen der Jurisprudenz, vor denen sich schon Ludwig der XIII. von Frankreich fürchtete: „Sollte man mich jemals beschuldigen, die Türme von Notre-Dame gestohlen zu haben, würde ich vorsichtshalber zunächst mal die Flucht ergreifen."

Was im Zuhörertrakt seines Gerichtssaals vorgeht, ist dem Vorsitzenden Adalbert Schäfer in keinem Falle gleichgültig. Als es dort mal etwas lauter wurde, fragte Schäfer seinen Wachtmeister: „Was ist denn da los?" Göbel: „Ich glaube, die Leute husten, die sind erkältet."

Die Grotesken des Gerichtsalltags haben Sieglinde Hofmanns Hauptverteidiger Norbert Jaedtka schon Nerven gekostet. Einsam sitzt er auf der Verteidigerbank. Er rebelliert nicht unablässig für 700 Mark Gebühren, die ihm als Pflichtverteidiger pro Verhandlungstag zustehen. Er verschleppt auch nicht. Nur das offene Hemd eines kanadischen Holzfällers unter seiner Robe ruft ins Bewußtsein, daß er ein „Terroristen-Anwalt" ist. Aber einer, den der Zustand dieser Staatsschutzjustiz mehr anödet als zu Ausbrüchen motiviert: „Das ist mein erster und letzter Terroristen-Prozeß. Da kriegt man ja Depressionen."

Es sind die besonderen Regeln in Staatsschutzverfahren, die das Klima in Saal 146 mitbestimmen:

- Jedes Blatt der an sich vertraulichen Verteidigerpost wird von einem Kontrollrichter gelesen.
- Während der Hauptverhandlung darf der Verteidiger seiner Mandantin nichts geben, nicht einmal einen Zeitungsausschnitt.
- Bei Besprechungen in der Haftanstalt müssen sich Verteidiger und Mandantin durch eine Trennscheibe verständigen. Jaedtka: „Wenn wir Prozeßakten durchgehen wollen, muß ich die Blätter hochhalten und gegen die Scheibe pressen."

Das alles ist nicht normal, aber vorschriftsmäßig. Es ist so üblich in Staatsschutzverfahren wie Scharfschützen auf dem Gerichtsdach, das Ablichten der Personalausweise von Zuhörern, so üblich wie die schleichende Verhandlungsunfähigkeit der Angeklagten, die, wie Sieglinde Hofmann, 23 Stunden des Tages in Einzelhaft sitzen.

Üblich ist es in solchen Prozessen auch, den Angeklagten für alle Fälle einen zusätzlichen Pflichtverteidiger zu verordnen, der kein Vertrauen beim Mandanten genießt. Adalbert Schäfer hat den Frankfurter Rechtsanwalt Fritz Steinacker, seinen Freund, mit dieser Aufgabe betraut. Steinacker schien ihm der Richtige dafür zu sein. Denn, so Schäfer, „es geht um Verfahrenssicherung, letztlich also um den Rechtsstaat".

Wo so viel auf dem Spiel steht, bietet sich der wendige Steinacker geradezu an. Der hessische Advokat ist bundesweit als geschickter Verteidiger von NS-Tätern berühmt geworden. Und noch mehr dadurch, daß er dem als Mörder gesuchten KZ-Arzt Aribert Heim seit Jahren das Vermögen in der Heimat treuhänderisch verwaltet.

Thomas Eissing aus Hamburg, neben Jaedtka zweiter Vertrauensanwalt von Sieglinde Hofmann, empfindet Steinacker als „groben Mißgriff". Dieser „Gerichtsbüttel" könne wohl schlecht „erst die Ideologie von Herrenmenschen vertreten und nun eine Frau, die sich als antiimperialistische Widerstandskämpferin versteht". Nachdem Steinackers erster Gesprächsversuch mit seiner neuen Mandantin denn auch prompt scheiterte (Hofmann: „Schnauze, Faschist!"), schickt der Jurist meist einen Vertreter zum hessischen Staatsschutzsenat, den Frankfurter Rechtsanwalt Lohmann, der im Prozeß manchmal auch schlafend sein Geld verdient.

„Dinge", sagt der Vorsitzende Adalbert Schäfer oft, „kriegen Sie nur in Bewegung, wenn Sie sie anpacken." So kämpft er, wie ein treuer Soldat, gegen die Beweisnot an und läßt den Terroristen Stefan Wisniewski einfliegen, der in Düsseldorf wegen der Entführung und Ermordung des Arbeitgeberpräsidenten Schleyer zu Lebenslänglich verurteilt worden ist.

Der Zeuge Wisniewski wird von fünf zivil gekleideten Bewachern vom Bundeskriminalamt in den Sitzungssaal geschoben. Er stützt sich mit beiden Händen am Zeugentisch ab und fragt: „Wie kommen Sie eigentlich dazu, mich hier zu laden?"

Schäfer: „Sind Sie Herr Wisniewski?"

Der Zeuge: „Fragen Sie nicht so blöd. Das wissen Sie ganz genau!"

Schäfer: „Sie wollen also von Ihrem Zeugnisverweigerungsrecht Gebrauch machen?"

Der Zeuge: „Wie kommen Sie dazu, mich zu laden?"

Weil auch der ausgestiegene Terrorist Peter Boock zur Wahrheitsfindung im Fall Sieglinde Hofmann nicht beitragen mochte und weil Hans-Joachim Dellwo, RAF-Aussteiger und jahrelang beliebter Kronzeuge der Bundesanwaltschaft, neuerdings für die Justiz schwer zu erreichen ist, sollen die BKA-Kommissare Jutta Jung und Wolfgang Walter als Zeugen in die Lücke springen. Die Frage des Gerichts an die beiden Staatsschützer ist kompliziert: Hat Boock mal genickt, als sie ihn fragten, ob es denn richtig sei, was Dellwo mal gesagt habe, daß die Angeklagte Hofmann am Tag der Ermordung Pontos in der konspirativen Wohnung in der Frankfurter Birminghamstraße mit den RAF-Leuten Susanne Albrecht, Peter Boock, Brigitte Mohnhaupt, Christian Klar und Elisabeth van Dyck zusammenhockte?

Der BKA-Beamte Walter: Boock habe zwar nichts dazu gesagt. „Aber er hat es nicht dementiert. Also bestätigt, wenn man so will." Und die Kriminalpolizistin Jutta Jung sagt: „Er hat irgendwie zustimmend genickt."

So ein Beweismittel um drei Ecken herum ist selbst in der Geschichte der deutschen Terroristen-Prozesse einmalig. Aber Schäfer – der Zweck heiligt hier wohl die juristischen Mittel – läßt sich davon nicht abbringen, er fühlt „eine gewisse staatspolitische Verpflichtung", auch solche Prozesse schnell und reibungslos über die Bühne zu bringen.

Fragwürdig ist das schon. Denn: „Zeugen vom Hörensagen" statt der echten zu vernehmen, hat überhaupt nur einen Sinn, wenn das Gericht von vornherein überzeugt ist, daß die echten Zeugen, Dellwo und Boock, die Wahrheit sagen. Das Gericht hat aber bislang die beiden RAF-Aussteiger nicht zu Gesicht bekommen. Den Wahrheitsgehalt ihrer Aussagen konnten Schäfer und seine Kollegen also nicht selbst kontrollieren.

Und natürlich hatten auch die Verteidiger nie Gelegenheit, die Belastungszeugen kritisch zu fragen. Die Anwälte konnten im Verhör nie prüfen: Sagen hier vielleicht Denunzianten, windige Typen aus?

Solch „eklatante Verletzung der Verfassung" – so der angesehene Rechtspolitiker Adolf Arndt schon 1962 – hat in der politischen Justiz allerdings Tradition. In den fast 7000 Politprozessen der 50er und 60er Jahre, meist gegen Kommunisten, spielten beamtete Staatsschützer als Zeugen, die irgendwo irgend etwas gehört hatten (von wem, blieb fast immer geheim), oft unangefochten die Hauptrolle.

Der 46. Deutsche Juristentag empfand es 1966 als wenig rechtsstaatlich, daß unabhängige Gerichte dermaßen den Interessen der Ermittlungsbehörden ausgeliefert sind. Die Juristen sprachen sich deshalb – vor 16 Jahren – ausdrücklich gegen den „Zeugen vom Hörensagen" aus. In England zum Beispiel ist das Spiel mit verdeckten Karten vor Gericht verboten. Dort müssen die Ankläger entweder den wahren Zeugen dem

Gericht präsentieren oder auf den Beweis verzichten. Doch wir befinden uns in Deutschland.

Adalbert Schäfer läßt sich in den Sessel seiner beigefarbenen Sitzgarnitur fallen. Er hat Journalisten – auch die, die nicht immer freundlich über ihn schreiben – zu einem gemütlichen Beisammensein in sein bescheidenes Frankfurter Reihenhaus eingeladen. Frau Schäfer hat südhessisches Brot und nordhessische Wurst bereitgestellt, dann verläßt sie die Runde, die gemütlich werden soll.

An einer Wand des Schäferschen Wohnzimmers hängt ein pompöses handgeschnitztes Kruzifix. Denn Adalbert Schäfer ist praktizierender Katholik. Jeden Sonntag geht er in die Kirche. Das Kruzifix habe ein russischer Künstler gemacht. „Das gibt es nur zweimal in Deutschland. Prost!"

Richter Schäfer trinkt aus einem gläsernen Bierseidel, in den eine nackte Justitia eingraviert ist. „Ist Justitia wirklich nackt?" fragt er sich lächelnd selbst. Das Glas hat ihm ein Kollege bei Gericht geschenkt, als Schäfer zum Senatsvorsitzenden ernannt wurde. Wir reden über Schäfers Vergangenheit in Gießen, wo er einst Richter und Stadtrat für die CDU war. 1962 wollte er für die Christdemokraten in den Hessischen Landtag einziehen. Doch in der Direktwahl schaffte er es nicht, und auf der Landesliste hatten ihn seine Parteifreunde zu weit hinten plaziert. Zwei Jahre später trat er aus der CDU aus, um einem Parteiausschluß zuvorzukommen. Seine politischen Freunde wollten ihn rausschmeißen, weil er hinter dem Rücken der Partei mit den Gießener Sozialdemokraten verhandelt haben soll, um Bürgermeister der Stadt zu werden. „Das stimmte gar nicht", sagt Schäfer und hebt den Bierseidel hoch, „ich war ja damals schon dabei, meine Karriere bei der Justiz aufzubauen. Prost!"

Schäfers Karriere bei der Frankfurter Justiz war nicht aufzuhalten. Sein erster spektakulärer Prozeß fand 1967 statt. Da war er Beisitzer und Berichterstatter in einem Schwurgerichts-Prozeß gegen die Euthanasie-Ärzte Dr. Ullrich, Dr. Bunke und Dr. Endruweit. Obwohl den furchtbaren Medizinern nachgewiesen werden konnte, daß sie in über 9000 Fällen in Brandenburg, Sonnenstein und Bernburg „lebensunwertes Leben ausgesondert“ (ein Kreuz auf der Meldekarte) und „zur Vergasung freigegeben“ hatten, wurden sie freigesprochen. Adalbert Schäfer schrieb das Urteil: „Die Angeklagten haben das Unerlaubte ihres Tuns nicht erkannt und in einem unvermeidbaren Verbotsirrtum gehandelt.“

Das war sogar dem Bundesgerichtshof zuviel. Der BGH hob das Urteil auf. Doch zu einer neuen Verhandlung, die das Obergericht angeordnet hatte, kam es nicht. Die Mediziner waren plötzlich psychisch nicht mehr verhandlungsfähig. Zwei von ihnen, Dr. Ullrich und Dr. Bunke, waren freilich als praktizierende Frauenärzte psychisch durchaus noch in der Lage, weiter Patienten zu behandeln und gar zu operieren.

Noch heute erinnert man sich unter gut informierten Frankfurter Richtern mit Schaudern daran, „wie großartig“ Adalbert Schäfer das Skandal-Urteil in dem Euthanasie-Prozeß schriftlich begründet hat.

Der Euthanasie-Prozeß hat Schäfers unaufhaltsamen Aufstieg nicht beeinträchtigt. Im Gegenteil: Im selben Jahr, 1967, wurde er zum Vorsitzenden einer Strafkammer befördert, ein Jahr später zum Vorsitzenden des Frankfurter Schwurgerichts. 1975 übernahm er die Staatsschutzkammer am Landgericht, um 1979 ans Oberlandesgericht durchzustarten, wo er sich seitdem als Senatsvorsitzender politischen Straftätern widmet. Es ist alles kein Zufall. Denn, sagt Schäfer: „Es sitzen die besten Leute in solchen Senaten.“

Der heute 52jährige Mann ist in Mainz aufgewachsen. 1933 wurde sein Vater nach Gießen versetzt. Er war Postrat. Der junge Adalbert wurde in einem sozialen Milieu groß, aus dem die deutsche Justiz seit hundert Jahren ihren Nachwuchs bezieht. Der Soziologe Wolfgang Kaupen, der die bislang umfassendste Untersuchung über die Herkunft der „Hüter von Recht und Ordnung“ geschrieben hat, entdeckte erstaunliche Zusammenhänge: „Je strenger die Erziehung im Elternhaus auf die Einhaltung bestimmter, vorgegebener Verhaltensregeln gerichtet war, desto eher entscheiden sich die Juristen für eine Laufbahn als Richter.“

Der Psychoanalytiker Paul Reiwald drückte es vor fünfzig Jahren noch viel plastischer aus: Bei ihm ist der Richter „die

Wiedergeburt des strafenden Vaters", dessen übermäßige Strafgewalt der Sohn unbewußt übernehme.

„Gott-Väterchen" – so wird Schäfer unter Kollegen gern genannt – betrachtet den Alltag eines Strafrichters etwas schlichter: „Ein Prozeß ist wie Fliegen. Man muß nur wissen, wie man startet und wie man landet. Alles andere ist ganz einfach."

Einmal hat der Spitzenjurist allerdings nicht ganz richtig navigiert. Im Prozeß gegen den Maschinenbauer Jürgen Tauras, der 1978 wegen anarchistisch motivierter Banküberfälle vor Gericht stand, schmetterte Schäfer 70 Beweisanträge pauschal ab. Denn sie seien nichts weiter als Prozeßverschleppung. Und dann verurteilte die Staatsschutzkammer Jürgen Tauras ohne viel Federlesens zu sieben Jahren und sechs Monaten Gefängnis.

Auf Anordnung des Bundesgerichtshofs mußte dieser Prozeß vor einer anderen Kammer des Frankfurter Landgerichts wiederholt werden. Dort kam Tauras im Mai 1981 mit zwei Jahren Freiheitsstrafe davon. Er hatte freilich – dank Schäfer – schon fünf Jahre in Untersuchungshaft gesessen. Für drei Jahre zuviel im Gefängnis ist Tauras aus der Staatskasse finanziell entschädigt worden. Schäfers Karriere hat es nicht geschadet.

Deutsche Haftrichter schicken jedes Jahr zahlreiche Unschuldige in Untersuchungshaft: Durchschnittlich kommen da 1250 Jahre zusammen.

Der Vorsitzende Adalbert Schäfer ist dennoch von Selbstzweifeln nicht angekränkelt: „Ich habe jedenfalls nie jemanden zu Unrecht verurteilt." Um so unverständlicher ist ihm denn auch die Kritik, die gelegentlich auf ihn niederprasselt: „Man wird zu oft regelrecht verunglimpft."

Als ihn ein Reporter der „Frankfurter Rundschau" mal als „rheinische Frohnatur" mit wenig Sinn für Täterpsychologie beschrieb, rannte er, mit einem seiner Beisitzer, zum stellvertretenden Chefredakteur der Zeitung und beschwerte sich.

Als, schlimmer noch, die Journalistin Barbara Dickmann eines seiner Urteile im Hessischen Rundfunk mit dem Satz kommentierte, „Das Gericht fand ein Hintertürchen zur Verurteilung", rannte er, mit einem seiner Beisitzer, ins Pressezimmer des Gerichts und rief: „Rechtsbeugung lasse ich mir nicht vorwerfen!"

Schäfer stellte Strafantrag wegen Beleidigung. Dabei ließ er sich als Nebenkläger von Fritz Steinacker vertreten, jenem wendigen Anwalt also, den er später dann im Ponto-Prozeß in die mit 700 Mark pro Verhandlungstag versüßte Pflicht als Zwangsverteidiger nahm.

Der Prozeß gegen die Journalistin verlief im Sande. Der hessische Justizminister griff in die Auseinandersetzung ein. Er führte vertrauliche Gespräche mit Richter Schäfer – und schon fühlte der sich nicht mehr beleidigt, zog seinen Strafantrag zurück. Die Kosten des Verfahrens trug die Staatskasse. Wenige Tage später stand in der Zeitung, daß Adalbert Schäfer zum höchsten Staatsschutz-Richter in Hessen befördert worden war. „Wir treten in die Mittagspause ein", sagt der Vorsitzende im Ponto-Prozeß. In der Gerichtskantine gibt es Beefsteak à la Meyer mit Stampfkartoffeln und Mischgemüse. Adalbert Schäfer, der auch weiß, wo's besser schmeckt, stochert auf seinem Teller herum und sagt: „Glauben Sie mir, das Richten ist mir keine Lust."

Den Verteidigern wirft er vor, „daß sie nicht vorurteilsfrei und emotionslos Rechtsfragen behandeln. In Prozessen werden zum Beispiel viel zu viele Beweisanträge gestellt. Es ist alles so pervertiert heute". Den Politikern wirft er „Verschwendung und Mißwirtschaft, vor allem in der Sozialpolitik" vor: „Ich hab' mal Politik gemacht, weil ich geglaubt habe, daß man was bewirken kann. Ich bin heute traurig und resigniert, weil ich glaube, die Menschheit schafft es nicht." Daß die 18jährigen heute zu Hause ausziehen und dann Häuser besetzen – „da fängt es doch an".

In seiner Freizeit beschäftigt sich Schäfer oft mit „theologisch-philosophischen Fragen". Damit er da auf dem laufenden bleibt, liest er Bücher über Thomas von Aquin oder von Oberbürgermeister Rommel. Er sagt: „Viel Zeit haben wir nicht mehr . . ."

Doch bis zum Weltuntergang wird Adalbert Schäfer seine Pflicht als Strafrichter tun. Und wenn der Gesetzgeber die Todesstrafe für besonders schwere Verbrechen einführen würde?

An ihm soll es nicht scheitern: „Ich muß ja gesetzestreu sein. Wenn ich Richter bin, dann bin ich Richter. Dann muß man auch konsequent sein."

Dann muß man auch den Kopf hinhalten für den Staat. Und Schäfer tut es gern. Nicht nur, um zu zeigen, wie „Gott-Väterchen" schnell und doch revisionssicher ein so kompliziertes Verfahren durchzieht. Ein bißchen Eitelkeit ist auch dabei: „Wir fühlen uns manchmal wie Schauspieler", bekennt er lächelnd, „dann sitzen wir nachts zusammen und warten auf die Rezension der Verhandlung in der druckfrischen Presse."

P.S.

Der Zeuge Volker Speitel blieb bis zum Schluß des Ponto-Prozesses „unerreichbar". Der andere RAF-Aussteiger und Kronzeuge, Hans Joachim Dellwo, konnte am 14. 4. 1982 in London von der Strafkammer vernommen werden. Allerdings nur einige Stunden, so daß auch Richter Adalbert Schäfer erklärte: Für eine abschließende Befragung des wichtigen Zeugen, vor allem durch die Verteidiger, sei nicht genügend Zeit gewesen.

Sieglinde Hofmann wurde am 16. Juni 1982 vom Frankfurter Staatsschutzsenat, unter Vorsitz von Richter Schäfer, wegen Mitgliedschaft in einer terroristischen Vereinigung, wegen versuchter Geiselnahme und versuchten Menschenraubs zu einer Freiheitsstrafe von 15 Jahren verurteilt.

„Manchmal greife ich die Männer hart an“

Scheidung à la DDR

„Wir Sozialisten sind immer voll Freude, weil wir die bessere Weltanschauung haben.“
DDR-Kabarett „Die Distel“

Der X. Parteitag der SED 1981 war kaum vorbei, da schrieb Herbert Kern, Staatssekretär im Justiz-Ministerium der DDR, „wie die gerichtliche Arbeit dem Schrittmaß der 80er Jahre anzupassen“ sei: „Unsere Gerichte tragen mit ihren Mitteln zur Verwirklichung der Außenpolitik von Partei und Staat, vor allem zur Sicherung des Friedens, zur Stärkung der sozialistischen Staatengemeinschaft und zur antiimperialistischen Solidarität bei.“

„Wer hätte das gedacht, zwei alte Knaben vor Gericht. Ich werde 70, und Willi ist schon drüber weg. In 40 Jahren ist nie ein böses Wort zwischen uns gefallen.“ Nun hat Willi seinen Freund Kurt verklagt. Die junge Richterin, Germana Ernst, soll dafür sorgen, daß Kurt seinen Motorroller aus Willis Garage räumt.

Doch Kurt beruft sich auf ein Gewohnheitsrecht zum Unterstellen seines Rollers, das ihm der „olle Willi“ 1969 selbst eingeräumt habe. Schriftlich sei allerdings nichts gemacht worden. „Wir leben sozusagen in vertragslosem Zustand.“ Die Richterin sagt: „Wie auch immer. Das ist jetzt wie eine Klage auf Eigenbedarf.“ Denn der „olle Willi“ hat sich auf seine alten

Tage noch einen „Trabant Kombi" geleistet. Der Wagen braucht angeblich die ganze Garage.

Nun fragt Germana Ernst, ob man sich denn nicht so einigen könne: Der Kläger gibt dem Verklagten eine Frist von vier Wochen zur Räumung. „In der Zeit kann er sich eine andere Garage suchen."

„Ach du lieber Gott", sagt Kurt, „eher fange ich einen Hai in der Spree, als daß ich in Berlin eine Garage kriege!"

Nun wendet sich Kurt direkt an „olle Willi", der die ganze Zeit schweigt: „Wenn du ganz nach hinten fährst, kann ich den Roller querstellen." Endlich ergreift Willi das Wort: „Ja, wenn das möglich ist . . ."

Die Alten sind sich einig. Sie wollen es so versuchen. Die Gerichtskosten, fünf Mark, tragen beide zur Hälfte. Die Richterin, die Schöffen – alle sind voller Freude. Das Stadtbezirksgericht Berlin-Weißensee, Saal 28, erhebt sich von hochlehnigen roten Polsterstühlen und verschwindet durch eine Tür, über der das Staatsemblem der DDR hängt. Als wir im Beratungszimmer sitzen und Kaffee trinken, erzählt Frau Ernst von einem Kläger, der seinen Prozeß bei ihr verloren habe und nach der Verhandlung zu ihr gekommen sei und gesagt hätte: „Sie sind eigentlich das, was ich mir unter einem Richter des Volkes vorstelle."

Germana Ernst ist im Jahr der Staatsgründung der DDR, 1949, geboren. Sie ist heute 33 und seit sieben Jahren schon Richterin für Familienrecht und Zivilrecht. Sie trägt kleine silberne Halbmonde in den Ohrläppchen und hat stets einen optimistischen Blick. Sie sitzt im schwarzen Kostüm vor uns, über der weißen Bluse hat sie ein schwarzes Tuch locker verknotet – Richterroben gibt es in der DDR nicht.

Doch auch ohne Talar sieht sie aus wie jemand, der ernste Angelegenheiten zu regeln hat. Sie sagt: „Ich trete immer dunkel auf. Das ist der Würde des Gerichts angemessen. Außerdem: Schwarz macht schlank."

Zunächst kommt einem alles sehr preußisch vor. Das Gebäude, in dem das Stadtbezirksgericht die sozialistische Gesetzlichkeit pflegt, ist aus dem Jahr 1906. Die Säulenhalle großspurig, die Flure sind finster. Und wenn man das Dienstzimmer mit dem Schild „Ernst, Richter" betritt, erfährt man etwas über die Bedürfnislosigkeit des preußischen Beamtentums. Schrank, Tisch, Regal, Stühle.

Hinten rechts lächelt farbig Erich Honecker von der Wand. Und neben dem Schrank steht das „Banner der Grundorganisation der SED". Denn Frau Ernst ist nicht nur Richterin, sondern auch Parteisekretär der SED am Stadtbezirksgericht. Fünf der sieben Richter in Berlin-Weißensee sind Mitglied der SED.

Die Richterin schickt einen ihrer Schöffen mit der Kanne los. Er soll frischen Kaffee kochen. Peter Pape, 39, Maschinenbau-Ingenieur, geht: „Nun sag' aber bitte, Germana, daß das hier nicht immer so läuft." Nicht nur der Ton in diesem Dienstzimmer ist familiär. Die ganze Atmosphäre ist es.

Ob man das Banner, das da in der Ecke steht, vielleicht mal entrollen könnte? Germana Ernst zögert. Denn das sei ja kein Demonstrationsobjekt für West-Journalisten. Doch dann – es ist ja eigentlich keine geheime Verschlußsache. „Aber hängen Sie Ihren Fotoapparat weg", sagt sie zu Fotograf Cornelius Meffert. Das „Banner der Grundorganisation", eine rote Fahne mit dem Emblem der SED, hat Gewicht. Fast ergriffen steht nun Germana Ernst daneben: „Es ist ein Symbol für unsere Ideen."

Saal 28, morgens um halb zehn. Frau Ernst sitzt mit ihren Schöffen, dem Ingenieur Peter Pape und dem Taxifahrer Heinz Spillmann, hinter dem erhöhten Richtertisch und spricht ins Diktaphon: „Bei Aufruf der Sache erschienen die Klägerin und der Verklagte." Das Ehepaar Wüllschläger steht zum zweiten Mal vor dem Familiengericht von Weißensee. In der „Aussöhnungsverhandlung", im November 1981, hatte sich der Ehemann bereit erklärt, seine außereheliche Beziehung aufzugeben.

Nun, zwei Monate später, will Frau Wüllschläger endgültig die Scheidung. „Er gibt sich überhaupt keine Mühe", sagt sie, den Tränen nahe, „nach der letzten Verhandlung hat er drei Wochen lang nicht einmal das Wort an mich gerichtet. Natürlich hab' ich dann mit anderen Leuten über unsere Eheschwierigkeiten geredet. Mit wem sollte ich denn sonst reden. Und das Verhältnis mit seiner Arbeitskollegin hat er auch nicht abgebrochen. Ich bin dermaßen enttäuscht."

Herr Wüllschläger, ein Abteilungsleiter, will auch nicht mehr. Er formuliert, als wollte er gleich ins Protokoll diktieren: „Es entspricht der Wahrheit, daß die gefühlsmäßigen Bindungen nicht wieder hergestellt werden konnten."

Schneidend geht die Vorsitzende Ernst dazwischen: „Was haben Sie denn getan, um die Ehe wieder zu harmonisieren? Ich hatte Ihnen ja gesagt, daß das keine Sache von heute auf morgen ist."

Der Ehemann weiß keine Antwort.

Die Familienrichterin merkt, daß mit Belehrungen die Ehe Wüllschläger nicht mehr zu kitten ist, und stellt fest: „Eine zerrüttete Ehe hat für die Ehegatten keinen Sinn, für die Kinder keinen Sinn und auch nicht für die Gesellschaft. Sie haben es beide nicht geschafft."

Belehrungen gehören zur Hauptaufgabe von Richtern in der DDR – auch für Germana Ernst. „Manchmal greife ich die Männer hart an", sagt sie. Da war mal ein Ehemann, „der war im Intimbereich der Meinung ‚rauf, runter, weg'". Dem hat sie erst mal die Meinung gepfiffen. Daß er auch auf die Bedürfnisse seiner Frau einzugehen hätte.

Frau Ernst ist gesetzlich verpflichtet, „leichtfertigen Scheidungen entgegenzutreten". Denn mit ihrer jährlichen Scheidungsrate (27 Scheidungen auf 10 000 Einwohner; in der Bundesrepublik 16 Scheidungen) liegt die DDR mit an der Spitze des Weltniveaus. Eine Peinlichkeit erster Güte für den sozialistischen Staat. Schließlich soll es sich bei der DDR um ein Land handeln, in dem längst alle Vorraussetzungen für ein gedeihliches Zusammenleben der Bürger geschaffen sind.

Daß die Ehefrauen so oft auf ein gedeihliches Zusammenleben mit ihren Angetrauten verzichten wollen und 70 Prozent aller Scheidungen einreichen, erklärt sich Germana Ernst so: „Unsere Frauen brauchen keine Angst davor zu haben, allein zu leben. Sie haben keine Nachteile. Die sozialen Vorraussetzungen sind so gut, daß Frauen auch in leitenden Funktionen arbeiten können, zum Beispiel als Meister."

Die Richterin trägt wieder ihren optimistischen Blick, mit dem sie andeuten will, daß ein Nachbohren von West-Journalisten nichts bringen wird. Trotzdem: Könnten nicht auch die

Doppelbelastungen der meisten Frauen und die katastrophale Wohnsituation der meisten Ehepaare häufig Gründe dafür sein, daß Ehen zu Bruch gehen? „Nein", sagt Frau Ernst, „dem kann ich nicht ganz folgen."

Das Ehepaar Wüllschläger wird wunschgemäß geschieden. Die drei Kinder werden bei der Mutter bleiben, die als wissenschaftliche Assistentin weiter arbeiten wird. Der Vater wird Unterhalt nur für die Kinder bezahlen müssen. Versorgungsausgleich gibt es in der DDR nicht, Anwaltszwang auch nicht. Es geht schnell. Und es ist billig. Selten kostet eine Scheidung mehr als 500 Mark.

Kann man von einer Richterin, die sich ausdrücklich als „politischer Funktionär" versteht, erwarten, daß sie sich mit den gesellschaftlichen Ursachen für solche Konflikte befaßt? Es kann ja nicht sein, was nicht sein darf. So sind für die DDR-Justiz Jugendliche, die sich immer wieder betrinken und dann Mopeds klauen, einfach „Rowdys"; sind Eheleute, die sich betrinken und verprügeln, Menschen, denen es schlicht am „gegenseitigen Verständnis" fehlt.

Familienrichter im Osten können gesellschaftliche Realitäten sowenig beseitigen wie Familienrichter im Westen. Aber Richter in der DDR bringen sie nicht einmal zur Sprache. Kein Wort darüber, daß geschiedene Eheleute oft noch jahrelang zusammen wohnen müssen, weil der, der ausziehen will, keine neue Wohnung kriegt. Manchmal müssen sogar drei Leute in einer Ein-Zimmer-Wohnung leben: der geschiedene Ehemann, die geschiedene Ehefrau – und der Scheidungsgrund.

Rückhauer gegen Rückhauer: Die Jungbürger, die Frau Ernst vor einigen Monaten geschieden hat, tragen nun ihre Wohnungsnot vor das Familiengericht Weißensee. Norbert Rückhauer weiß nicht so recht, wo er hin soll. Nach der Scheidung war er zunächst bei seiner neuen Freundin untergekommen. Jetzt will er zurück in die Zwei-Zimmer-Wohnung. Er sagt nicht genau, warum, er sagt nur, daß er ein Recht darauf hat.

Norbert Rückhauer hat seine Ex-Ehefrau verklagt, weil sie ihm das Wohnrecht verweigert. Sie denkt dabei vor allem an ihr Kind. Was soll es davon halten, wenn der Vater plötzlich wieder da ist. „Der Geist von diesem kleinen Menschen", hat sie dem Gericht geschrieben, „wäre völlig verdreht".

Bevor das Verfahren richtig beginnen kann, muß Frau Ernst noch einen Werktätigen zurechtweisen. Ein 51jähriger Karosserieklempner steht da nämlich im grauen Arbeitskittel im Gerichtssaal. Der Mann ist als Zeuge geladen und kommt direkt aus seinem Betrieb. Weil Germana Ernst auch in Kleidungsfragen einen festen Standpunkt hat, stellt sie dem Klempner eine Frage mit Befehlscharakter: „Wäre es möglich, daß Sie etwas von Ihrer schmutzigen Arbeitskleidung ablegen?" Der Werktätige antwortet kurz und präzise, freilich auf eine Frage, die die Richterin gar nicht gestellt hat: „Der Kittel ist nicht schmutzig!"

Germana Ernst bleibt fest: „Ich sitze hier auch nicht in der Kittelschürze. Also ein bißchen Achtung vor der Würde des Gerichts . . ." Der Karosserieklempner verläßt Saal 28. Er wird später, ohne Kittel, im Blaumann zurückkehren, um zu sagen, daß er als Zeuge eigentlich nichts zu der Angelegenheit beizutragen habe.

Nun nimmt sich die Vorsitzende Ernst den Kläger, Norbert Rückhauer, vor. „Wieso ist es denn nicht möglich, daß Sie bei Ihrer neuen Partnerin verbleiben?" Der aggressive Ton macht auch den Kläger angriffslustig. Rückhauer: „Muß ich denn da wohnen? Gibt es denn hier kein Recht für mich?"

„Doch", sagt Germana Ernst. Sie betrachte das Ganze von der menschlichen Seite. „Was wird aus dem Kind – das interessiert Sie wohl nicht!" Der Kläger: „Doch!" Die Vorsitzende: „Das merkt man aber nicht, Herr Rückhauer! Ich würde Ihnen raten, mal Ihr Herz als Kindesvater zu entdecken!"

Nach der Belehrung kommt der Tagesbefehl des Gerichts: „Sie gehen heute noch hin und melden sich auf Wohnraum an. Ihr Kind kann nichts dazu, daß Sie sich 'ne neue Partnerin genommen haben!"

An diesem trüben Januartag hat Germana Ernst, trotz besserer Weltanschauung, wenig Freude. Was soll man tun? Frau Rückhauer zwingen, den Ex-Ehemann wieder in die kleine Wohnung zu lassen? Eine unzumutbare Situation für die Restfamilie. Etwas ratlos wendet sich Richterin Ernst an die verklagte frühere Ehefrau: „Sie wissen ja selber, daß bei uns keiner auf der Straße sitzt." Und weil das im Sozialismus so ist, müssen Daniela und Norbert nun wieder zusammen wohnen.

Manchmal bedauert Germana Ernst, daß DDR-Richter während ihres Studiums nicht in Psychologie unterrichtet werden. „Gibt es das bei Ihnen?" Nein, unsere Jurastudenten hören auch nichts von Psychologie.

Wir sitzen im Wohnzimmer von Familie Ernst. Wir haben unsere Schuhe ausgezogen. Frau Ernst hat uns Hausschuhe von „VEB Luwal" gegeben – die neue Auslegware im Flur war teuer.

Zum Kaffee gibt es Erdbeertorte, mitten im Winter. André, der 13jährige, spielt Fagott und hat lauter Einser im Zeugnis. Sandra, 9, fotografiert unablässig den Fotografen aus dem Westen. Lothar Ernst, von Beruf Bergbaumaschinist und nun Bereichsleiter im Werkzeugmaschinen-Kombinat „7. Oktober", erzählt uns, wie er das Bücherregal im Wohnzimmer aus einer alten Schlafstube seiner Tante gebaut hat.

Im nächsten Monat kommt endlich ein Fertigteil-Bungalow, den die Familie auf ihr Wochenend-Grundstück in Gräbendorf stellen lassen wird. Dort haben sie, wie so viele Ostberliner, eine „Datsche". Bisher allerdings nur „eine Übergangslösung", ein Holzhaus, das Lothar Ernst aus zwei Riesenkisten selbst zusammengebaut hat. Die großen Kisten, die früher für den Transport von Werkzeugmaschinen dienten, hat er in seinem Kombinat für 35 Mark erstanden. Seit Jahren fährt die Familie fast jedes Wochenende hinaus ins Grüne. Ihre „Datsche" liegt eine Viertelstunde Fußweg vom nächsten See entfernt.

„Es sieht jetzt so aus, als wollte ich protzen", sagt Germana Ernst, geht zur pompösen Wohnzimmer-Schrankwand und holt ihre Auszeichnungen. „Immerhin: Nicht jeder in meinem Alter kriegt so was." Sie hat die „Ehrennadel der Nationalen Front, in Silber", die „Ehrennadel der Urania, in Silber" für ihre Verdienste um die Weiterbildung des Volkes, die „Ehrennadel der Organe der Rechtspflege der DDR, in Bronze", den Titel „Aktivist der sozialistischen Arbeit" und sogar die Auszeichnung „Verdienter Aktivist".

Lothar Ernst hat mit seinen 38 Jahren noch mehr zu bieten –

gut 20 Medaillen. „Aber", lacht seine Frau, „er ist nicht ‚Verdienter Aktivist'." Anerkennung von oben ist der jungen Richterin schon wichtig. Und stolz ist sie darauf, vom Volk gewählt worden zu sein – von der Stadtbezirksversammlung. Die Wahl erfolgt nach bewährtem DDR-Modell auf Vorschlag einer Kaderabteilung – ohne Gegenkandidaten, einstimmig. Ob da schon mal ein Richterkandidat durchgefallen oder, nach fünf Jahren, nicht wiedergewählt worden ist? „Nein", sagt Frau Ernst, „das habe ich noch nicht gehört."

70 Prozent der Berufsrichter in der DDR stammen aus der Arbeiterklasse, nur 2,9 Prozent aus der „Intelligenzler"-Schicht. Der Herkunft nach ist Germana Ernst ein Muster sozialistischer Rechtspflege: Ihr Vater war Elektriker, der sich zum Betriebsleiter in Berlin-Weißensee hochdiente, ihre Mutter war Gemeindeschwester, ihr Großvater saß für die Bauernpartei in der Volkskammer. Germana Ernst ging acht Jahre zur Grundschule, die in der DDR Oberschule heißt. Dann wurde sie zur „erweiterten Oberschule" delegiert. Dort machte sie Abitur und nebenher ihren Facharbeiterbrief als Kinderpflegerin.

Schon mit 18 hat sie geheiratet. „Vorsichtigerweise", sagt sie lächelnd, „vielleicht hätte man später keinen mehr abgekriegt."

1970 wollte sie Kinderpsychologie studieren. Das Fach war aber überlaufen. Statt dessen „Richter des Volkes" zu werden – daran dachte sie zunächst nicht. Denn: „Richter – das war für mich immer so was Weit-Entrücktes." Doch irgendwann weckte ein alter Schulfreund ihr Interesse für die sozialistische Gesetzlichkeit. Sie ging zu einem Aufnahmegespräch an der Berliner Humboldt-Universität. „Die haben gesagt: Jawoll, die Zensuren stimmen und auch meine Einstellung . . ."

Bis 1974 hat sie Jura studiert und zwischen „ML" (Marxismus-Leninismus im Grundstudium) und klassischen Fächern wie Erbrecht auch noch eine Tochter zur Welt gebracht. Nach der Diplomarbeit über Urheberrechte von Architekten am Ostberliner Fernsehturm sorgte die „Zentrale Absolventenlenkung" dafür, daß sie einen Arbeitsplatz als Richterin in der Hauptstadt bekam.

Viele junge Juristen würden lieber was anderes sein: Rechtsanwalt. Denn als Advokat kann man sich im Arbeiter-und-Bauern-Staat fast alles leisten; auch das wichtigste Statussymbol der DDR-Gesellschaft: ein großes Auto, möglichst einen Volvo für knapp 50 000 Mark. Doch in der DDR gibt es heute nur knapp 600 Anwälte, während allein in Westberlin sich fast 2000 drängeln. Den Sprung in die geschlossene Gesellschaft der Anwaltskollektive der DDR schaffen nur wenige – mit Beziehungen.

Für den größten Teil der ausgebildeten Juristen bleibt nur der Richterberuf übrig. Sie werden vor allem in die Provinz der Republik entsandt. Sie müssen für ein Grundgehalt von 1120 Mark brutto viel leisten: rund 500 Gerichtsverfahren im Jahr, daneben Rechtsberatung in Betrieben, Schulungen in Wohnbezirken oder Jugendclubs. Germana Ernst ist darüber voller Freude: „Ich möchte nichts anderes sein als Richterin."

Sie hat jeden Monat acht Sitzungstage im Gericht und mindestens sieben andere Veranstaltungen. Mancher Abend geht obendrein für die Parteiarbeit drauf. Ihre Tochter Sandra hat mit ihren neun Jahren das Problem erkannt: „Also, Richter möchte ich nicht werden. Da kommt man immer erst um sieben nach Hause."

Aber Germana Ernst weiß, wofür sie sich abhetzt. Die „älteren Genossen", die nach dem Krieg, als die junge Republik die alten Richter zum Teufel schickte, in einem Schnellkurs Richten gelernt haben, waren zwar keine brillanten Juristen. Aber sie lernte von ihnen das Wichtigste für ihren Beruf. „Das Wichtigste ist", sagt Frau Ernst, „daß du weißt, wo du herkommst, für welche Klasse du hier Recht sprichst!"

Bei uns, sage ich, ist das anders. Da ist der Richter kein politischer Funktionär.

„Doch", doziert die Parteisekretärin vom Stadtbezirksgericht, „das Recht dient immer der herrschenden Klasse. Auch wenn bei Ihnen der Richter sagt, er sei kein politischer Funktionär. Er ist es trotzdem. Er übt ja das Recht aus, das die herrschende Klasse geschaffen hat." Aber, sage ich, er dient keiner bestimmten politischen Richtung. „Doch", sagt Frau Ernst, „sonst könnten bei Ihnen ja auch Kommunisten Richter sein."

Aber, sage ich, bei uns hat der Richter gerade die Aufgabe, den Staat zu kontrollieren, auch mal Sand ins Getriebe zu werfen.

„Sand", sagt Frau Ernst, „wird doch nur so weit reingeschmissen, wie das nicht die Interessen Ihres Staates angreift."

Aber, sage ich, bei uns ist der Richter der Verfassung verpflichtet, bei Ihnen „dem Staat treu ergeben". Wo bleibt da die Unabhängigkeit?

Darin sieht Germana Ernst kein Problem: „Im Vordergrund steht die Wahrung der Interessen der Bürger. Da aber unser Staat keine Politik gegen die Interessen der Bürger macht, sondern für die Bürger, sehe ich darin keinen Widerspruch."

Jeder DDR-Bürger, so will es der inoffizielle sozialistische Humor, hat eigentlich drei Meinungen: eine private, eine öffentliche und eine für Westbesucher. Bei Germana Ernst ist das anders. Sie hat nur eine Meinung. Frau Ernst bietet jederzeit die Gewähr, daß sie für die marxistisch-leninistische Grundordnung eintritt.

Die Unterschiede im Alltag westlicher und östlicher Richter sind dennoch beträchtlich. Und Frau Ernst hat zweifellos recht, wenn sie sagt: „In der BRD sind Richter mehr eine Institution, die über den Dingen steht. Wir dagegen sind mit der Masse verbunden." Jeden dritten Donnerstag im Monat geht die Familienrichterin an die Basis von „VEB Weißensee-Druckguß". Zwei Stunden kostenlose Rechtsberatung.

Da kommt eine junge Arbeiterin, die sich gerade entlobt hat. Ihr Ex-Verlobter, der bei der Nationalen Volksarmee dient, will sie aus seiner Berliner Wohnung schmeißen: „Ich soll machen, daß ich rauskomme, hat er geschrieben. Sonst passiert noch was. Und ich hab' Angst, daß er mich schlägt. Das hat er schon mal getan." Germana Ernst wird einen Brief an die „Kommunale Wohnungsverwaltung" schreiben.

Dann hat die Arbeiterin noch eine Frage: „Wir haben uns ja entlobt. Muß ich ihm nun den Ring zurückgeben?" Die Richterin: „Für die nächste Verlobung, wat? Nee, das ist ein persönliches Geschenk, das können Sie behalten." Als die Werktätige sich dankend erhebt, um zu gehen, gibt ihr Germana Ernst noch einen gutgemeinten Rat mit auf den Weg: „Sehen Sie mal zu, daß der nächste Verlobte nicht wieder 'n Schläger wird!"

Da kommt ein „Kollege", so nennt die Richterin die Menschen im Betrieb, im Gericht heißen sie „Bürger": Der Mann hat einen Riß im Mantel seines Autoreifens gefunden. Und er weiß noch ziemlich genau, welches öffentliche Schlagloch dafür verantwortlich war. Im Betrieb haben ihm Arbeitskollegen gesagt, daß der Rat der Stadt, Abteilung Straßenwesen, gelegentlich solche Schäden ersetzt. „Denn die sind ja für den ordentlichen Zustand der Straßen verantwortlich." Germana Ernst äußert Zweifel, ob der Kollege, wenn's darauf ankommt, wirklich beweisen kann, daß der Reifenschaden durch eine bestimmte DDR-Holperstrecke entstanden ist. Er solle, rät sie, bevor er klagt, „erst mal an den Rat der Stadt schreiben".

Die Werktätigen von „VEB Druckguß" sind mit ihr sehr zufrieden. Germana Ernst ist durch das, was sie die „gesellschaftlichen Aktivitäten" nennt, in Weißensee bei den Menschen bekannt, bei manchen sogar beliebt. Sie spricht auch gern darüber: „Es ist schon mal vorgekommen, daß ich mit einem Bekannten in der Gaststätte saß, und plötzlich kam die Kellnerin und stellte zwei Schnäpse hin . . ."

„Wir sind eben mit der Masse verbunden", wiederholt die Genossin Richterin stolz. „Bei uns wird im Gerichtssaal deshalb auch eine Sprache bevorzugt, die von den Bürgern verstanden wird."

In Wirklichkeit ist die DDR-Justiz jedoch genau so weit entfernt von Bürgernähe, wie es die meisten Richter im Westen sind. „Es erscheint . . .", beginnt hölzern auch die Gerichtsverhandlung im Sozialismus. Oder: „Frau Zeugin, beruht Ihre Bekundung auf eigenen Wahrnehmungen?" Einmal diktiert Frau Ernst gar: „Im Nichtvermögensfall . . ." Sie meint dann wohl: Wenn einer nicht kann.

Peter Pape, der Schöffe und Ingenieur, hat schon wieder Kaffee gekocht. Er muß nur noch rasch die Tassen abwaschen. Wir reden über „die Juristen in der BRD". Frau Ernst sagt: „Das verstehe ich bei Ihnen nicht – wie der Filbinger da einfach behaupten kann, ‚ich konnte ja nichts dafür'. Ein Richter kann immer dafür!"

Und dann versteht sie auch eines nicht: „Daß diese Kriegsverbrecher im Majdanek-Prozeß teilweise sogar freigesprochen werden."

In der DDR haben Kriegsverbrecher die Todesstrafe zu erwarten. Paragraph 60 des Strafgesetzbuches der DDR: „Die Todesstrafe wird gegen Personen ausgesprochen, die besonders schwere Verbrechen begangen haben. Sie wird durch Erschießen vollstreckt."

Muß der aufgeklärte Jurist heute nicht gegen die Todesstrafe sein? „Bei Kriegsverbrechern", sagt sie, „bin ich nicht dagegen. Wer so vielen Leuten das Leben nimmt, der hat kein Recht, weiterzuleben." Das gleiche gelte natürlich für Konterrevolutionäre. Die Schöffen nicken.

Am nächsten Tag treffen wir uns noch mal. „Abschlußgespräch" steht auf dem Terminplan, den das Justizministerium der DDR ausgearbeitet hat. Wir sprechen über den Ausbau des Frankfurter Flughafens, über den Kampf um die Startbahn West. Wie wäre das denn in der DDR, wollen wir von der Richterin wissen. Gibt es legitimen Widerstand gegen staatliche Maßnahmen, die nach allen Regeln der sozialistischen Gesetzlichkeit von den zuständigen Gremien beschlossen worden sind?

„So ein Fall", sagt Frau Ernst, „wäre bei uns nicht denkbar."

Aber wenn doch – gibt es ein Naturrecht auf Widerstand?

„Also immer diese hypothetischen Fragen, was soll denn det!"

Aber, wenn es bei uns im Westen passiert, findet sie das richtig? „Wenn sich die Maßnahme gegen das Volk richtet, natürlich. – Und sehen Sie, damit sind wir wieder am Anfang: Das Recht trägt Klassencharakter."

Volksrichter Oma Luise

Sitte und Ordnung im Sozialismus

Deutsche Kulturstadt Weimar, 1816: „Goethe saß in der Mitte der einen Längsseite zwischen Charlotte und ihrer Schwester, denen sich zur Rechten und Linken Hofkammerrat Kirms und Professor Meyer, weiterhin einerseits Mme Meyer und andererseits Mme Riemer anreihten. August hatte wegen Herren-Überschusses das Princip der bunten Reihe nicht ganz einhalten können. Er hatte den Bergrat seinem Vater gegenüber plaziert . . ."*

Deutsche Kulturstadt Weimar, DDR, 1982: Im „Deutschen Nationaltheater" wird „Faust, der Tragödie erster Teil" gegeben. Im „Schillerhaus" in der Schillerstraße beweist ein Foto im ersten Stock, daß neuerdings in Hanoi Schillers „Kabale und Liebe" auf vietnamesisch aufgeführt wird. Das Wetter, Ende Februar, ist kalt und unfreundlich. Smog in der Fußgängerzone.

Luise Kirschner, 71, sitzt auf dem Sofa ihrer Neubauwohnung, drei Zimmer, Küche, Bad, für 84 Mark im Monat. Zur Linken Ehemann Gerhard, 75, Maßschneider im Ruhestand. Beide sind Mitglied in der SED. Beide lesen viel, aber selten Goethe.

Kulturstadt Weimar? „Herrje", sagt Luise Kirschner und hebt die Arme, als wollte sie einen Geist beschwören, nur nicht den deutschen, „Goethe, Schiller – die Thüringer haben

* Thomas Mann, Lotte in Weimar, 8. Kapitel

uns 1945 behandelt wie Zigeuner." Kurz vor Kriegsende ist sie von Breslau nach Weimar geflüchtet. Eins ihrer beiden Kinder ist unterwegs verhungert. Mit ihrem ältesten Sohn Klaus, damals acht, kam sie bis hierher. „Nicht wahr, Gerhard", Frau Kirschner wendet sich nach links, „in Breslau konnten wir wenigstens einmal die Woche baden. Und hier? Wir konnten uns ja nicht mal waschen."

Einige Kilometer oberhalb der Kulturstadt Weimar liegt das ehemalige KZ Buchenwald. Luise Kirschners Beteiligung am Wiederaufbau begann mit dem Abbruch der Baracken. Oft führt sie Besucher, auch die aus dem Westen, durch das Museum auf dem ehemaligen KZ-Gelände. Vor dem Foto von einem Schrumpfkopf bleibt sie stehen und sagt: „Den hab' ich selbst in der Hand gehabt." Oma Luise zittert: „Da wurden Menschen, die eine schöne Tätowierung hatten, umgebracht. Aus der Haut haben sie Lampenschirme gemacht."

Als wir Buchenwald durch das Tor mit der Aufschrift „Jedem das Seine" wieder verlassen, frage ich, was sie daraus gelernt hat. Die Antwort kommt wie aus der Pistole geschossen: „Das Wichtigste ist die Einheit der Arbeiterklasse und Haß auf den Imperialismus!"

Luise Kirschner ist Kommunistin, aber doch Lichtjahre entfernt von den vielen Einheitssozialisten, die treu und willig ihr Parteiabzeichen durch die DDR tragen. Sie will uns nicht von ihrer Weltanschauung überzeugen. Sie hat keinen Missionseifer, nur einen klaren Standpunkt. Als Buchenwald im Nebel zurückbleibt, sagt sie: „Wenn uns 1945 jemand gesagt hätte, in 30 Jahren wird es wieder Leute geben, die am Krieg verdienen wollen, den hätten wir für verrückt erklärt."

Die 71jährige Frau, die Verkäuferin, Telefonistin und Sachbearbeiterin war und heute Rentnerin ist, nimmt auf dem Rücksitz des Westwagens Platz. Sie selbst hat nie ein Auto besessen, auch nie eins gebraucht. Luxus hatte sie nie nötig. „Meine Verwandten im Westen", sagt sie, „die wollen immer das noch haben und das noch haben. Gut, ich besitze kein Silberbesteck. Aber das läßt mich kalt. Wir leben hier ruhiger."

Wir sind unterwegs zum Betrieb „VEB Kraftfahrzeug-Instandsetzung Weimar". Dort soll eine Sitzung der „Schiedskommission Weimar Nord/West" stattfinden. In der DDR gibt es 30 000 „gesellschaftliche Gerichte". Sie verhandeln über kleine Diebstähle, „arbeitsscheues Verhalten", Streitereien unter Nachbarn, Zahlungskonflikte bis zu einem Wert von 500 Mark. Luise Kirschner gehört seit 18 Jahren zur „Schiedskommission" ihres Wohnbezirks. Ob man sie denn „Volksrichter Oma Luise" nennen dürfe? Frau Kirschner lacht: „Ja, es trifft eigentlich zu."

Der Clubraum der volkseigenen „Instandsetzung", in dem sie mit einigen anderen Laienrichtern zwei- bis dreimal im Monat verhandelt, ist karg eingerichtet. Weiß gedeckte Tische, Stühle mit dünnen, grünen Polstern, deren Ölflecke daran erinnern, daß normalerweise Monteure darauf sitzen. Nur in der einen Ecke ist der Raum geschmückt. Da hängt ein Farbfoto von Erich Honecker, links daneben das „Banner der Arbeit", rechts daneben das Banner der SED-Betriebsgruppe.

Es riecht nach Brigade, Kaderleitung, Übersoll und X. Parteitag. Gegen halb sechs ist das „Gesellschaftliche Gericht" von Weimar vollzählig: eine Assistentin der Hochschule für Architektur und Bauwesen, ein Justitiar, ein Lehrer im Hochschuldienst, ein Druckerei-Direktor, ein Diplomingenieur, ein Werkzeugschleifer, ein Rentner – und Luise Kirschner.

In der Mitte sitzt Konrad Marwinski, 48. Der promovierte Philologe und stellvertretende Direktor der Universitätsbibliothek von Jena ist der Vorsitzende des Gerichts. Er hat zwei Fernstudien hinter sich und eine Doktorarbeit über „Thüringische Vereine vor 1871". Und wo sind die Arbeiter in diesem Volksgericht? Doktor Marwinski senkt den Blick etwas und sagt: „Die gegenwärtige Zusammensetzung trügt. Wir waren auch mal ein guter Querschnitt durch die Bevölkerung."

Heute sitzt nur ein Arbeiter in der Schiedskommission Weimar Nord/West, der Werkzeugschleifer Horst Nitschke, ganz rechtsaußen. Nitschke war 1957 Bezirksmeister im Boxen, im DDR-Bezirk Erfurt. Er wird an diesem Abend oft mit der Faust auf den Tisch hauen. Als Marwinski die Sitzung eröffnet, ruft Nitschke, auch im Auftrag eines Rentners neben ihm: „Bißchen lauter, Herr Marwinski, Mann!"

Der beschuldigte Bürger René Z. ist 19 Jahre alt und fast

zwei Meter groß. Er trägt lange dunkelblonde Haare und ausgewaschene Flickenjeans. Aus seiner rechten Gesäßtasche ragt ein langer roter Kamm. Marwinski blickt in seine Unterlagen, die ihm die Volkspolizei zugeschickt hat, dann blickt er auf René Z. „Da gibt es also die Sache mit dem Kantinen-Einbruch. Da haben Sie Schmiere gestanden, wie man auf gut deutsch sagt."

Der Vorsitzende liest vor, was sich die Jugendlichen an sozialistischem Eigentum untern Nagel gerissen haben sollen: zwei Glas Kaffee, zwölf Eier, zwölf Bockwürste, sieben Knackwürste einfach, einen Aufschnitt-Römerbraten, ein Kofferradio. René gibt alles zu. Auch die zweite Tat im Keller des Hauses, wo er mit seinen Eltern wohnt. Dort hat er zwei Gläser Erdbeeren und zwei Gläser Pflaumenmus geklaut.

„Die Sache war Scheiße", sagt René Z., „aber jetzt ist es zu spät. Ich hatte damals tierischen Stunk mit meinen Eltern." Er hat mal hier und mal da gearbeitet. Im Moment ist er Gleisbauarbeiter. Manchmal macht er „F-Schichten" – das heißt, er fehlt einfach. Es macht ihm alles keinen Spaß.

Irgendwann haben seine Eltern gesagt: „Ohne Kostgeld auch keine Kost." Deshalb hat er sich also die Kost auf seine Weise verschafft. „Aber sagen Sie mal", will Luise Kirschner wissen, „ohne weiteres machen so was die Eltern ja nicht." Doch bevor der Beschuldigte das erklären kann, klopft Horst Nitschke auf den Tisch. „Herr Z.", sagt er förmlich, „Sie haben doch irgendwann, bei der Jugendweihe, mal ein Gelöbnis abgelegt – na also!" Leise fragt dann der Diplomingenieur an: „Was mich mal interessieren würde – von Pflaumenmus allein kann man doch nicht leben . . . "

Bevor René antworten kann, greift von links der Justitiar ein: „Wie ist das denn nun mit der Arbeit bei Ihnen?" Der junge Mann weiß nicht so recht. Nun fühlt sich auch die Assistentin zu einer Stellungnahme aufgerufen: „Wenn man arbeitet, ist man auf krumme Touren nicht angewiesen."

Horst Nitschke klopft wieder auf den Tisch: „Warum fangen Sie denn erst als Gleisbauarbeiter an, wenn Ihnen das nicht paßt? Wenn Sie das nicht schaffen, müssen Sie sich eben umsetzen lassen."

Luise Kirschner ist schon etwas weiter: „Vielleicht haben Sie einfach noch nicht das Richtige gefunden. Für welche Arbeit haben Sie denn Interesse? Bei uns kann man sich doch so schöne Berufe aussuchen.“ René will nachdenken. Da predigt schon wieder die Assistentin für Hochbau: „Ich kann mir vorstellen, daß nicht jeder Betrieb in die Hände klatscht, wenn Sie ankommen.“

Und der Jurist, der Profi als Laienrichter, drückt sich noch härter aus: „Welcher Betrieb wird Sie einstellen? Ich will kein Prophet sein. Aber ich glaube: keiner. Das endet mit Ihnen irgendwann vor dem Kreisgericht.“

René Z. muß sich bei der Frau, der das Pflaumenmus gehörte und die ebenfalls vom Volksgericht geladen worden ist, gleich im Clubraum öffentlich entschuldigen. Er steht auf und sagt: „Es kommt nicht wieder vor.“ Frau Nachbarin ist davon nicht überzeugt: „Mit kleinen Dingen fängt's an“, sagt sie. „Und warum eigentlich ausgerechnet mein Pflaumenmus?“

Die Frage bleibt offen wie so viele andere. Statt dessen gibt der Vorsitzende Konrad Marwinski dem jungen Mann noch was Wichtiges mit auf den Weg: „Sie wissen ja, daß unsere Gesellschaft sich um jeden einzelnen kümmert. Sie müssen nur sagen, was Sie wollen.“

Bevor René gehen darf, setzt die Kommission noch eine Geldbuße von 50 Mark gegen ihn fest. Der Junge müsse es spüren, sagt der Justitiar. Oma Luise ist ganz anderer Ansicht: „Wo soll der das Geld denn hernehmen? Da muß er doch wieder klauen gehen.“ Doch sie kann sich nicht durchsetzen.

Was immer DDR-Bürger aus ihrem Leben machen, die gesellschaftlichen Gerichte im Wohnbezirk oder Betrieb wachen darüber. Fast 40 Prozent aller Verstöße gegen Strafgesetze werden von den Staatsorganen den Volksgerichten übergeben. Wie kaum eine andere DDR-Einrichtung verkörpern die gerichtlichen Kommissionen die „Erziehungsdiktatur“ des zweiten deutschen Staates. Die Idee: Keimzellen kommunistischer Selbstverwaltung zu schaffen, gesellschaftliche Macht an die Stelle von Staatsmacht zu setzen.

Vor das Tribunal der Bürger werden nicht nur Kleinkriminelle zitiert. Wer mit Türen knallt im Mietshaus, wer ständig mit Stöckelschuhen über die Fußbodenfliesen läuft, wer Kohlen kriegt und dann den Staub nicht wegfegt, wer die Wäsche auf dem Balkon höher hängt, als die Balkonbrüstung reicht, wer als unverheiratete Frau allzuoft wechselnden Herrenbesuch einkehren läßt – sie alle müssen damit rechnen, eines Tages vor dem Volksgericht zu sitzen. Ladungsfrist: fünf Tage. „Wenn man das so hört", sagt Konrad Marwinski, „sind das Lappalien. Aber plötzlich sind es keine mehr."

Es geht, auch hier, um das „Herausarbeiten der sozialistischen Ethik" (Walter Ulbricht). Doch für manche Bürger bieten diese Gerichte nur die willkommene Gelegenheit, die Bagatelle zum Fall aufzublasen – ein Forum für Apostel kleinbürgerlicher Moral, ein Pranger. Dabei kommt es gelegentlich zu Verstößen gegen das geschriebene Recht. Etwa wenn – man kann ja nicht an alles denken – in Abwesenheit eines Antragsgegners verhandelt wird, der zur Sitzung überhaupt nicht geladen ist.

„Wie wir heute arbeiten, werden wir morgen leben", steht als sozialistisches Motto auf einer der vielen Auszeichnungen, die Werkzeugschleifer Horst Nitschke schon errungen hat. Der stets lächelnde, bescheidene, aber auch strenge Altkommunist ist nicht nur Volksrichter. „Wenn andre in ihren Garten gehen oder im Bungalow rumsitzen, dann schaffe ich Sicherheit und Ordnung."

Regelmäßig inspiziert Nitschke den Weimarer Wohnbezirk 25, für den er zuständig ist, ehrenhalber. Ein fleißiger Anwalt der Bürger. Mal sorgt er dafür, daß ein Laden endlich die Scheiben putzt, mal wird er abends spät von der Volkspolizei abgeholt, um einen Ehestreit zu schlichten, mal schreibt er an den Rat der Stadt: „Der Bahnhofs-Vorplatz sieht uns zu schäbig aus."

Nitschkes Vater spielte im Schalmeien-Orchester der KPD in Breslau und wurde später, im Untergrund, Kreissekretär. Kurz vor Kriegsende wurde er von den Nazis erschossen. Für Sohn Horst war es nie eine Frage, in welches politische Lager er gehört.

Berühmt in der DDR wurde er allerdings nicht als einsatzfreudiger Genosse, sondern als Boxer. Als „Kampfmaschine Nitschke, Weimar", wie die Zeitungen vor 20 Jahren noch den

Fliegengewichtler (bis 51 kg) gern nannten. Er war nie ein guter Techniker. Aber ein gefährlicher Linksausleger. „Ich bin immer auf K.o. gegangen. Und das hat meist hingehauen."

Auch als Mitglied der Schiedskommission ist Nitschke im Zweifel für empfindliche Schläge. Denn, so findet er, „wenn wir den Jugendlichen nur eine Rüge geben, die binden sie sich ans Bein". Und wenn Luise Kirschner im Clubraum von „VEB-Instandsetzung" immer wieder für Milde plädiert, dann sagt er: „Du mußt nicht immer soviel Mitleid haben."

Volksrichter Oma Luise wehrt sich manchmal gegen solche Kritik: „Ihr geht zu sehr von euren eigenen Verhältnissen aus. Natürlich, meine Kinder machen das auch nicht. Aber die Verhältnisse sind nicht überall so . . . Ich hab' vielleicht meine eigene Kindheit zu sehr in Erinnerung."

Luise Kirschner ist 1910 als zehntes Kind einer Arbeiterfamilie in Breslau auf die Welt gekommen. „Ich hab' mich von klein auf gefragt, warum geht es uns so dreckig und warum geht es anderen so gut. Und warum mußten bei uns so viele Kinder sein. Wir waren dann 13. Wenn mein Vater nicht im Kriege gewesen wäre, hätten wir noch mehr Geschwister gehabt. Vater ist im Krieg erst aufgeklärt worden, wie man Kinder verhindern kann."

Als die Kleine am 20. Mai 1910 in der Universitätsklinik von Breslau zur Welt kam, fiel ihrer Mutter kein Mädchenname mehr ein. Denn es war ja schon das zehnte Kind. Die Hebamme schlug „Luise" vor. Denn der Geburtstag des Mädchens war zugleich der 100. Todestag von Königin Luise.

„Als Kinder", erinnert sich Oma Luise heute, „haben wir ständig Hunger gehabt. Im Kohlrübenwinter 1917/18 gab's von früh bis abends Kohlrüben, Kohlrüben, Kohlrüben. In Salat, als Mittagessen, zum Abendbrot. Wir waren neulich bei Bekannten, da gab's auch Kohlrüben. Nach zwei Löffeln kam es mir hoch."

Sie war eine gute Schülerin. Doch als ihr Lehrer sie zur Mittelschule vorschlug, hat sie sich nicht getraut, ihre Eltern um die Einwilligung zu bitten. „Sollte ich barfuß zur Mittelschule gehen? Wir hatten ja Schuhe nur für den Winter." Nach der Volksschule mußte sie als Stubenmädchen bei Frau Baronin von Richthofen anfangen. „Dorthin wurde ich einfach verfrachtet, niemand hat mich gefragt." Bei der Baronin gefiel es ihr nicht. Sie ist ausgerückt, zu ihrem Vater gegangen und hat gefragt: „Könnte ich nicht Verkäuferin werden?" Sie konnte.

Ihr Vater war SPD-Mitglied. Und so ging sie auch in die SPD, zu den Jungsozialisten. Dort lernte sie den jungen Maßschneider Gerhard Kirschner kennen. Die beiden heirateten 1934 und sammelten für ihre von den Nazis eingesperrten Genossen. Bald konnten sie freilich nicht mehr sammeln. 1936 wurden beide wegen „Vorbereitung zum Hochverrat" verhaftet.

Hatten Sie denn Waffen? Luise Kirschner schnellt aus dem Sofa nach vorn: „Um Gottes willen! Woher denn! Wir haben die Zeitung ‚Das Banner' gelesen, die kam aus der Tschechoslowakei. Und wir haben kleine Versammlungen gemacht. Aber nie in den Wohnungen. Denn wir hatten ja alle praktisch nur ein Leerzimmer."

Sie wendet sich nach links, ihrem Mann zu: „Näch, Gerhard, viele sind ja damals in die Emigration gegangen. Aber du hast immer gesagt: ‚Was soll ich in der Emigration. Das, was ich mache, kann ich doch verantworten.' Aber das war eben schon Vorbereitung zum Hochverrat. Fünf Jahre später kam man dafür unters Fallbeil."

Luise Kirschner saß fünf Monate im Gefängnis. Kurz vor der Geburt ihres ersten Kindes – Klaus, er arbeitet heute als Finanzexperte in Moskau – wurde sie hochschwanger entlassen. Ehemann Gerhard mußte zwei Jahre und neun Monate im Zuchthaus Brandenburg absitzen.

„Also, mit Wunschkindern war bei mir nichts", sagt Frau Kirschner. Das erste hätte sie beinahe in der Gefängniszelle zur Welt bringen müssen. Das zweite ist auf der Flucht geboren und verhungert. Und das dritte – eine Tochter, die heute Lehrerin ist – kam auch ganz unpassend. „Ich wollte es eigentlich abtreiben lassen, 1946. Es war ja die schlechte Zeit. Aber der Arzt hat es nicht gemacht."

Oma Luise wendet sich wieder ihrem Mann zu. „Näch, Gerhard, wir haben oft darüber geredet. Die Männer waren im Krieg. Sie waren aber nur für sich verantwortlich. Aber die

Frauen in der Heimat – die mußten auch noch für die Kinder und die Älteren sorgen. Und wir Frauen haben manchen Sturm erlebt."

In der jungen DDR hat Luise Kirschner zunächst als Telefonistin gearbeitet. Später ist sie bei der Post zur Sachbearbeiterin für Telefon-Anmeldungen aufgestiegen. Ein Aufstieg, der sie nicht besonders froh gemacht hat, weil es ein so trockener Job war. Trotzdem galt sie immer als „gute Genossin". „Allerdings", sagt ihr Mann, „meine Frau hatte immer eine klare Auffassung." Und während Luise Kirschner Kaffee nachschenkt, denkt sie laut über ihre Parteifreunde nach: „Es gibt Genossen, die können schöne Vorträge halten, die können sehr gut reden. Aber dann gehen sie nach Hause und fragen ihre Frau: ‚Hast du eigentlich meine Schuhe schon geputzt?' Der Sozialismus fängt nämlich in der Familie an und dann erst draußen."

Die Schiedskommission Weimar Nord/West tagt wieder. Familie R. und Familie D. aus der Rudolf-Müller-Straße streiten wegen einer Unsitte. Der eine Mieter, der unter dem anderen wohnt, hat das Verfahren angestrengt, weil „die oben den Kehricht einfach über den Balkon werfen". Streng blickt der 32jährige Angestellte hinüber zu seinem Gegner, einem 42jährigen Ingenieur, und formuliert: „Das gleiche geschieht mit auf der Tischdecke verbliebenen Speiseresten."

Der Ingenieur, ebenfalls gut vorbereitet: „Ich weise darauf hin, daß wir einen Handfeger besitzen. Der Kehricht kommt bei uns in den Mülleimer. Ich verwahre mich gegen diesbezügliche Vorwürfe."

Der Fall zieht sich hin. Die Mieter streiten auch noch über Lärm bei der Renovierung. Und nach einer guten Stunde fällt dem einen ein, daß der andere „am 26. Mai 1981 morgens um vier" einen Nagel in die Wand geschlagen habe. Nun ist es Horst Nitschke zuviel. Er schlägt entnervt mit der Faust auf den Tisch und sagt: „Sind Sie nicht groß genug, das allein zu bereinigen, mein Gott!"

Der Vorsitzende: „Da muß man aufeinander zugehen . . ." Die Assistentin: „Ich wohne in einem Elfgeschosser, was meinen Sie, was da los ist, wenn die rechts die Wanne aufdrehen.

Außerdem: Der Hund des Nachbarn bellt immer lauter als der eigene."

Luise Kirschner: „Ob das mit dem Nagel wirklich der über Ihnen war? Vielleicht der von der Seite. Oder einer aus dem anderen Haus. Das überlegen Sie mal." Der Rentner ganz rechts: „Ich höre manchmal auch Unterhaltungen. Und ich weiß nicht, woher es kommt."

Es nützt nichts. Die Fronten verhärten sich. Als Volksrichter Horst Nitschke gleichwohl noch mal das Wort nehmen will, ruft Oma Luise: „Hör auf, Mensch, es ist dreiviertel acht!" Der Justitiar nutzt die kurze Pause und reißt die Debatte für ein kurzes Schlußwort an sich. Oma Luise verschränkt die Arme und seufzt, daß es jeder hören kann. Als dann noch einer der streitenden Bürger neue Argumente vorzutragen beginnt, wendet sich Luise Kirschner an den Volksrichter, der neben ihr sitzt, und fragt ganz laut: „Johannes, bist du mit dem Auto da?"

Das Gericht beschließt, daß sich die streitenden Parteien auf einer Hausversammlung „gütlich einigen werden".

Hinterher ist die Kommission sich einig: „Das ist ausgegangen wie das Hornberger Schießen." Und Frau Kirschner zuckt mit den Schultern: „Was soll man machen? Der eine wollte wohl, daß die Sache populär wird." Ende der Sitzung.

Wenn die Wiederwahl für die Weimarer Schiedskommission, in der Luise Kirschner seit 18 Jahren sitzt, in zwei Jahren ansteht, ist Oma Luise 73. Dann will sie aufhören. „Sie können machen, was Sie wollen, körperlich geht's rückwärts."

„Und geistig", ruft ihr Mann aus dem Hintergrund.

„Geistig auch", lacht Volksrichterin Oma Luise, „ich will mich nicht zum Gespött der Menschheit da hinsetzen." Nach einer kurzen Denkpause sagt sie, mehr zu sich selbst: „Aber dann werden keine mehr in der Kommission sein, die auch den Kapitalismus am eigenen Leib erlebt haben. Wir sterben langsam aus."

Kündigungsschutz – ein deutsches Märchen

Hochkonjunktur für Arbeitsgerichte

Mein Gott, ist Assessor Gutzmann nervös. Als sein Fall beim Arbeitsgericht Dortmund aufgerufen wird, springt er von seinem Stuhl hinten im Saal und reißt seinen Aktenkoffer hoch. Mit der anderen Hand gerät er auf das Schnappschloß seines Koffers. Die Akten segeln dem Gericht entgegen. Hastig sammelt der junge Assessor die Schriftstücke wieder ein. Er ist vom Arbeitgeberverband.

Der korpulente Kläger nimmt auf der anderen Seite Platz. Er sieht aus wie der Besitzer einer gutgehenden Imbißstube. Aber er ist Verkaufsleiter. Oder besser: Er war es. Denn seine Firma „Canon Copylux", für die er bei einem Durchschnittsgehalt von 13 000 Mark monatlich Fotokopiergeräte an den Mann zu bringen hatte, will ihn nicht mehr haben auf diesem einträglichen Posten. Gründe? Es heißt, daß der japanische Multi „Canon" im knallharten Kopierer-Geschäft in die roten Zahlen getrudelt sei.

Assessor Gutzmann, der „Canon Copylux" juristisch vertritt, scharrt mit den Füßen. Er sagt, den Geschäftsführer des japanischen Unternehmens habe er nicht mitbringen können. Der sei auch entlassen. Und der neue Chef, Kohki Arima, „spricht kein Wort Deutsch".

Dann kommt Gutzmann auf den Punkt. Er lehnt sich etwas zurück, hebt entschuldigend die Hände und sagt, er wolle es wenigstens mal ansprechen: „Ich habe gehört, der Kläger will sowieso nicht mehr zurück." Vielleicht hänge er also gar nicht so sehr an seinem alten Arbeitsplatz. Arbeitsrichterin Hilde Zilius, 32, lächelt, sagt aber nichts. Dafür meldet sich der Anwalt des geschaßten Klägers zu Wort: „20 000 Mark Abfindung, sonst läuft hier gar nichts!"

Die Rückkehr des Klägers an seinen Arbeitsplatz steht nicht mehr zur Debatte. Statt dessen findet eine Art Poker über die Abfindung für den gefeuerten Verkaufsleiter statt. Der Kläger protestiert zunächst noch: „Also, was mich stört, daß hier gleich über Geld geredet wird. Ich habe bei der Firma immerhin in drei Jahren was aufgebaut . . ." Der junge Mann scheint von dem Kündigungs-Vorwurf persönlich getroffen zu sein.

Gutzmann bietet 13 000. Darauf der Vertreter des Klägers: „20 000, und dabei ist noch nicht mal berücksichtigt, daß . . ." Assessor Gutzmann: „Also, das kann ich wirklich nicht machen – äh, lassen Sie mich ausreden!" Dann bietet er – mit einigen Verrenkungen: „15 000."

Nun greift Richterin Hilde Zilius ein: „Also 15 000 hat er geboten – zum ersten!" Doch das ist dem Kläger zu wenig. Die Parteien verlassen das Dortmunder Arbeitsgericht, um draußen in aller Ruhe weiterzupokern.

Fünf Minuten Sitzungspause. Hilde Zilius kommt hinter ihrem Richtertisch hervor. Sie trägt Blue jeans unter der schwarzen Robe. „Das sieht keiner", sagt sie. „Kommt doch nur auf hier oben an."

Das letzte Stück gerichtlicher Würde geht dahin, als die Protokollführerin aus dem Geschäftszimmer zurückkommt und in den Saal ruft: „Hilde, ich hab' hier noch was Schönes für dich." Die Schreibkraft winkt mit einem dicken anwaltlichen Schriftsatz. Wahrscheinlich geht es wieder nur um Geld.

Könnte man nicht, frage ich die Richterin, einfach einen geübten Auktionator hinter den Richtertisch setzen? Frau Zilius lacht kurz auf. „Also", sagt sie, „ich hasse dieses Feilschen eigentlich. Meine wesentliche Aufgabe ist es natürlich, das Vorbringen der Parteien juristisch zu prüfen. Aber oft ist es so, daß der Arbeitgeber erst beim Termin mit seinen umfangreichen Kündigungsgründen kommt. Dann weiß man ja noch nicht, was richtig und beweisbar ist. Dann schlägt man irgend

Walter Kießling, Richter am kleinsten deutschen Amtsgericht – und Chorleiter: „Die Musik hat einen großen Vorteil: Man kann folgenlos Fehler machen!“

Im Dienstzimmer des Amtsrichters in Ettenheim stehen noch die Leuchter, die früher angezündet wurden, wenn jemand einen Eid schwören mußte.

Provinzopfer Kießling:
In einem heiklen Beleidigungsprozeß gerät sein Privatleben in die Lokalpresse.

Provinzgröße Kießling:
„Amtsrichter ist immer noch der schönste Job, den die Justiz zu vergeben hat.“

Richter Schäfer ist gläubiger Katholik und guter Staatsbürger. Würde der Gesetzgeber die Todesstrafe wieder einführen, würde er weiter seine Pflicht tun: „Wenn ich Richter bin, dann bin ich Richter. Dann muß man auch konsequent sein."

„Gottväterchen" Adalbert Schäfer, Vorsitzender des hessischen Staatsschutzsenats, muß rund um die Uhr scharf bewacht werden. Seine steile Karriere begann mit einem Freispruch für KZ-Ärzte.

Die junge Familienrichterin Germana Ernst aus Ost-Berlin, Jahrgang 1949, hat es in der DDR schon zu allerhand gebracht: ein Trabant, ein Wochenendhaus und fast so viele „Auszeichnungen“ wie Ehemann Lothar, von Beruf Bergbau-Maschinist. Wie die meisten Richter in der DDR ist auch Frau Ernst strammes Mitglied der SED. Sie akzeptiert alles, was in der DDR Recht ist – auch die Todesstrafe.

Gerichte in der DDR tragen angeblich „zur antiimperialistischen Solidarität bei". Doch öfter lösen Richter die kleinen Streitigkeiten der Bürger – wie hier den Garagenstreit zwischen zwei Rentnern. Gerichtskosten: fünf Mark.

Viele tausend Laienrichter sorgen bei kleinen Verstößen gegen Gesetze für Sitte und Ordnung in der DDR. „Volksrichter Oma Luise", 71, (unten: mit Ehemann Gerhard) ist die älteste in der „Schiedskommission Weimar Nord/West": „Wir sterben langsam aus."

JEDEM DAS SE

Volksrichterin Luise Kirschner im KZ Buchenwald. Hier begann ihr Beitrag zum Aufbau der DDR mit dem Abbruch von Hitlers Baracken.

Der Werkzeugschleifer Horst NItschke sitzt ebenfalls als Richter in der „Schieds-kommission Weimar Nord/West“. Zu Luise Kirschner sagt er manchmal: „Du mußt nicht immer soviel Mitleid haben.“

Die „gesellschaftlichen Gerichte“ in der DDR – hier eine „Schiedskommission“ in Weimar – urteilen fast 40 Prozent aller Verstöße gegen Strafgesetze ab. Sie sollen Keimzellen kommunistischer Selbstverwaltung sein. Doch häufig bieten sie nur ein Forum für Apostel kleinbürgerlicher DDR-Moral.

In Krisenzeiten hat die Dortmunder Arbeitsrichterin Hilde Zilius Hochkonjunktur. Doch in ihren Prozessen springt für die gekündigten Arbeitnehmer oft nur eine finanzielle Abfindung heraus. Nur jeder fünfzigste bekommt mit Hilfe der Arbeitsrichter in Deutschland seinen Arbeitsplatz zurück.

Bei den „Güteverhandlungen" vor dem Arbeitsgericht muß die Richterin von 15 bis 20 Fällen den größeren Teil durch Vergleich erledigen. „Sonst bricht alles zusammen."

Nach der Arbeit als Richterin hat Hilde Zilius zwei Kinder zu versorgen. Im Unterschied zu ihren „Klägern" hat sie keine Existenzsorgen: „Ich hab' es immer leicht gehabt."

Richterin Hilde Zilius ist mit einem Funktionär der Gewerkschaft „Bergbau und Energie“ verheiratet. Bei vielen Konservativen stehen deutsche Arbeitsrichter ohnehin in Verdacht, den „Weg zum Gewerkschaftsstaat“ freischlagen zu wollen.

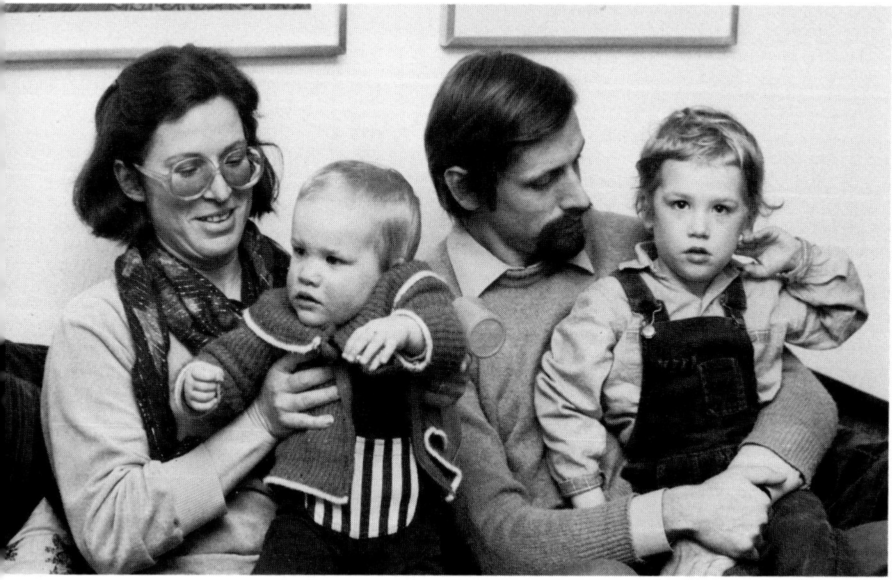

Der Präsident des Bundesverfassungsgerichts, Ernst Benda, ist leidenschaftlicher Segler. Wenn er, wie hier, an der Cote d'Azur auf Fahrt geht, wird er von Männern der „Sicherungsgruppe Bonn" so streng bewacht wie in Karlsruhe.

Der Weg von Ernst Benda (CDU) führte stets nach oben. Von der „Jungen Union" in Berlin zum Abgeordneten in Bonn, vom Innenminister zum höchsten deutschen Richter. Und es ist nicht ausgeschlossen, daß Benda 1984 noch Bundespräsident wird.

„Ortswechsel ist kein Gesinnungswechsel“, sagte CDU-Politiker Benda, als er 1971 Präsident des Bundesverfassungsgerichts wurde. Verfassungsrichter Simon (neben Benda) war manchmal anderer Gesinnung, ohne sich durchzusetzen. Unten: Ernst Benda als Honorarprofessor an der Universität Saarbrücken.

Justiz im Belagerungszustand: Als in Frankfurt der „Ponto-Prozeß" begann, mußten auch die Verteidiger gleich zweimal ihre Aktentaschen durchsuchen lassen.

Der Frankfurter Jugendrichter Hermann Möller (auf dem linken Bild mit seiner Familie) ist der einzige deutsche Richter, der ohne schwarze Robe verhandelt. Er ist auch einer der wenigen deutschen Strafrichter, die ihre „Klienten“ in der Haftanstalt besuchen.

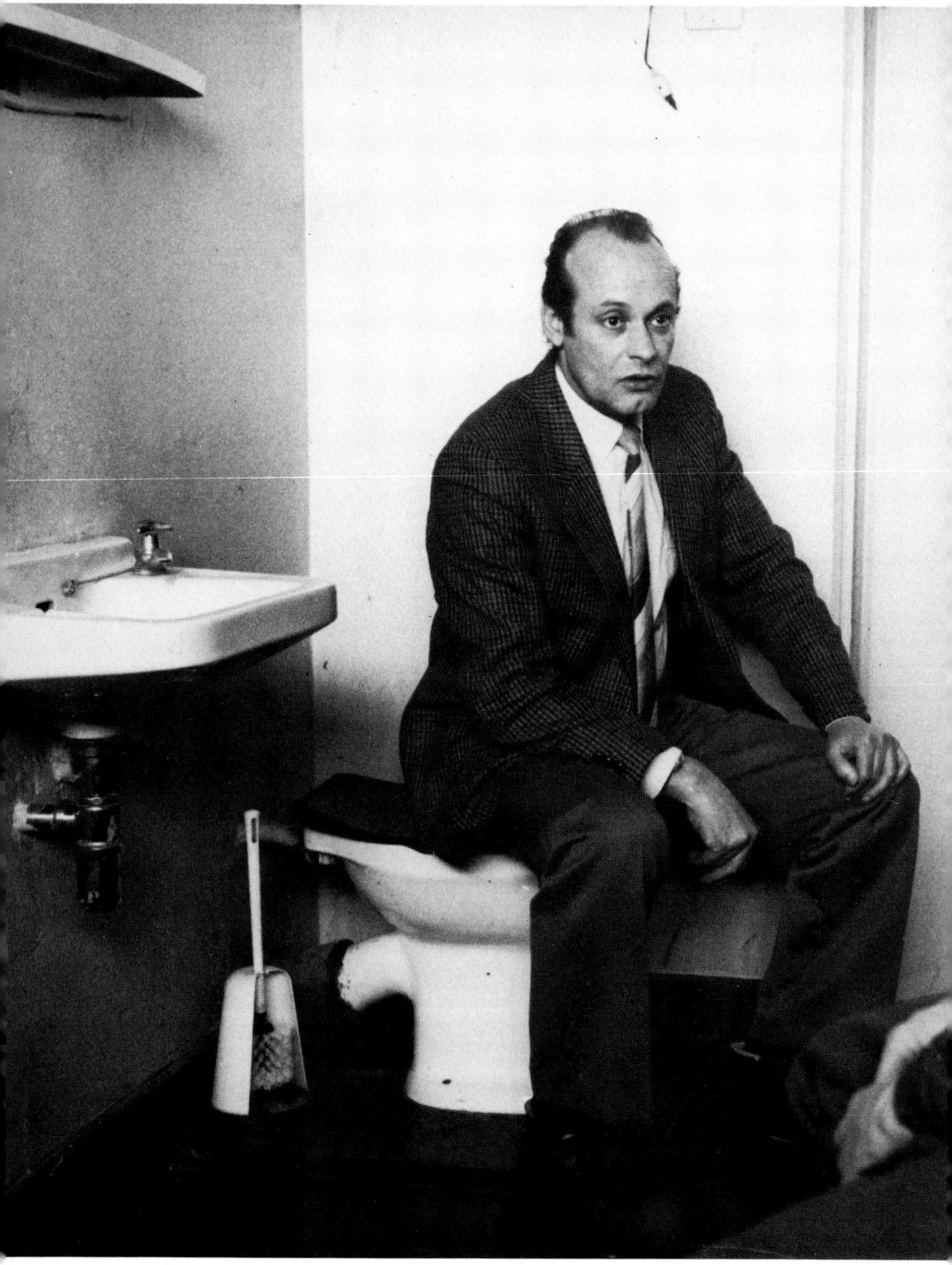

Richter Möllers Arbeit „im Namen des Volkes" endet nicht im Verhandlungssaal. Trotzdem fühlt sich der Jugendrichter oft wie ein Fließbandarbeiter. Über die Justizverwaltung sagt er: „Die Fälle interessieren keinen Menschen, solange der Laden läuft."

Kein Richter des blutigen Volksgerichtshofs aus der Nazizeit ist in der Bundesrepublik jemals rechtskräftig verurteilt worden.

Günther Meyerhöfer, Richter am Amtsgericht Nürnberg. Einer jener fünf Haftrichter, die am 5. März 1981 in einer beispiellosen Justizaktion in wenigen Stunden 141 junge Leute in Untersuchungshaft brachten. Als Eltern der Verhafteten daraufhin gegen Meyerhöfer und dessen Kollegen Strafantrag wegen Rechtsbeugung stellten, sagte der schnelle Richter: „Ich scheiß' mir deshalb nicht in die Hose!" Inzwischen hat die Staatsanwaltschaft das Ermittlungsverfahren gegen die Haftrichter eingestellt.

Justiz-Terror im Dienst des Hitler-Faschismus: Nach dem Krieg fanden die Richter der Bundesrepublik, daß Freislers Volksgerichtshof ein „ordentliches Gericht" gewesen sei.

Einer von vielen:
Dr. Paul Reimers. Als Richter am Volksgerichtshof hat der heute 80jährige Jurist an mindestens 124 Todesurteilen mitgewirkt. Etwa an dem Urteil gegen den Jesuitenpater Alois Grimm aus Feldkirch/Vorarlberg. Grimm wurde „für immer ehrlos . . . mit dem Tode bestraft". Denn, so die Urteilsbegründung: „Alois Grimm, ein Jesuitenpater, hat im vierten und am Anfang des fünften Kriegsjahres zu Volksgenossen, darunter zu einem Soldaten, sich schwer zersetzend, hetzerisch und defaitistisch geäußert. Er hat damit im Dienste der Feindpropaganda unsere Kampfkraft angegriffen . . ."
Paul Reimers war in der Bundesrepublik wieder Richter – bis 1963 Landgerichtsrat in Ravensburg. Er lebt heute, pensioniert, in Bremen. Seit 1979 ermitteln zwei Berliner Staatsanwälte gegen ihn und andere Richter und Ankläger beim NS-Volksgerichtshof. 60 Beschuldigte leben noch. 15 sind während der staatsanwaltschaftlichen Ermittlungen gestorben. Ob und gegen wen irgendwann mal Anklage erhoben wird, ist unklar. Die Berliner Staatsanwälte hoffen, „bis Mitte dieses Jahrzehnts" ihre Ermittlungen abgeschlossen zu haben.

was in der Mitte vor. Ob das dann wirklich gerecht ist, wissen nur die Parteien."

Vor dem Sitzungssaal wartet die 19jährige Friseuse Anne Seidel. Von sich aus wäre sie nie gegen ihre fristlose Entlassung angegangen. Aber in ihrer Nachbarschaft wohnt ein junger Rechtsanwalt. Der hat ihr bei einem Bier in einer Dortmunder Kneipe zur Klage vor dem Arbeitsgericht geraten. Anne Seidel befürchtet, „daß sich meine Klage bei den Friseuren herumspricht". Aber andererseits denkt sie: „Unsereins muß immer hinhalten." Sie möchte gern mal sehen, „daß der Chef sich richtig erniedrigt fühlt".

„Immer dieser Alkohol", sagt der Chef, als er links und Anne Seidel rechts vor dem Richtertisch von Hilde Zilius Platz nehmen. „Mit 'ner Fahne in meinem Salon" – ob er, der „Coiffeur", sich das bieten lassen müsse?

Der Friseurmeister geht ohne Rechtsanwalt in diese „Güteverhandlung", in jenen ersten, aber oft auch letzten juristischen Schlagabtausch zwischen Arbeitgeber und Arbeitnehmer. Und wie so oft, wenn Klein-Unternehmer den Rausschmiß eines Mitarbeiters ohne anwaltliche Hilfe zu begründen versuchen, geht es schief.

Nach wenigen Güte-Minuten greift Richterin Zilius ein: „Also, das eine sage ich Ihnen gleich: Selbst wenn das mit der Fahne stimmt – das allein reicht nicht aus für eine Kündigung, schon gar nicht für eine fristlose." Da müsse schon handfester Alkoholkonsum nachgewiesen werden. „Sie haben als Arbeitgeber den Schwarzen Peter", wendet sich Frau Zilius freundlich lächelnd an den Friseurmeister, „Sie müssen natürlich die Kündigungsgründe darlegen und beweisen. Also, dat is so."

Der Salonbesitzer blickt nun düster auf den kahlen Tisch vor sich, als hätte ihm gerade jemand gegen seinen Willen eine Glatze geschnitten. Er will ausweichen: „Und außerdem ist sie auch zu spät gekommen, manchmal."

Nun rafft sich Anne Seidel auf, die bis dahin mit der peinlich-berührten Miene einer fristlos Gekündigten still neben ihrem Rechtsanwalt gesessen hat: „Nichts stimmt. Die Fahne nicht, und zu spät gekommen bin ich vielleicht einmal fünf Minuten!"

Richterin Hilde Zilius sitzt entspannt in ihrem Sessel. Jetzt richtet sie sich auf. „Also, eins nach dem anderen. Wie war das denn nun mit dem Alkohol?“ Sie zieht die Augenbrauen hoch, lächelt wieder hinüber zum beklagten Coiffeur und sagt: „Sie nahmen doch nicht jedesmal eine Blutprobe?“

Manchmal sind Argumente scharf wie Rasierklingen. Der Dortmunder Friseurmeister spürt jedenfalls, daß seine fristlose Kündigung juristisch nicht zu halten sein wird. Und so einigen sich die Parteien auf einen Vergleich: Die junge Friseuse akzeptiert eine ordentliche Kündigung. „Aus betriebsbedingten Gründen“ wird in ihrem Zeugnis stehen. Sie will mit ihrem alten Meister sowieso nichts mehr zu tun haben. Ihr ehemaliger Chef zahlt 500 Mark Abfindung. Auf Nimmerwiedersehen.

Kündigungsschutz hin, Abfindung her – wer erst mal draußen ist, bleibt auch draußen. Ein Arbeitnehmer, der in der Bundesrepublik rausfliegt, hat kaum Chancen, mit Hilfe von Arbeitsrichtern seinen Job zurückzukriegen.

Das Kündigungsschutzgesetz von 1951 war zwar eine sozialpolitische Jahrhundert-Reform. Denn es läßt den Rausschmiß eines Arbeitnehmers nur zu, wenn „dringende betriebliche Erfordernisse“ oder bedeutende Gründe „im Verhalten oder in der Person“ des Arbeitnehmers vorliegen. Doch in der Praxis ist dieses Schutzrecht gegen die Vernichtung der beruflichen Existenzen selten mehr als ein dringender frommer Wunsch.

Auf keinem Rechtsgebiet ist die Rechtslage so unsicher wie im Arbeitsrecht:

Kann jemand entlassen werden, der einmal eine halbe Stunde zu spät kommt und, trotz Ermahnung des Chefs, ein zweites Mal verspätet zur Arbeit antritt? „Ob das ausreicht“, sagt der Bremer Arbeitsrechtler Professor Wolfgang Däubler, „das weiß kein Schwein.“

Mal wird entschieden, daß dreimal hintereinander 40 Tage Fehlzeit wegen Krankheit zur Kündigung berechtigt. Mal wird entschieden, daß jedenfalls Großbetriebe grundsätzlich in der Lage sein müssen, noch längere Fehlzeiten kranker Mitarbeiter ohne Entlassung zu überbrücken.

Kann jemand entlassen werden, vielleicht sogar fristlos, der sich durch Manipulation an der Stempeluhr einmal 7,50 Mark zusätzlichen Lohn erschlichen hat? Professor Däubler: „Bei den Arbeitsrichtern in Hamburg oder Bremen wäre das kaum vorstellbar. Aber wie ist es in Baden-Württemberg oder Schleswig-Holstein?"

Wer als gekündigter Arbeitnehmer eine abschließende Antwort auf solche drängenden Fragen wünscht, muß viel Zeit mit ins Gericht bringen. Der Hamburger Angestellte Walter B., der 1974 von einer Reinigungsfirma, in der er zeitlebens gearbeitet hatte, wegen Rationalisierung entlassen worden war, brauchte fünf Jahre – bis 1980 das Bundesarbeitsgericht entschied, ihm sei zu Unrecht gekündigt worden. Da freilich war Herr B. schon im Rentenalter.

Nach dem Gesetz soll der erste arbeitsgerichtliche Termin, die „Güteverhandlung", innerhalb von 14 Tagen nach Eingang der Klage stattfinden. Doch an kaum einem deutschen Arbeitsgericht wird diese Frist eingehalten. Und weil von Monat zu Monat mehr Klagen bei den Arbeitsgerichten eingehen, dauert allein die erste Instanz mindestens ein halbes Jahr. „Und es wird noch schlimmer", sagt Richterin Zilius; „die Eingänge steigen stetig. Deshalb brauchen wir eigentlich neue Stellen. Statt dessen sollen 1983 auch noch Planstellen gestrichen werden."

In dieser Situation, die an Rechtsverweigerung grenzt, entscheiden sich die meisten Arbeitnehmer rasch zum Rückzug, zur Kapitulation. Eine Forschungsgruppe des Hamburger Max-Planck-Institutes fand 1981 heraus, daß 80 Prozent der Kündigungsschutzklagen durch Vergleich oder Klagerücknahme erledigt werden. Fast zwei Drittel der „Abfindungsvergleiche" kommen zustande, obwohl die Kläger gute Aussichten hätten, den Prozeß zu gewinnen.

Ein verschwindend kleiner Anteil der Gefeuerten kommt mit richterlicher Hilfe zurück an seinen alten Arbeitsplatz: 1,7 Prozent. „Das zeigt", sagt der Präsident des Hamburger Arbeitsgerichts, Henning Kirsch, „daß das Kündigungsschutzgesetz nicht vor ungerechtfertigten Kündigungen schützt, wie es ursprünglich 1951 geplant war." Schon 1976 hatte ein anderer

Hamburger Arbeitsrichter über seinen Justiz-Alltag geklagt: Er frage sich, so Richter Michael Vogel damals zum STERN, „bei welcher Farce und Lüge wirkst du eigentlich mit?"

Die ketzerische Äußerung in eigener Sache brachte Michael Vogel ein Disziplinarverfahren ein. Seitdem sind deutsche Arbeitsrichter sehr viel vorsichtiger mit öffentlichen Äußerungen. Auch Hilde Zilius überlegt sich sehr genau, was sie zum Thema Abfindungs-Praxis sagt: „Sie können sich das ja ganz einfach ausrechnen. Im ersten Termin, in der ‚Güte', stehen 15 bis 20 Sachen an einem Vormittag an. Was dort nicht erledigt werden kann, kommt ein paar Monate später in die Kammersitzung. Da schaffen wir aber nur fünf Fälle, vielleicht sechs. Dann müssen einfach zwei Drittel schon durch Vergleich oder Rücknahme aus der Welt sein. Sonst bricht alles zusammen."

Manchmal fragt sich Frau Zilius allerdings auch, ob ein Arbeitnehmer mit einem Sieg vor Gericht wirklich besser bedient ist. „Die Leute könnten ihren Prozeß ja durchziehen und dann wieder hinmarschieren zu ihrem alten Arbeitgeber. Aber oft ist es einfach ein Unding, wieder zurückzugehen. Wenn sie es tun, dann kommen die Schikanen, Abmahnungen. Da ist dann einfach der Bruch drin."

Wer dennoch an das Märchen vom Kündigungsschutz glaubt, wie Michael Kohlhaas durch die Instanzen zieht, um sein Recht und seinen Job kämpft und schließlich sogar Erfolg hat – gegen so hartnäckige Fälle hat der Gesetzgeber Vorsorge getroffen. Nach Paragraph 9 des Kündigungsschutzgesetzes kann der Arbeitgeber vorsorglich im Prozeß einen „Auflösungsantrag" stellen. Dann kann, obwohl kein Kündigungsgrund vorliegt, das Arbeitsverhältnis beendet werden, wenn es dem Arbeitgeber nach langem Kündigungs-Krieg nicht mehr zuzumuten ist, den Mitarbeiter wiederzunehmen.

„So langsam wird man frustriert", sagt Hilde Zilius, als sie abends erschöpft vom Dienst und von ihren zwei Kindern im Wohnzimmer ihres Hauses in Dortmund-Löttringhausen sitzt. „Fricke", eine zottelige Promenadenmischung, streift durch das Erdgeschoß, dann legt sich der Hund vor den Rokoko-Sekretär, ein Erbstück aus der großbürgerlichen Familie der Richterin.

Ihr Vater war Direktor in einer Fabrik für Baumaschinen im Ruhrgebiet. Als er pensioniert wurde, kaufte er für sich und die Familie einen Bauernhof zwischen Marl und Recklinghausen. Da ist Hilde Zilius mit Pferden, Schweinen und Kühen groß geworden: „Ich hab' es immer leichtgehabt."

Sie studierte in Freiburg Jura und nahm sich ein kleines Zimmer für 60 Mark, das Waschbecken für vier Personen auf dem Hausflur. „Da war ich ganz stolz, so abgenabelt vom reichen Elternhaus." Doch dann kamen ihre Eltern zu Besuch in die Studentenbude. Die Mutter heulte über dieses studentische Elend, ihr Vater zog los und kaufte seiner Tochter eine Eigentumswohnung. Komfortabel brachte Hilde Zilius ihr Jura-Studium in Freiburg zu Ende.

„Mein Vater hätte es gern gesehen, wenn ich Pharmazie studiert hätte und Apothekerin geworden wäre. Eine Apotheke hatte er schon." Aber sie wollte Juristin werden und „so eine Art sozialpolitische Funktion übernehmen". Größere Worte findet sie dafür nicht. Will sie etwas abbauen von der Herrschaftssituation im Prozeß? „Ach, ja", sagt Hilde Zilius, „wichtig ist, daß die Leute überhaupt mitkriegen, was für Rechte sie haben und was sie tun müssen, um diese auch durchzusetzen. Den Klägern geht das ja oft so wie mir beim Arzt. Der sagt dann schön, was ich alles einnehmen soll. Aber wenn ich nach Hause komme, hab' ich alles wieder vergessen. Man ist dann so nervös . . ."

Jan Zilius, ihr Mann, ist Justitiar bei der „Industriegewerkschaft Bergbau und Energie". Und es ist durchaus kein Zufall, daß er, der Süddeutsche, mit seiner Frau ins Ruhrgebiet gezogen ist. „Wir haben sechs Jahre in Freiburg gewohnt", sagt er, „irgendwie fanden wir dann, das wirkliche Leben geht an uns vorbei. Hier in Dortmund habe ich das Gefühl, wirklich gebraucht zu werden."

Das Ehepaar Zilius, ein Gewerkschaftsfunktionär und eine Arbeitsrichterin – ist da nicht die richterliche Unabhängigkeit in Gefahr? Der Verleger und Publizist Gerd Bucerius („Die Zeit") hat solche „Kumpanei" zwar nicht ausdrücklich „verboten". Aber er hat, 1978 schon, vor einem „gemütlichen Gewerkschaftsstaat" gewarnt, der uns blüht: „Unaufhaltsam rückt in die maßgebenden Positionen der Arbeitsgerichtsbarkeit eine Richterschar ein, die sich der Linken verbunden fühlt und daher den Weg zum Gewerkschaftsstaat freischlagen wird . . ."

Ähnliche Sorgen äußerte kürzlich der Richter am Landesarbeitsgericht Hamm, Leonhard Wenzel. In der Zeitschrift „Sozialer Fortschritt" beklagt er die „marxistischen Strömungen" im Arbeitsrecht von heute: „Dem Richter ist nach der marxistischen Ideologie vom Klassenkampf eine bestimmte Rolle zugewiesen." Die Gewerkschaften versuchen, so meint Richter Wenzel, über die Arbeitsgerichte ihre politischen Forderungen durchzudrücken, zum Beispiel das Verbot der Aussperrung.

Gibt womöglich Jan Zilius seiner Frau Hilde Anweisungen, wie sie zu richten hat im Dienste des Klassenkampfes? „Das ist doch alles lächerlich", sagt Hilde Zilius. Es hat ihr auch noch kein Arbeitgeber-Vertreter die Wahl ihres Ehemannes vorgeworfen.

In Hamburg allerdings hat der Arbeitgeberverband vor einigen Monaten die Arbeitsrichterin Ingrid Teichmüller wegen Befangenheit abgelehnt. Der Antrag hatte Erfolg. Die Juristin, die mit einem Gewerkschaftsfunktionär der IG Metall verheiratet ist, sollte über eine politisch höchst brisante Frage entscheiden: über die Zulässigkeit von Warnstreiks der IG Metall. „In diesem Fall einfach Befangenheit zu unterstellen", sagt Hilde Zilius, „finde ich falsch. Aber es gibt natürlich Grenzen. Problematisch wäre es etwa, wenn der Ehemann als Prozeßvertreter oder Prozeßpartei vor dem Richtertisch seiner Frau erscheint."

Jan Zilius sagt: „Wie wollen Sie prüfen, ob der Richter nicht ein Arbeitgeberfreund ist. Ist er es, wenn er einen Arbeitgeber als Ehepartner hat? Oder wenn er – was ja häufig vorkommt – Schulungen beim Arbeitgeberverband macht?"

Aber muß nicht ein Richter auch den bloßen Anschein vermeiden, er könnte nicht neutral sein?

„Unparteilich heißt nicht unpolitisch", meint der Gewerkschafter Zilius. „Wie soll das sein – ganz schwerelos im Raum, ein Mensch völlig ohne Umweltbeziehung?"

Die Mehrheit der sieben Richter am Arbeitsgericht Dortmund sind Mitglieder in der Gewerkschaft ÖTV. Auch Hilde Zilius. „Ich bin in der Gewerkschaft, weil ich eben Arbeitnehmerin bin, abhängig Beschäftigte im Justizbetrieb." Dann stellt die Richterin eine Gegenfrage: „Wenn ein Richter gläubiger Katholik ist – darf er dann etwa keinen Prozeß entscheiden, an dem die katholische Kirche beteiligt ist?" Auf die Idee ist wirklich noch niemand gekommen.

Daß gewerkschaftsfreundliche Arbeitsrichter einseitig gegen die Arbeitgeber urteilen, wurde inzwischen wissenschaftlich widerlegt. Der Berliner Rechtssoziologe Professor Hubert Rottleuthner kam bei einer noch unveröffentlichten Untersuchung von 800 Alltagsfällen der Arbeitsgerichtsbarkeit zu einem verblüffenden Ergebnis: Arbeitnehmer, die mit ihrer Kündigungsschutzklage an einen Richter geraten, der selbst gewerkschaftlich organisiert ist, haben sogar etwas geringere Chancen, ihren Prozeß zu gewinnen, als bei Richtern ohne Gewerkschaftsbuch.

Eine andere, kaum weniger interessante Untersuchung über die deutsche Arbeitsjustiz fehlt freilich noch: Halten sich die kleinen Arbeitsrichter immer an die Grundsatzentscheidungen ihrer höchsten Instanz, dem eher konservativen Bundesarbeitsgericht?

Hilde Zilius ist nicht die einzige Arbeitsrichterin, die in ihrer ganzen Unabhängigkeit gelegentlich von den Trampelpfaden der Oberrichter in Kassel abweicht: Ein gefeuerter Arbeitnehmer, der bei ihr den Prozeß gewinnt, darf stets damit rechnen, daß die Kammer Zilius zugleich einen „Anspruch auf Weiterbeschäftigung" ausspricht. Auch wenn der Arbeitgeber in die Berufung geht. Sie sagt: „Bisher habe ich jedenfalls immer so entschieden."

Für das Bundesarbeitsgericht ist solche Automatik keineswegs selbstverständlich. Die Richter in Kassel billigen diesen Anspruch nur zu, wenn der Unternehmer ganz offensichtlich und willkürlich Kündigungsgründe vorgeschoben hat.

„Aber, Frau Vorsitzende, unser Bundesarbeitsgericht hat das doch anders entschieden", rufen dann manchmal die Anwälte, als sei die Frau da in der schwarzen Robe von allen juristischen Geistern verlassen. Doch Hilde Zilius klappt den Wälzer „Schaub, Arbeitsrechtshandbuch, 4. Auflage“ zu, lehnt sich zurück in ihren Sessel und sagt: „Rechtsprechung kann sich wandeln. Außerdem – Bundesrichter, das sind doch keine Herrgötter . . .“

„Wenn meine Freunde mich rufen . . .“

Ein Präsident auf Erfolgskurs

Die Bucht von St. Tropez versinkt glitzernd im Morgendunst. Der Wind bläst aus unterschiedlichen Richtungen. Doktor Umbach steht am Ruder der Segelyacht „Half 'n Half". Ernst Benda ist unter Deck. Irgendwo im Vorschiff hat sich eine ölige Brühe gesammelt, die nun, bei mäßigen fünf Knoten Fahrt, über den Kajütenboden läuft. Nach einer halben Stunde kommt Benda ölverschmiert und schwitzend nach oben. „Segler", sagt er, „das müssen Vollidioten sein. Kein vernünftiger Mensch segelt."

Ernst Bendas Traum ist es, einmal mit seinem achteinhalb Meter langen Schiff um die Welt zu segeln. Aber so weit ist es noch nicht. Erst mal muß er Kontakt zur Sicherungsgruppe Bonn aufnehmen.

Drei „ausreichend bewaffnete" Polizisten in Zivil fahren im Auto, einige Meilen von uns entfernt, auf der Küstenstraße nach Cannes. Käpt'n Benda ruft die landgestützte Begleitung auf Kanal 72: „Hier ‚Half 'n Half', ich rufe Aster. Können Sie mich hören?"

„Aster" kann. Benda, der es im Zweiten Weltkrieg als Funker auf einem Schnellboot zum Obergefreiten gebracht hat, gibt den Tagesbefehl aus: „Fahren Sie gemütlich weiter und versuchen Sie mal, im Hafen von Cannes einen Liegeplatz für uns zu finden. Wir haben im Moment wenig Wind. Ich melde mich in einer Stunde wieder. Ende."

Innerhalb der nächsten Stunde geht der Wind auf dem Mittelmeer hoch auf Stärke sechs. Und wie so oft in Bendas Leben kommt er von hinten. Das Schiff erreicht nun mühelos seine Höchstgeschwindigkeit von acht Knoten. Der Fotograf Volker Krämer legt seine Kamera beiseite. Er ist kreidebleich.

Der Käpt'n raucht Pfeife. Seine Mitsegler, Doktor Umbach vom Bundesverfassungsgericht und ein bayerischer Sicherheitsbeamter aus Karlsruhe haben alle Hände voll damit zu tun, die Fock zu bergen. Fotograf Krämer muß sich übergeben. Doch irgendwas macht er dabei falsch. Denn jetzt brüllt der Kommandant gegen den Wind an: „Wenn Sie schon kotzen müssen, dann bitte über die Lee-Seite. Sonst fliegt das ganze Zeug auf die Planken."

Als wir endlich im Hafen sind, sagt er: „Das war eine schöne Fahrt." Und ich denke: Er ist noch immer der flotte Sportsmann aus Berlin-Spandau.

Als Benda mit 43 Jahren Innenminister für die CDU in Bonn war, 1968 bis 1969, kletterte er demonstrativ in seinen grünen „MG 1800" und fuhr dröhnend zum Staatsdienst. Kaum weniger flott setzte er 1968, die Studentenunruhen hatten ihren Höhepunkt erreicht, die Notstandsgesetze der Großen Koalition durch. Zum Ausgleich rannte er am Wochenende mit seinem Schäferhund „Bronco" („Der hat sich dann leider totgesoffen, mit Wein") durch den Berliner Grunewald.

Im Garten seines Hauses am Stölpchensee pflegte Benda liebevoll drei Rosenstöcke „Mainzer Faßnacht". Im vergangenen Jahr pflanzte er sich in seinem Garten in Karlsruhe endlich eine Rosensorte, die ihm viel lieber ist: „Konrad Adenauer".

Als der treue Christdemokrat 1971 mit seiner Frau Waltraut und den Kindern Josefine und Hans auf neue Position in Karlsruhe gesegelt war, stellte er als junger Präsident des Bundesverfassungsgerichts eines gleich klar: „Ortswechsel ist kein Gesinnungswechsel!" Dem SED-Organ „Neues Deutschland" kam es dabei sauer hoch. Benda, schrieb das DDR-Blatt bei dessen Einführung ins höchste bundesdeutsche Richteramt, sei ein „eingefleischter Gegner aller Antifaschisten und Demokraten".

Und als ob er es denen da drüben beweisen müßte, machte

er Front gegen alle linken Träumer, die das Grundgesetz unterm Arm hatten: Benda war erst wenige Monate im Amt, da reiste er zum Bundesverband der Zeitungsverleger und stellte klar, was er von den Grundgesetz-Artikeln hält, die eine Enteignung von Produktionsmitteln erlauben. „Wer eine Enteignung will", versicherte er den Print-Unternehmern, „der mag solche Forderungen mit Vokabeln umschreiben, die auch dem Sprachgebrauch des Grundgesetzes hier und da entsprechen." Aber solche Forderungen deckten sich nicht mit dem Willen des Grundgesetzes.

Die regierende SPD tat damals noch so, als ginge sie das Ganze nichts an. Erst als Benda 1975 sein Barett aufsetzte, um die Reform des Paragraphen 218 – die Freigabe der Abtreibung in den ersten drei Monaten – für verfassungswidrig zu erklären, schäumte Horst Ehmke, SPD, über die Entscheidung des Ersten Senats des Verfassungsgerichts: „Wir lassen uns von den acht Arschlöchern in Karlsruhe nicht unsere Politik kaputtmachen."

Alles begann so friedlich, 1951, in Karlsruhe, in einer Demokratie, die die ersten Gehversuche machte, in einem Land, das sich selbst noch nicht so ganz traute. Zwei Jahre nach Adenauers Machtübernahme in Bonn drängten besonders die Sozialdemokraten zur Gründung des ersten deutschen Verfassungsgerichts. Der Bundesrat und ein Wahlmännergremium des Bundestages, nach Parteienproporz besetzt, schickten eine respektable erste Generation in die alte Residenzstadt Karlsruhe. Emigranten und Widerständler aus der Hitler-Zeit oder wenigstens Staatsrechtler, die ihre liberal-demokratische Grundhaltung auf Tauch-Station durchs Dritte Reich gerettet hatten.

Typisch für die Verfassungsrichter der ersten Stunde war der kürzlich verstorbene Gerhard Leibholz, Verfassungsrechtler aus Göttingen. Als Leibholz in der kleinen Universitätsstadt Anfang der 50er Jahre einen nicht ganz so untadeligen Kollegen, den Rechtshistoriker Professor Wieacker, traf, rief er im Vorbeigehen: „Sieg Heil!" Wieacker wurde hochrot, und Leibholz lachte.

Nur einer paßte nicht so recht in die Nobel-Riege der Verfassungsrichter von 1951. Willi Geiger, von der CSU in den

Zweiten Senat des höchsten deutschen Gerichts gehievt, hatte 1943 in seiner Doktorarbeit unkritisch nazistisches Gedankengut verarbeitet.

Geiger, dessen Ernennung beim Verfassungsgericht zumindest als Peinlichkeit empfunden wurde, wäre ein paar Häuser weiter, beim Bundesgerichtshof (BGH), gar nicht aufgefallen. Denn 80 Prozent der damaligen BGH-Richter waren auch schon unter Hitler aktiv im Dienst. Und es war keineswegs übertrieben, wenn der damalige hessische Generalstaatsanwalt Fritz Bauer den Bundesgerichtshof als „Traditionskompanie des Reichsgerichts" bezeichnete; jenes Reichsgericht, das es fertiggebracht hatte, Hitlers Rassengesetze gegen die Juden noch schärfer auszulegen als die Nazis selbst.

Das Bundesverfassungsgericht dagegen, so der Soziologe Joachim Perels in Hannover, „vertrat die Position der klassischen Liberalen, die sich gegen den Sozialismus wie gegen den Konservatismus absetzten".

Vor dieser Karlsruher Insel der Seligen hatten die Regierenden in Bonn Angst. Als 1952 der liberale Bundespräsident Heuss das Verfassungsgericht anrief, um die Zulässigkeit der Verträge zur – später nicht gegründeten – Europäischen Verteidigungsgemeinschaft prüfen zu lassen, wurde die CDU nervös. Konrad Adenauer fürchtete, die Verfassungshüter würden seine Lieblingsidee verhüten: die Westintegration. Die CDU setzte „Papa Heuss" unter Druck. Der zog seinen Gutachter-Antrag zurück.

Für Ernst Benda war die große Politik damals noch weit weg. Aber der Sohn eines Oberingenieurs war schon auf Kurs. 1952 wurde er Vorsitzender der Jungen Union in Berlin, 1955 – als junger Rechtsanwalt – Mitglied des Berliner Abgeordnetenhauses; und schon zwei Jahre später, mit 32, Hinterbänkler der CDU im Deutschen Bundestag. Dort blieb er ein paar Jahre ruhig sitzen.

Die alten Herren vom Bundesverfassungsgericht versuchten unterdessen, den gesellschaftlichen Rahmen der jungen Republik mitzubestimmen:

- 1958 gaben sie dem Leiter der Hamburger Pressestelle Erich Lüth recht. Der hatte zu einem Boykott des Nazifilmers Veit

Harlan („Jud Süß") aufgerufen. Das durfte er. Denn das Geschäft, „der eingerichtete und ausgeübte Gewerbebetrieb" des Künstlers, war den Verfassungsrichtern weniger bedeutend als die Meinungsfreiheit.

- 1961 gaben sie Konrad Adenauer das Nachsehen. Der Kanzler wollte ein Staatsfernsehen als Konkurrenzbetrieb zur ARD gründen, die „Deutschland-Fernseh-GmbH". Das durfte er nicht. Denn ein Fernsehsender in der Hand der Regierung verstoße gegen die im Grundgesetz garantierte Meinungsfreiheit. Die Union schimpfte: „Ein Sieg Ulbrichts und seiner Genossen."
- Schließlich gaben die Verfassungsrichter, 1961, sogar einem Kommunisten recht. Der Mann war in den unteren Instanzen bestraft worden für Parteiarbeit vor 1956, als die KPD noch legal war. Die Bestrafung wurde aufgehoben. Denn Paragraph 90 a, Absatz 3 des Strafgesetzbuchs, der den Gerichten die absurde Verurteilung erlaubte, sei verfasssungswidrig. Damit schien nun auch die Entfaltungsmöglichkeit von politischen Minderheiten, die nicht verboten sind, unanfechtbar gesichert.

Doch als Ende der 60er Jahre die erste Richter-Generation Karlsruhe verließ, war dort bald die liberale Epoche zu Ende. Die neuen Hüter der Verfassung fanden heraus, daß man das Grundgesetz „als ein Sinnganzes" zu betrachten habe. Zwei Ergebnisse der neuen Betrachtungsweise:

- 1970 – die Telefonüberwachung wird auch ohne richterliche Genehmigung für zulässig erklärt. Die Abgehörten, so wird entschieden, haben auch später keinen Anspruch darauf, von dem Eingriff unterrichtet zu werden.
- 1971 – Klaus Manns Roman „Mephisto" darf in der Bundesrepublik nicht gedruckt werden, weil dieses Lehrstück über die Anpassungsfähigkeit der Intellektuellen im Dritten Reich die Rechte der Hinterbliebenen von „Hauptdarsteller" Gustaf Gründgens verletze.

Ernst Benda ist ein typischer Vertreter der neuen Juristen-Schicht, die nun das Bundesverfassungsgericht beherrscht. Es sind Richter, so der Soziologe Joachim Perels, „deren Denkweise zumeist an den juristischen Fakultäten der 50er Jahre geprägt worden ist, jener Zeit also, in der die Rechtswissenschaft weitgehend von Hochschullehrern bestimmt wurde, die bereits im Nationalsozialismus tätig waren und eher obrigkeitsstaatliche Denkformen vermittelten".

Für die Entwicklung der obersten Spruchweisheit in den 70er Jahren ist ein anderer Gesichtspunkt noch entscheidender: die politische Auswahl der Richter. 1972 sollten in einer Umfrage 27 ehemalige und amtierende Verfassungsrichter beantworten, warum sie ins höchste deutsche Gericht berufen wurden. Nur vier nannten ihre fachliche Qualifikation an erster Stelle, 21 dagegen „parteipolitische Präferenzen".

Ernst Benda: „Wir brauchen hier schon Leute wie Herrn Hirsch von der SPD und mich, die wissen, wo Bonn liegt." Aber wie kommt es, daß unter den Verfassungsrichtern von heute keiner aus der Gewerkschaftsbewegung stammt? Und keiner vom linken Flügel der SPD? Die wissen doch auch, wo Bonn liegt. Realpolitiker Benda zuckt mit den Schultern und sagt: „Für die personelle Besetzung ist das Gericht nicht verantwortlich." Jedoch, wenn er mal einen Wunsch äußern darf: „Wir bräuchten jemanden, der was von Steuerrecht versteht."

Fünfzehn betagte Männer und eine Frau, verteilt auf zwei Senate, hüten im Schloßpark der badischen Residenzstadt unsere Verfassung. Sie müssen dabei von Grenzschützern gut bewacht werden. Denn es ist noch gar nicht lange her, im Mai 1981, da kletterte ein junger Mann über das Dach der „Badischen Weinstube", die nur 40 Meter vom Gerichtsgebäude entfernt liegt. Die Polizei entdeckte ihn, doch der Mann entkam und hinterließ ein Pistolenmagazin Kaliber 22. Mit solchen Kugeln wurde 1981 der hessische Wirtschaftsminister Karry ermordet.

Die höchsten deutschen Richter leben also gefährlich. Das zweite Obergericht der bundesdeutschen „Rechtshauptstadt", der Bundesgerichtshof in der Karlsruher Innenstadt, ist deshalb in den letzten Jahren zur Festung ausgebaut worden. Mit deutscher Gründlichkeit. Die Mauer um den BGH erinnert in fataler Weise an ein anderes deutsches Bauwerk entlang der innerdeutschen Grenze.

Die Mehrheit der Bundesverfassungsrichter, auch ihr Präsident Benda, hält eine solche „Schandmauer" im beschaulichen Schloßpark für nicht ganz passend. Befindet man sich doch in einer im 18. Jahrhundert markgräflich gestalteten Landschaft, von der Heinrich von Kleist einst seiner Schwester in einem Brief vorschwärmte: „Wenn man hineintritt, so ist es, als ob ein geordneter Verstand uns anspräche."

Wenn man das Bundesverfassungsgericht betritt, diesen 1969 erbauten, schlichten Palast aus Glas und Stahl, der eher wie eine Kunsthalle wirkt, so ist es, als ob uns die Weltabgeschiedenheit eines Ordens anspräche – einer Versammlung von Mönchen in strenger Klausur mit dem deutschen Grundgesetz. Doch der Ernst der Lage endet spätestens an der Bürotür von Ernst Benda, der mich mit den Worten empfängt: „Warum haben Sie keinen Fotografen mit? Ich war extra beim Friseur."

Großer Plenarsaal. „Bitte die Plätze einnehmen", ruft Oberamtsmeister Walter Häberlein. Dann verschwindet er wieder hinter der holzvertäfelten Wand an der Stirnseite. Zwei Minuten später kommt Häberlein zurück, reißt die Flügeltür auf, steht stramm und brüllt: „Das Bundesverfassungsgericht!"

Und dann kommt es auch. Der Erste Senat tritt ein, Ernst Benda mit sieben weiteren Richtern, darunter eine Frau. Das Gruppenbild mit Dame erinnert den Frankfurter Oberlandesrichter und Justizreformer Theo Rasehorn immer an „eine Laienspielschar, die gegen die kostbaren Kostüme nicht anzuspielen vermag". Ihre besondere Verkleidung mit glänzender roter Robe, rüschenartigen Pastorenbeffchen und passendem Barett, ein Arrangement, das ein Kostümbildner der „Badischen Staatstheater" nach florentinischen Vorbildern aus dem 14./15. Jahrhundert entworfen hat, diese aristokratische Kostümierung scheint den Richtern denn auch selbst etwas peinlich zu sein. Hastig legen sie wenigstens das Barett ab, das einige von ihnen scherzhaft „Bäckermütze" nennen.

Ernst Benda kratzt sich an der linken Schläfe. Die Verhandlung kann beginnen. Auf der Tagesordnung stehen Verfassungsbeschwerden. „Wir sind wie ein Friseurladen", witzelt der Präsident gern, „wer reinkommt, wird rasiert."

Zum Beispiel der Friseurmeister Helmut Fischer aus Waiblingen in Baden-Württemberg. Er beschwert sich darüber, daß das Bundesverwaltungsgericht in Berlin ihm montags die Berufsausübung verbietet. Der Figaro meint, bei vernünftiger Auslegung des Ladenschlußgesetzes müßten die Friseure wählen dürfen: Entweder am Sonnabendnachmittag zu frisieren oder, wenn diese Sonderregelung für Friseure nicht genutzt werde, die unfrisierte Kundschaft montags zu bedienen.

Montags nie – hatte dagegen das Bundesverwaltungsgericht entschieden, und zwar mit arbeitnehmerfreundlicher Begründung: Indem verhindert werde, daß der Friseurmeister seine Öffnungszeiten nach Belieben verändere, werde den angestellten Friseuren geregelte Erholungszeit gesichert.

Nach zweistündiger Verhandlung des Alltagsfalles versucht ein Anwalt den Stand der Debatte zusammenzufassen: „Ich habe dazu ganz theoretisch auch mal meine Frau gefragt, eine Hausfrau. Und der ist es eigentlich ziemlich egal." Darauf Ernst Benda mit jener leisen Ironie, die seine Freunde „sherrytrocken" nennen: „Wir bedanken uns für die tiefschürfenden Bemerkungen. Das hat uns sehr bereichert." – Friseurmeister Fischer gewinnt seinen Prozeß.

So bürgernah und gründlich wird nicht immer rasiert in Bendas Friseurladen. Eingeseift wird freilich jeder, mal mit mehr, mal mit weniger Schaum:

Ohne mündliche Verhandlung und ohne Begründung, dafür mit einer Mißbrauchsgebühr von 500 Mark, schmetterte der Zweite Senat einen Amtsrichter aus Hannover ab. Der Volljurist war vorher erfolglos durch alle Instanzen gegangen, weil er fünf Mark wegen falschen Parkens nicht zahlen wollte.

Ohne mündliche Verhandlung wimmelte Bendas Erster Senat den Heidelberger Studenten Volker Hurrle ab. Der Maoist hatte 1975 zu einer Demonstration gegen eine Fahrpreiserhöhung der Straßenbahn aufgerufen. Fünf Jahre später hatte ihn deshalb das Oberlandesgericht Karlsruhe verurteilt, 27 000 Mark für die Polizeieinsätze zu zahlen.

Ohne mündliche Verhandlung, aber immerhin mit sechs Seiten Begründung, lehnte es der Zweite Senat im Oktober 1981 ab, eine Klage aus Franken zu verhandeln. Eine junge Frau, Opfer der in der bundesdeutschen Rechtsgeschichte einmaligen Massenverhaftung von Nürnberg, fühlte sich durch die Staatsaktion in ihren Freiheitsrechten verletzt. Dazu, fanden die Hüter der Grundrechte, sei jedoch zu wenig „vorgetragen". Anders als im Fall des Friseurs Fischer mochten sich die Verfassungswächter im Nürnberger Fall nicht um mündliche Aufklärung bemühen. Statt also in die vielbeschriebene Dunkelheit bayerischer Rechtsentwicklung vorzustoßen, zogen es die Richter vor, die rabiate Aktion der fränkischen Juristen mit höheren Weihen zu versehen: „Verfassungrechtlich unbedenklich durfte nach dem damaligen Ermittlungsergebnis der Schluß gezogen werden, die Beschwerdeführerin gehöre zur sogenannten Hausbesetzerszene oder sympathisiere jedenfalls mit ihr."

Mit solchen unanfechtbaren „Gottesurteilen" aus Schloßbezirk 3 (Postfach 17 71, 7500 Karlsruhe 1) enden die meisten Verfassungsbeschwerden. In dreißig Jahren blieben von 44 773 Beschwerden 44 239 ohne Erfolg. Sie sind kostenlos, formlos – und meist aussichtslos.

Wenn dagegen die Opposition sozial-liberale Gesetze in die Bannmeile des Bundesverfassungsgerichts brachte, fühlten sich die Karlsruher Richter stets zum Handeln aufgerufen. So erklärten die Wächter des Grundgesetzes eine Reform für verfassungswidrig, die die Vorherrschaft von Professoren zugunsten von Assistenten und Studenten einschränken wollte. Die Richter legten auch fest, daß das „werdende Leben" vierzehn Tage nach der Befruchtung beginnt (In den USA, so entschied dort der Supreme Court, beginnt es nach sechs Monaten). Die Karlsruher behaupteten, ebenfalls zur Freude der Opposition, die Grenze zwischen der Bundesrepublik und der DDR sei rechtlich nichts anderes als die Grenze zwischen Niedersachsen und Schleswig-Holstein. Und sie verhinderten auch die gesetzliche Abschaffung der Gewissensprüfung für Wehrdienstverweigerer.

Andererseits, wenn die Bonner Regierung Freiheitsrechte einschränkte, fand die höchste Auslegungsinstanz meist, die neuen Regelungen seien mühelos mit dem Grundgesetz auf einen Nenner zu bringen. So wurden alle Anti-Terror-Gesetze in Karlsruhe abgesegnet. Ebenso der deutsche Radikalen-Erlaß, der bekanntlich auch Leute vom öffentlichen Dienst ausschließt, die einer vom Verfassungsgericht nicht verbotenen Partei angehören.

Diese „Gottesurteile" sind freilich von dieser Welt. Den umstrittenen Radikalen-Beschluß des Bundesverfassungsgerichts formulierte ausgerechnet Willi Geiger, jener von der CSU nominierte Oberrichter, der wegen brauner Flecken in seiner juristischen Vergangenheit als Personal-Panne in Karlsruhe galt. Daß es Sündenfälle gab, so bekennt der 60jährige Verfassungsrichter Helmut Simon, „das kann ich leider nicht leugnen".

Solche Donnerschläge aus dem eigenen Haus drehen Präsident Benda eher den Magen um als die umstrittenen Urteile selbst. Er ist für Stil und Anstand. Immerhin erlaubt die „gebotene Zurückhaltung" den Satz: „Ich würde mir wünschen, daß sich das Bundesverfassungsgericht noch einmal mit der Extremistenfrage beschäftigen könnte, präziser als bisher." Was Ernst Benda sonst noch zu sagen hat, „steht alles in den Urteilen". Nur einmal noch, beim Thema Fristenlösung, bricht es aus ihm heraus: „Also, diese Leute, Schauspieler, die nicht aus sozialen Gründen abtreiben, sondern sagen: ‚Macht ja nichts' . . ." Das findet er schlimm an der Bewegung „Mein Bauch gehört mir".

Wir steigen in seinen Dienstwagen ein. Benda hat einen großen BMW anschaffen lassen. Der ist sportlicher als der Mercedes von früher. Der Fahrer sagt, ich solle bloß darauf achten, daß das rechte Bein nicht draußen hängenbleibt. „Sonst isses ab!" In die Türen sind zentnerschwere Panzerplatten eingebaut, die Scheiben sind aus Panzerglas, die Fahrgastzelle ist schußsicher.

Eine Fahrt in Kolonne. Vor uns ein schwarzer Porsche mit zwei Sicherheitsbeamten, hinter uns ein schwarzer Mercedes mit drei Sicherheitsbeamten. Benda sitzt im Fond und liest „Die Welt". Auf der Hutablage liegt das Grundgesetz. Benda ist als Hochschullehrer unterwegs. Er ist Honorarprofessor an der Universität Saarbrücken. „Das sind die Leute", sagt er, „die es umsonst machen."

Warum macht er es dann? Sucht er Kontakt zur Jugend? Nein, er hält Vorlesungen, weil er „den Studenten vielleicht was Interessantes erzählen kann". Modernen Formeln wie „Gespräch mit der Jugend" mißtraut er ohnehin. Die „Anbiederei" bei der jungen Generation findet er entsetzlich. Natürlich hat auch die deutsche Jugend Ansprüche: zum Beispiel „das Recht auf Widerspruch".

Wir sitzen wieder in seinem gediegenen Arbeitszimmer in Karlsruhe: Durch die Fensterfront geht der Blick auf die idyllische Orangerie des Schloßparks. Daß sein Kollege Simon in einem Interview eine Amnestie für Hausbesetzer anregte, findet Benda schon vom Prinzip her nicht richtig. Der Präsident ist überzeugt, daß er sich aus jeder tagespolitischen Auseinandersetzung heraushält. In Wirklichkeit greift er nur subtiler in gesellschaftspolitische Debatten ein. Ohne Pathos, ohne Eifer, aber mit Liebe zur politischen Heimat. So, wenn er öffentlich seine Zweifel verkündet, ob bei den veränderten volkswirtschaftlichen Bedingungen „soziale Besitzstände Bestand haben könnten" – Renten und Arbeitslosenunterstützung etwa. Oder wenn er irgendwo in der Republik wissenschaftliche Zirkel beehrt, um sich gegen die von Bürgerinitiativen geforderte Verbandsklage auszusprechen. Denn dann könnten ja nicht nur einzelne Betroffene, sondern Umweltschutz-Verbände überall in der Bundesrepublik gegen neue Bauprojekte klagen.

Er wäre kaum ein guter Konservativer, wäre er nicht „mit 18 christlicher Sozialist gewesen". Professor Benda stammt aus einer preußischen Familie, die den Nazis nicht paßte. Sein Großvater galt nach den großdeutschen Rassengesetzen als Halbjude und lebte mit der Großmutter in einer – so hieß das damals – „privilegierten Mischehe". 1943 wurde er von der Gestapo abgeholt, später jedoch wieder freigelassen.

Müßte es nicht gerade Ernst Benda empören, daß zahllose Nazi-Richter unbehelligt in der Bundesrepublik weiter richten konnten?

Benda will auch solche „Dinge" mit Stil und Anstand behandelt sehen. „Also, ich ziehe es vor, von Verstrickung zu reden. Als ich noch im Bundestag war, haben wir diesen Leuten eine großzügige Regelung angeboten, den Dienst zu quittieren. Das Makabere war, daß die, bei denen es mehr war als

Verstrickung, von dieser honorigen Möglichkeit nicht Gebrauch gemacht haben." Benda zögert lange, dann sagt er: „Ich fürchte, da ist sehr viel versäumt worden." Er sagt nicht: „Wir haben da viel versäumt."

Wir verlassen das Bundesverfassungsgericht. Der Präsident will noch bei „Ikea" ein Regal kaufen, das er für seine riesige Kassetten-Sammlung ernster Musik braucht. Benda geht schnell zum Wagen, nicht, weil er Angst hat. Er geht immer schnell. Er mag nicht auf dem Fleck stehen.

Auf dem Fleck steht er schlecht. Vorträge am Pult strengen ihn an. Seine Tochter Josefine, von Beruf Krankengymnastin, hat ihm mal gesagt, „du darfst die Knie nicht so durchdrükken". Er solle locker vor sich hinwippen.

Wenn seine Amtszeit 1983 abläuft, ist er 58 Jahre alt. Also im besten Präsidenten-Alter. Und der Zufall will es, daß für 1984 ein neuer Bundespräsident gesucht wird. Ein treuer Christdemokrat, der weiß, wo Bonn liegt. Einer, der auch beim politischen Gegner als respektabel gilt. Einer, der es immer verstanden hat, mit dem Wind zu segeln.

Es könnte also sein, daß Käpt'n Benda die Verwirklichung seines Traums, die Weltumsegelung mit der „Half 'n Half", verschieben muß. Für den Fall, daß er schon Anker gelichtet haben sollte und wieder in der Bucht von St. Tropez vor sich hindümpelt, will Ernst Benda vorsorgen: „Wenn meine Freunde mich rufen, bin ich postlagernd immer zu erreichen."

„Wir leben doch nicht im Kriegszustand“

Ein Jugendrichter schwimmt gegen den Strom

„Ich war für sie nur ein kleiner Amtsrichter, noch dazu einer von den Mietrichtern, die bei denen da oben mehr oder weniger als Parias gelten.“ Eine der letzten Eintragungen im Tagebuch des Frankfurter Mietrichters Dietmar Kupke. Wenig später, im Dezember 1974, ging der 43jährige Jurist in das Badezimmer seiner Wohnung und erhängte sich.

„Er war ein Langstreckenschwimmer, das hat mir unheimlich imponiert“, erinnert sich heute ein Freund des Toten, der Jugendrichter Hermann Möller. „Er schwamm zum Beispiel von Korsika aus ganz allein auf irgendeine einsame, vorgelagerte Insel. Wenn er da ankam, war er völlig ausgepumpt.“

Die tägliche Strecke gegen den Strom der Frankfurter Justiz ging schließlich über seine Kraft. Als Kupke in der Kapelle des Frankfurter Hauptfriedhofs lag, drängten sich mehr als hundert Juristen um seinen Sarg. Nur die Präsidenten des Amtsgerichts und des Landgerichts blieben der Trauerfeier fern. Sie wollten nicht hören, was Jugendrichter Hermann Möller über den Tod des Kollegen zu sagen hatte: „. . . daß er nicht zuletzt an den Strukturen und Hierarchien der Justiz sowie deren Methoden der Konfliktregelung zerbrochen ist.“

Dietmar Kupke, 1974 für kurze Zeit Beisitzer in einem kostspieligen NS-Prozeß, hatte es gewagt, die Vorsitzende dieses Schwurgerichts öffentlich zu kritisieren: „Sie verliert den Überblick.“ Als der Prozeß kurz darauf platzte, ermittelte die

Justiz gegen den Nestbeschmutzer Kupke. Seine Dienstvorgesetzten wollten ihn für 1,8 Millionen Mark Prozeßkosten haftbar machen. Auf dem Flur rief ein Richter hinter ihm her: „Sie Arschloch!"

Der anpassungsunwillige Kupke, der sich dem Korpsgeist der Justiz nie unterordnen mochte, war isoliert. „Und das", sagt Hermann Möller, „kann eben tödlich sein." Der Jugendrichter, der mit seinem Blazer, der quergestreiften Krawatte und dem streng zurückgekämmten Haar eher wie ein Buchhalter aussieht, findet längst nicht alles in Ordnung, was zur kalten Routine der deutschen Rechtspflege gehört. Das macht ihn unter Kollegen nicht gerade beliebt.

Kürzlich traf Möller am Eingang zum Frankfurter Gericht einen Kollegen. „Der war vielleicht zehn Meter hinter mir. Als der sah, daß ich ihm die Tür aufhielt, guckte er auf seine Uhr, tat so, als hätte er was vergessen, und lief zurück." Zwei Minuten später betrat der Richter des Oberlandesgerichts, sich selbst die Tür öffnend, das Gebäude. Eine Vorsitzende Richterin am Landgericht sieht neuerdings immer demonstrativ weg, wenn ihr Jugendrichter Möller auf dem Gerichtsflur begegnet.

Bei der hessischen CDU ist der 47jährige Jurist auch schon negativ aufgefallen: Im Wiesbadener Landtag fragte der Abgeordnete Lenz die Landesregierung, „welche dienstrechtlichen Schritte gegen den Richter Hermann Möller eingeleitet worden sind". Außerdem wollten die Christdemokraten wissen, „in welchen Fällen der Richter Hermann Möller in früheren Jahren durch einschlägig spektakuläre Aktionen aufgefallen ist".

Es war ein Dienstag im September 1981 – „da sah ich", so Möller, „das riesige Polizeiaufgebot für den Ponto-Prozeß".* Für 800 000 Mark hatte die Justizbehörde das Gericht verbarrikadieren lassen. Da patrouillierten Hundestreifen an Sperrgittern entlang, wurden Lautsprecherwagen aufgefahren, Wasserwerfer postiert. Polizisten mit Maschinenpistolen im An-

* In diesem Prozeß ist das mutmaßliche RAF-Mitglied Sieglinde Hofmann angeklagt wegen Beteiligung an der Tötung des Dresdner-Bank-Chefs Jürgen Ponto.

schlag sicherten das Gebäude. Zeugen, Angeklagte, Schöffen, Rechtsanwälte und Richter anderer Prozesse irrten von einem gesperrten Eingang zum nächsten. Selbst Verteidiger mußten gleich zweimal ihre Aktentaschen durchsuchen lassen.

Hermann Möller machte unter diesem Eindruck etwas, was sonst gar nicht seine Art ist – kurzen Prozeß. Er vertagte eine Verhandlung gegen einen jungen Lagerarbeiter und faßte zusammen mit seinen beiden Schöffen den Beschluß, unter solchen Bedingungen gegen jugendliche Täter überhaupt nicht mehr zu verhandeln. „Wir leben doch nicht im Kriegszustand."

Die Frankfurter Staatsanwaltschaft legte Beschwerde gegen Möllers Beschluß ein und dann auch noch Dienstaufsichtsbeschwerde gegen den Jugendrichter selbst. Doch der blieb dabei: „Ich mache das nicht, um hier Schau zu machen. Das geht einfach nicht. Ich soll in der Verhandlung mit Jugendlichen vernünftig reden. Und vorher werden die schon behandelt wie Schwerverbrecher."

Die Justizverwaltung fand einige Tage nach Möllers kleinem Aufstand gegen die geballte Macht der Exekutive einen Ausweg. Das Jugendgericht durfte in Frankfurt-Höchst verhandeln. Möller: „Das war sehr angenehm familiär." Drei Wochen später, als die Sicherheitsmaßnahmen für den Ponto-Prozeß gelockert worden waren, zog der Jugendrichter wieder zurück in die Frankfurter Justiz-Zentrale.

Möller sagt: „Ich bilde mir ein, mich für den Rechtsstaat eingesetzt zu haben. Man muß, glaube ich, sensibel sein für die Bedrohung durch die Exekutive. Das ist viel schlimmer als die Bedrohung von links oder von rechts. Die sogenannten Sachzwänge – sich denen einfach zu beugen, da sehe ich die größte Gefahr."

Zunächst hatte er gehofft, „daß sich vielleicht der eine oder andere Kollege anschließt". Doch was passierte? Nichts. Die Richter und Staatsanwälte in der Gewerkschaft ÖTV verhielten sich wie Funktionäre: Sie beschlossen, einen Ausschuß einzusetzen, der einen Fragenkatalog zu dem Problem ausarbeiten sollte. Das Ergebnis der Umfrage, man hatte es geahnt: Drei Viertel der 143 Frankfurter Richter, die den Fragebogen zurückschickten, fanden die Sicherheitsmaßnahmen „erträglich, hinnehmbar". Die meisten der rund 600 Frankfurter Richter hielten sich freilich ganz heraus. Einige frotzelten nur, wenn sie den anpassungsunwilligen Außenseiter auf dem Gang trafen: „Na, Herr Möller, schon wieder so nachdenklich?"

Möller nimmt nicht übel, aber er spürt doch, daß er allein dasteht, wie damals Dietmar Kupke. „Meine Kollegen glauben quasi, wenn sie das Grundgesetz unterm Arm tragen, dann haben sie's sicher. Sie merken gar nicht, daß das mit der Wirklichkeit selten harmoniert." Wenn er in seiner Kaffeetasse rührt und sich so reden hört, wird er leicht unsicher. Er merkt, daß andere ihr Unbehagen griffiger formulieren, aber viele leider gar nichts sagen.

„Als Landgerichtspräsident Rudolf Wassermann noch hier war, das war prima. Der konnte die Kritik an der Justiz gut ausdrücken." Möller hätte es eigentlich lieber, „daß das höhere Leute machen". Aber es macht keiner. Das verstärkt natürlich seine Selbstzweifel: „Manchmal denke ich: Bist du noch normal oder bist du der Irre?"

Möller ist kein Macher, kein Umstürzler, nur ein Zweifler. Er grübelt oft, weil „das Ganze einen Umfang annimmt, der mir gar nicht zukommt, von meiner Stellung her. Wer bin ich denn?"

Hermann Möller ist Jugendrichter. Wohl einer der besten in Deutschland. Nicht seine Fälle, seine Urteile sind bedeutend:

Ein Pakistani zum Beispiel ist angeklagt, weil er einem zehnjährigen deutschen Mädchen einen Kuß auf die Wange gegeben haben soll. Vorwurf: Sexuelle Nötigung. Als Hauptbelastungszeugen hat die Staatsanwaltschaft den elfjährigen Türken Öztürk geladen, der im Zeugenstuhl versinkt. Er soll erzählen, wie sich das Küssen abgespielt hat. Doch Öztürk kriegt keinen Ton raus. „Zu Hause", ruft seine Mutter von hinten, „hat er noch alles gewußt."

„Tja", sagt Jugendrichter Möller, „das kommt hier schon gelegentlich vor." Das Verfahren wird eingestellt. „Es ist wohl ein Mißverständnis gewesen", sagt der Richter.

Der nächste Fall: Ein junger Zigeuner, „Kesselschmied,

Staatsangehörigkeit: ungeklärt", wollte im Aldi-Markt von Frankfurt-Höchst sechs Packungen Wurst, eine Kugel Bierwurst, 500 Gramm Käse, eine Flasche Kirschwasser, zwei Büchsen Gulasch, eine Flasche Schaumbad, vier Päckchen Käse und drei Päckchen Suppe im Wert von insgesamt 62,43 Mark mitgehen lassen, indem er die Waren, so die Anklage, „einer nicht zu ermittelnden Begleitperson" in eine Tuchschürze unter dem Wickelrock packte. Eine Aldi-Verkäuferin hatte das beobachtet und Alarm geschlagen. Der herbeigeeilte Geschäftsführer wurde von dem Angeklagten in die Regale gedrückt. Die Komplicin „entlastete" unterdessen hinten im Laden ihren Wickelrock. Dann kam sie wieder nach vorn, hob ihren Rock hoch, um zu zeigen, wie nackt sie nun war. Der Geschäftsführer vor dem Jugendgericht: „Sie drehte sich vor der ganzen Kundschaft. Da können Sie nur noch weglaufen. Sie hatte ja keine Unterwäsche an." – Der junge Zigeuner kommt mit einem milden Urteil davon: 400 Mark.

Der nächste Fall: Thomas, 17, ohne Führerschein, hat von einem Opel Commodore die Nummernschilder abgeschraubt, um sie an einen alten Audi zu montieren, den er irgendwo aufgetrieben hatte. Thomas lümmelt sich mit seiner schwarzweißen Motorradjacke auf der Anklagebank und sagt: „Ich wollt' halt Auto fahren. Was is' da der Fehler dran?" Dabei guckt er sich um nach hinten, wo seine Freunde Stefan, Martina und Angelika sitzen. Die kichern laut los.

Hermann Möller macht ein sorgenvolles Gesicht, sagt aber nichts. Dann blickt er hinüber zum Angeklagten und informiert ihn: „Dann schreib' ich mal auf, was ich meine." Jugendrichter Möller zieht sich nicht, wie seine Kollegen, zur Beratung mit sich selber zurück. Er macht sich nur ein paar Stichworte, verkündet dann, ohne aufzustehen, „im Namen des Volkes", was er für angemessen hält: Der Angeklagte Thomas wird „verwarnt" und muß 300 Mark an die „Hilfe der Unfallgeschädigten" zahlen. Thomas ist damit sehr zufrieden.

Wenn Hermann Möller seine Urteile begründet, geht es erfrischend unjuristisch zu: „Nötigung, das ist so ein Paragraph . . ." Manchmal hebt er den Zeigefinger, aber ohne autoritäres Gehabe: „Wenn Sie mal wieder in so 'ne Situation kommen, 'n bißchen nachdenken!" Er unterbricht sich selbst, er zögert, sucht, zweifelt, stolpert von Argument zu Argument, beantwortet Fragen, die keiner gestellt hat. Und wenn er mal in einer Verhandlung viel redet, leise die Gesichtspunkte hin- und herwendet, dann auch deshalb, weil er sich selbst seine Richterarbeit immer wieder aufs neue plausibel machen muß.

„Ich sehe tagtäglich, daß durch uns die Probleme nicht gelöst werden", sagt Hermann Möller. „Die sozialen Strukturen der Familien kann ich nicht ändern, die Ausbildungssituation der Jugendlichen nicht und auch nicht die Arbeitsverhältnisse. Ich kann nur appellieren." Er ist deshalb froh, „daß ich nicht gezwungen bin, hohe Strafen auszusprechen".

Trotzdem fühlt er sich oft so mies wie ein Fließbandarbeiter. „Die Fälle interessieren keinen Menschen, solange der Laden läuft." Über eine Justizverwaltung, die keinen Wert auf die Qualität der Rechtsprechung legt, hatte sich sein Freund Dietmar Kupke kurz vor seinem Freitod bitter beklagt: „Die interessiert nur die Zahl der Urteile, egal ob Sie da drei oder zwanzig Sätze oder gar nichts reinschreiben – nur daß es besteht, wird gezählt. Und daran wird der Richter gemessen, nach dem Output-System. Der Richter, der die meisten Urteile produziert, gilt als beförderungswürdig. Man spricht von Belastbarkeit, immer wieder kommt das Wort Belastbarkeit – das ist das Schlüsselproblem. Und am liebsten wird gesehen – früher rühmte man sich ja damit –, wenn von einem Tag zum anderen zehn Urteile ausgestoßen werden."

Viele andere Richter, die noch vor zehn Jahren zusammen mit Möller und Kupke im „Gesprächskreis Frankfurter Richter" eine soziale und menschliche Justiz wollten, haben unter dem Druck der Verhältnisse den Trotz aus ihrer Seele getilgt: Wozu kämpfen, wozu sich herausstellen, wozu Sand ins Getriebe werfen?

Doch, so der große Berliner Anwalt und Schriftsteller Martin Beradt vor 50 Jahren: „Das Amt eines Richters ist groß, wenn es groß genommen wird."

1976 weigerte sich Hermann Möller, seine jugendlichen Straftäter weiterhin in die verkommene Arrestanstalt Frankfurt-Höchst zu sperren. Denn dort fehlten Gruppenräume und

Personal – und der letzte Sozialarbeiter hatte gerade entnervt seinen Dienst in der Anstalt quittiert. Möller erinnert sich: „Wo kommen wir denn da hin, sagte die CDU, wenn so ein kleiner Popel sagt, er schickt keinen mehr rein."

Der nach den Buchstaben des Grundgesetzes unabhängige Richter Möller wurde zum Rapport ins hessische Justizministerium bestellt. Die Beamten, die den ordentlichen Justizbetrieb überwachen, drohten mit einem Disziplinarverfahren. Doch Möller blieb bei seinem Knast-Boykott. Und einige Monate später wurden die Forderungen des Jugendrichters erfüllt: Die Räume der Arrestanstalt wurden vergrößert, acht Vollzugsbeamte und ein Sozialarbeiter eingestellt. „Manchmal hat man eben auch Erfolg", sagt Richter Möller.

Seine spektakulärste Aktion ist inzwischen mehr als zehn Jahre alt – und sie dauert an. „Es ging damit los, daß ich in der Zeitung gelesen habe, der Rechtsanwalt Mahler in Berlin weigert sich, die Robe anzuziehen." Als im Sommer 1969 Frankfurter Staatsanwälte aus der Schweiz zurückkamen und ihm erzählten, daß dort sogar die Richter ohne Robe Recht sprechen, hat er sich gefragt: „Wo ist eigentlich die Rechtsgrundlage für meine Robe?"

Er fand nur Tradition, einen „Führerbefehl" und eine hessische Nachkriegs-Verordnung. Das reichte ihm als Rechtsgrundlage für den schwarzen Zaubermantel nicht. Möller hängte die Robe in den Schrank seines Dienstzimmers. Er meint: „Wenn da alle im Trauergewand sitzen, alle schwarz, dann kann das gerade auf Jugendliche sehr verfremdend wirken." Und das würde manchmal die Aussagebereitschaft und damit die Wahrheitsfindung einschränken.

Als er sich zum erstenmal ohne Robe hinter seinen erhöhten Richtertisch setzte, war Möller „etwas nervös", wie er heute gesteht. „Ich dachte, vielleicht springt da einer auf und sagt: ‚Beweisen Sie mir mal, daß Sie hier überhaupt der Richter sind!'" Darauf war er freilich gut vorbereitet: „Ich hatte vorsichtshalber meine Ernennungsurkunde und den Personalausweis dabei."

Möller hatte gehofft, daß sich wenigstens einige Kollegen aus dem „Gesprächskreis" fortschrittlicher Frankfurter Richter der Aktion anschließen würden. Doch was passierte? Nichts.

Statt dessen verließen Staatsanwälte dreimal den Gerichtssaal: „So eine Sitzung machen wir nicht mit!" Und auf dem Flur frotzelte einer: „Bald sitzen Sie wohl in Badehose da oben . . ."

Für die Verfechter der traditionellen Richterrobe war „die Würde des Gerichts" verletzt. Ein Richter habe nicht als Person, sondern als Träger eines Amtes zu erscheinen. 1977 schickte die Staatsanwaltschaft denn auch eine Dienstaufsichtsbeschwerde über diesen Richter im Straßenanzug an den Präsidenten des Frankfurter Amtsgerichts. Der hatte bis dahin beide Augen zugedrückt, wenn er an seinen aufmüpfigen Richter dachte. Doch nun mußte er handeln. Er gab Möller die dienstliche Anweisung, wieder Schwarz zu tragen.

Richter Möller ging jetzt selbst als Kläger zu Gericht. Seine Kollegen an den Verwaltungsgerichten entschieden einmal für ihn, einmal für seinen Präsidenten. Nun liegt der Roben-Streit beim Bundesverwaltungsgericht in Berlin. Schon fast zwei Jahre. „Die haben wahrscheinlich wichtigere Dinge zu tun", sagt der Jugendrichter.

Hermann Möller stammt aus einer streng protestantischen Familie. Sein Vater, ein kleiner Gemischtwarenhändler im Nordhessischen, schickte Hermann und dessen fünf Geschwister regelmäßig in die Kirche und zur Evangelischen Jugend. Das hat den Kaufmannssohn geprägt.

Heute wohnt Möller mit seiner Frau und den Söhnen Marc und Mitja in einem großen Haus in der Umgebung von Darmstadt. Das Ehepaar hat sich 1968 kennengelernt. Da machte die Studentin Walmot Falkenberg mit ihren Kommilitonen ein „Sit-in" im Frankfurter Gericht. Hermann Möller stand damals, wie seine Frau sagt, „auf der anderen Seite der Barrikade". Als Richter. „Aber", erinnert sich Walmot Möller, „er ist wenigstens stehengeblieben" – und hat mit den Demonstranten über die damals heiß umstrittenen Notstandsgesetze diskutiert. Die Soziologie-Studentin hielt „seine Meinung dazu für absolut hirnrissig".

Einige Wochen später sprach der junge Amtsrichter einen Demonstranten frei. Möller hatte das Grundrecht auf Demonstration höher bewertet als „die Leichtigkeit des Straßenverkehrs". Die Studentin war von dem Mann begeistert – und schrieb ihm einen langen Brief.

Frau Möller hat „Pharisäer" – Kaffee mit Cognac und Sahne – aufgetischt und legt gleich los: „Also, ich bin manchmal schon etwas verbittert. Da sagen die Theoretiker ‚was soll denn das, was der Hermann da macht?' In Wirklichkeit kann er da einiges in Bewegung setzen bei der Justiz. Und daß er immer wieder Punkte findet, das bewundere ich."

Die Familie trägt die Aktionen des Vaters mit. „Sie trägt manchmal aber auch schwer daran", sagt Frau Möller. „Er muß ja die Akten bearbeiten wie jeder andere Richter auch. Der Rest ist sein Privatkrieg. Versuchen Sie mal den Kindern begreiflich zu machen, warum Hermann abends spät nach Hause kommt und fix und fertig ist." Möllers Lebensgefährtin ist die Stütze der Familie. Aber sie liefert ihm auch den politisch-moralischen Rückhalt.

Beim zweiten „Pharisäer" ist die Debatte zwischen dem Ehepaar schon in vollem Gange. Frau Möller: „Ich sehe ihn wie einen Lehrer, der sich bei der Arbeit mit den Schülern im stillen auch mit der eigenen Kindheit auseinandersetzt. Man kann das auch wie eine Art Sozialarbeit betrachten."

Herr Möller: „Nein, der Sozialarbeiter fängt erst nach dem Urteil an."

Frau Möller: „Du verstehst das nicht richtig. Jeder Lehrer ist auch ein Sozialarbeiter. Du machst doch aus deinem Angeklagten nicht einfach eine Holzfigur, wo du Etiketten, Paragraphen draufklebst."

Herr Möller: „Ich kann aber nur ein Stück vor der Masse hermarschieren und nicht meilenweit vor der generellen Meinung. Sonst muß ich den Beruf aufgeben."

Frau Möller: „Das heißt, du verhältst dich auch politisch-taktisch. Damit bist du natürlich unheimlich verletzlich, so ganz ohne Mauer."

Herr Möller: „Bei dem Dietmar Kupke war das genauso. Nur noch stärker. Der hatte auch keine Mauer, noch nicht mal eine Familie."

„Ich scheiß mir deshalb nicht in die Hose“

50 Haftbefehle in sechs Stunden

Nachmittags um halb vier. Im großen Nürnberger Justizpalast leeren sich die Gänge. Recht ist gesprochen. In der „Bierkanne“, der kleinen Kneipe neben dem Monumentalbau, wird es immer voller. Am Stammtisch ein Amtsrichter, ein Vorsitzender Richter, zusammen mit zwei Rechtsanwälten.

Seit der beispiellosen Verhaftungsaktion vom 6. März 1981, nebenan im Schnellgericht, gibt es reichlich Gesprächsstoff für die trinkfeste Juristengemeinde: Hausbesetzer, Terroristen und das Strafrecht nach bayerischer Art.

Der Amtsrichter Günther Meyerhöfer steht im Mittelpunkt. Er war ein Hauptdarsteller der Ereignisse bei der Nürnberger Justiz. Er allein hat, in sechs Stunden, 50 der 141 jungen Leute eingesperrt. „Er ist eben der Schnellste“, sagt anerkennend der Kollege vom Landgericht, der es genauso gemacht hätte. „Und das soll nun Rechtsbeugung gewesen sein?“ Nach drei Schoppen Wein gibt Meyerhöfer allen Kritikern, die nun die Amtsrichter als Rechtsbeuger bezeichnen, die Antwort: „Ich scheiß mir deshalb nicht in die Hose.“

Angst hat Meyerhöfer nie gehabt. „Meine Vorbilder sind Bismarck und Adenauer, aber bestimmt nicht ein norwegischer Offizier namens Frahm.“* Meyerhöfer ist, wenngleich

* Der heutige SPD-Vorsitzende, als Herbert Frahm in Lübeck geboren, legte sich den Namen Willy Brandt zu, als er wegen der Verfolgung durch die Nazis in den Untergrund ging, bevor er nach Norwegen floh.

erst 36, ein Richter von altem Schrot und Korn. Er ist, wenngleich kein eingetragener CSU-Mann, ein Scharfmacher. Er ist, wenngleich nie Mitglied einer schlagenden Studenten-Verbindung, ein Mann, der nicht zuckt.

Mit Richter Meyerhöfer („Junggeselle, aber nicht schwul!") kann man reden. Deshalb ist er bei Nürnberger Strafverteidigern so beliebt. Seit fast zehn Jahren ist er Strafrichter. Und immer war er, wenn es um die Strafzumessung ging, auch außerhalb der Verhandlung verhandlungsbereit. Ein Anwalt aus Nürnberg: „Und man kann sich darauf verlassen, daß die Sache dann auch so läuft – wenn er nicht gerade total verkatert ist."

Auch sonst geht es bei Richter Meyerhöfer zu wie beim königlich-bayerischen Amtsgericht. Seine Wertordnung entspricht guter alter Justiz-Tradition: Körperverletzungen, besonders Wirtshausschlägereien, werden nachsichtig geahndet. Betrüger und Diebe sind bei ihm schlechter dran. Bei Vermögensdelikten, so ein anderer Strafverteidiger, „da kann der Meyerhöfer falsch werden".

Und ganz schlecht zu sprechen ist er auf Leute, die nicht nur den Abriß von Häusern, sondern das ganze gesellschaftliche System in Frage stellen. „Man darf sich", sagt er, „von diesen Leuten nicht erpressen lassen." Diese Demonstranten wüßten genau, daß ihnen einzeln von der Polizei und Justiz kaum Straftaten nachzuweisen seien, „wenn sie in Hundertschaften auftreten". Nürnberg habe im Gegensatz zu anderen bundesdeutschen Städten gezeigt, „daß die Justiz dann nicht machtlos ist".

Hat die Nürnberger Justiz auch gezeigt, daß ein Ermittlungsrichter – unterbrochen nur von kurzen Pausen – neuerdings in fünf Minuten zweifelsfrei prüfen kann, ob ein Haftbefehl erlassen werden darf? Meyerhöfer braucht gar nicht lange zu überlegen: „Sie haben ja gesehen, man kann's. Und wenn ich mal wieder für eine solche Aktion eingeteilt werde, dann werde ich wieder so handeln." Außerdem will Meyerhöfer mal eines zu der Massenabfertigung sagen: „Die Leute waren doch noch stolz darauf, inhaftiert zu werden!"

Es sei schon weit gekommen mit der Nürnberger Jugend

und ihrem Kommunikations-Zentrum KOMM. „Es ist doch nicht normal, wenn sich 16-, 17jährige in dieses Scheiß-KOMM reinhängen – statt was Vernünftiges zu machen . . ."

Meyerhöfer verbringt seine Freizeit, wenn nicht am Stammtisch, mit griechischer Kultur. Griechenland ist seine Leidenschaft. Altertümer, aber „auch die Bevölkerung". Dort fährt er gern und oft hin, manchmal mit seinem Bruder, der Studiendirektor am humanistischen „Melanchthon-Gymnasium" in der alten Reichsstadt ist, „auch ein begeisterter Altphilologe".

Dort griechische Philosophie – hier gesundes Volksempfinden. Ist dem Mann alles zuzutrauen? Etwa daß er, der unabhängige Richter, Weisungen eines Innenministers Tandler oder eines Justizministers Hillermeier bereitwillig folgt? Nein. Weisungen sind nicht nötig, wenn es um die christlich-humanistische Kultur im allgemeinen und um die Sicherung der Hausbesitzer gegen die Hausbesetzer im besonderen geht.

Am 6. März, dem Tag der Massenverhaftungen, hörten Kollegen den Richter Meyerhöfer schon mittags in der Gerichtskantine tönen: „Wenn heute Not am Mann ist, bin ich dabei." Daran kann er sich heute nicht mehr erinnern. Doch als die Not an jenem Freitag im Nürnberger Justizpalast am größten war, nachmittags um vier, bestellte Amtsgerichtspräsident Gottfried Pfeiffer ohne Absprache mit dem Gerichts-Präsidium den eifrigen Kollegen zum fünften Ermittlungsrichter. Meyerhöfer war sofort zur Stelle. Nach der Dienstliste wäre er nicht dran gewesen. So war er denn zwar der Schnellste und der Schärfste. Aber eines war er wohl nicht: der gesetzliche Richter.

III

Klaus-Martin Groth:

Dialog eines Berliner Verwaltungsrichters mit dem Hausbesetzer Bärnd

„Schmeißt euren Kram doch sonstwohin"

Dialog eines Berliner Verwaltungsrichters mit dem Hausbesetzer Bärnd

4. 9. 1981: Die erste Begegnung nach der Urteilsverkündung

Als er wieder hereinkam, bemerkte ihn niemand. Obwohl er uns allen bei der Verkündung aufgefallen war, weil er weinte. Über unsere Urteile weint man nicht. Wir heben Bescheide auf oder bestätigen sie, und diese Bescheide betreffen Brandschutztüren, Grenzgaragen, Taubenmist, Fernheizwerke, Dampframmen, Autowaschanlagen, Grenzsteine. Da gibt es schon einmal Emotionen, wenn ein alter Laubenpieper seinen illegalen Anbau abreißen muß oder wenn ein Schichtarbeiter das Hämmern der Schlosserei von nebenan nicht mehr ertragen kann.

Aber der junge Mann war in diesem Sinne eigentlich gar nicht betroffen. Er weinte über zwei Häuser, die ihm nicht gehörten und in denen er nicht wohnte. Er weinte über seine Ohnmacht und die Emotionslosigkeit eines Gerichts. Über unsere Emotionslosigkeit. Während der Verkündung hatte mich das für einen Augenblick nachdenklich gemacht. Aber jetzt, einige Minuten später, fällt er mir erst auf, als er mit einem hastigen Schritt an den Richtertisch tritt, hinter dem wir noch stehen und einige Fragen der Arbeit der nächsten Woche besprechen. Er umgreift mit beiden Händen die lange Reihe der Gesetzbücher, die wir bei schwierigen Fällen vor uns aufbauen, und knallt die Bücher mit aller Kraft auf den Fußboden. „Schmeißt euren Kram doch sonstwohin . . .", höre ich ihn mit gepreßter Stimme sagen. Dann wendet er sich ohne weitere Worte um und geht, an dem total entgeisterten Wachtmeister vorbei, aus dem Saal. Alle schweigen.

Die zweite Begegnung

Es regnet seit Tagen. Ich bringe meine Tochter zur Schule, denn Fahrrad fahren mag sie nicht bei diesem Wetter. Gegenüber der Schule in der Schulstraße Nr. 3 in Wannsee steht ein altes Fachwerkhaus mit Stallgebäude, Remise und einem großen verwilderten Garten. Quer über der Fassade hängt ein großes Transparent: „Dieses Haus ist besetzt." In einem provisorischen Schaukasten vor dem Haus wird die Geschichte der Besetzung beschrieben:

„Seit dem 6. Mai 1981 ist auch dieses alte Fachwerkhaus besetzt. Eigentlich sollte es schon am 11. Mai abgerissen werden, mit dieser Geschichte hatte jedenfalls das Bezirksamt Zehlendorf (Eigentümer) den letzten Mieter hinauskomplimentiert. Daß es sich hierbei um einen ‚überaus gelungenen' Scherz des Bezirksamts handelte, merkten wir erst, als sich herausstellte, daß es überhaupt keine Abrißgenehmigung gab.

Wir bewohnen nun wider alle anfänglichen Erwartungen das Haus seit sechs Monaten und haben es inzwischen fast vollständig – dem alten Fachwerkstil angepaßt – renoviert und restauriert. Wir – das sind neun Leute aus dem üblichen Zehlendorfer Milieu, die hier seit nunmehr einem halben Jahr das Experiment des Zusammenlebens bisher erfolgreich durchführen und neue Formen des Umgangs und der Problembewältigung erproben.

Probleme haben wir genug: So steht dieses Haus ausgerechnet an der Stelle, wo das Bezirksamt einen Ersatzbau für die Conradschule plant. Für dieses Projekt will das Land Berlin 16,7 Millionen ausgeben, um die Schüler dann in einem für Wannsee einzigartigen Riesenbau unterzubringen. Die alten Schulgebäude werden dann nicht mehr für den Unterricht genutzt.

Wir kämpfen nun bereits seit langem Hand in Hand mit der Bürgerinitiative Wannsee gegen dieses Mammutprojekt, denn zusammen mit einem zusätzlichen Sportplatz und einem Parkplatz direkt neben dem schulisch genutzten Stadion Wannsee wird hier der halbe Ortskern Stolpe, einer der letzten typischen Ortskerne in Berlin, unwiderruflich vernichtet. Statt dessen schlagen wir die Grundinstandsetzung der alten Schulgebäude und die Erhaltung des dörflichen Charakters auch wegen der Wohnraumerhaltung vor; unser Garten könnte als erstklassiger Schulgarten genutzt werden."

Während ich noch lese, kommt ein junger Mann aus dem Haus auf mich zu. Es ist der „Gesetzbuchschmeißer". Etwas verlegen, aber zügig geht er an mir vorbei. „Diesmal haben wir nicht nur die Moral, sondern auch die Vernunft auf unserer Seite", sagt er, wie andere Leute „guten Morgen" oder ähnliches murmeln würden. Während ich noch überlege, ob es einen Unterschied macht, ob man „nur" die Moral oder auch die Vernunft auf seiner Seite hat, steigt er in seinen 2 CV und startet. „Kommen Sie doch am Mittwochabend mal vorbei, ich habe was für Sie", brüllt er gegen den lauten Motor an, während er schon um die Ecke biegt. Er heißt „Bärnd".

Bärnds Bericht über die Ortsbesichtigung

Seit vielen Wochen lebe ich jetzt in der Schulstraße, die Zeit in der Kaunstraße* liegt Monate zurück, der Name S. läßt Erinnerungen aufleben an die Zeit damals, an Kampf und Niederlage an anderem Ort. Vergessen ist nichts, aber es liegt abseits vom gegenwärtigen Geschehen.

Vor etwa zehn Tagen hat mich Wendelin aus Neukölln besucht. Er wußte Neues zu berichten aus dem Geschäftsleben der Herren A. u. S.

Am Rande der Spandauer Altstadt hatten die beiden Anfang 1979 zwei Häuser gekauft, die Falkenhagener Straße 64/65, Mietshäuser aus den siebziger Jahren des vorigen Jahrhunderts.

Wo immer S. aufkauft, bedeutet das nichts Gutes. Denn er interessiert sich für Bauland – bestehende Gebäude mindern

* In dieser Straße lag eine alte, technisch einwandfreie Villa, die einer Bebauung mit Eigentumswohnungen durch den Architekten S. weichen mußte.

für ihn den Wert des Grundstücks. Ob es sich um eine Gründerzeitvilla wie damals in der Kaunstraße, um ein Ruinengrundstück wie in der Zehlendorfer Von-Luck-Straße oder wie hier um Bauten aus der Zeit handelt, da Spandau noch ein Städtchen für sich war, bedeutet für S. lediglich erforderliche Flexibilität bei juristischen Prozeduren und einige Geschicklichkeit in der Handhabung jener Grauzone zwischen legal und illegal.

Gleich nach dem Kauf beantragten A. u. S. die Abrißgenehmigung für die beiden Häuser – mit der Ankündigung, auf dem Gelände Eigentumswohnungen im Rahmen des staatlich subventionierten Wohnungsbauprogramms errichten zu wollen. Das Bezirksamt Spandau zeigte mehr Courage als seinerzeit die Zehlendorfer Verwaltung in Sachen Kaunstraße: Obwohl der Landeskonservator wegen seines knappen Etats den Gebäuden keinen Denkmalschutz zuerkennen konnte, lehnten sie den Abrißantrag in Zusammenarbeit mit der zweiten entscheidungsberechtigten Instanz, dem Landesamt für Wohnungswesen (LAW), ab, wobei das LAW auf intakte Bausubstanz und finanziell zumutbare Instandhaltung plädierte, während das Bezirksamt die Bauten als Denkmäler aus der Frühzeit des Mietshausbaus erhalten wollte.

Seit nunmehr zwei Jahren klagt S. vor dem Verwaltungsgericht Berlin auf Abriß. Die Bausubstanz sei verrottet und der Erhalt ihm wirtschaftlich nicht zuzumuten. Zwei Prozeßtermine hat es bereits gegeben, die Entscheidung, meint Wendelin, sei völlig offen, und demnächst solle eine Ortsbegehung durch das Gericht über den Zustand des Hauses befinden.

Wendelin erzählt vom zunehmenden Verfall der Häuser, von systematisch unterlassenen Instandsetzungen, von Selbsthilfeaktionen der Mieter, denen S. selbst die Bitte um Finanzierung des Materials abschlug, aber auch von Schlimmerem noch:

M., ein Freund Wendelins, ist ein junger Pole, der vor einiger Zeit auf der verzweifelten Suche nach Arbeit bei S. gelandet ist und seither Gartenarbeit in dessen Charlottenburger Villa, zum anderen die Dreckarbeit in den Spekulationsobjekten seines Auftraggebers macht. Wendelin erzählt vom Dachboden der Falkenhagener Straße 65, wo sich trotz nicht genehmigter Wohnraumnutzung seit langem ein Alkoholiker unter S.'s stillschweigender Billigung eingerichtet hatte und für Stunk in der Hausgemeinschaft sorgt. Dieser war jetzt nicht mehr erwünscht, wurde daher von S. gegen ein Handgeld nicht etwa zum Auszug, vielmehr zum Umzug in das zweite, benachbarte Haus Nr. 64 bewegt. Dann ließ S. den illegalen Aufenthaltsort rechtzeitig vor dem erwarteten Ortstermin durch M. gründlich zerstören: Zwischenwände, Decke und Fußbodenbohlen wurden herausgerissen, der Dachboden, so Wendelin, mache einen völlig verwüsteten Eindruck.

Wenige Tage später, am vergangenen Sonnabend, treffe ich Jürgen, einen der Ex-Kaunsträßler, im Kuckuck in Kreuzberg. Er ist in Spandau großgeworden, seine Eltern leben noch immer dort. Jürgen zeigt mir zwei Artikel aus dem *Berliner Volksblatt,* der eine ist schon vor Wochen geschrieben und behandelt den Rechtsstreit um den Abriß der beiden Häuser, der zweite ist von vor wenigen Tagen, zeigt auf einem Foto die Häuserfassaden mit Baugerüst davor und berichtet im Schreibstil eines engagierten Lokalredakteurs, wie „die Eigentümer" Stuck und Putten (gegipste Figuren) von der gesamten Fassade abgeschlagen hätten.

Der Artikel und die Fotos wecken die ganze alte Wut in mir, Erinnerungsbilder an den hageren Mann mit dem verkniffenen Grinsen um die Mundwinkel, der an jenem Dienstagmorgen im Juni den vorfahrenden Mannschaftswagen im Privatwagen folgte. Das miese Gefühl, daß dieser Mann seine finsteren Geschäfte unbehelligt an anderem Ort weiterverfolgt, geht mir nicht mehr aus Kopf und Bauch.

Zwei Tage später, am Montag früh, rufe ich beim Verwaltungsgericht an und bitte um Mitteilung der Prozeßtermine. „Freitag 9.00 Uhr Ortstermin und anschließend 12.30 Uhr der Termin im Verwaltungsgericht, Saal 544", teilt mir ein gelangweilter Beamter nach Papierrascheln bereitwillig mit, „wenn sich der zweite Termin nicht durch die Ortsbegehung erledigt hat." (?!)

Eine halbe Stunde ist es mit dem Fahrrad von der Schulstraße zur „Villa Lotta", wo die meisten Ex-Kaunsträßler heute im

Exil leben. Ein paar treffe ich dort auch an, gebe ihnen die Termine weiter. Irgendwie sind wir uns alle gleich einig, daß dieser Ortstermin nicht ohne uns stattfinden wird. Wir verabreden uns für den nächsten Abend, 22 Uhr, um die Vorbereitungen zu besprechen.

Freitag früh: Vor Morgengrauen geht der Tag für uns los. Thomas, Katrin und ich fahren rüber in die Lotta, Heike hat dort Nachtwache und zeigt uns die fertigen Flugblätter und ein Riesen-Transparent:

> „Nieder mit Spekulantentreiben –
> billiger Wohnraum muß erhalten bleiben.
> Wir protestieren gegen den Abriß der Häuser
> Falkenhagener Straße 64/65."

„Die Ex-Kaunsträßler" ist es unterschrieben. Auch eine Gitarre ist da, auf dem Tisch liegt der Text des Kaun-Songs, und über den Zeilenanfängen sind Tonarten notiert. Toll, hat also alles geklappt!

Wir wecken Bea, fahren zusammen zur Volkshochschulanmeldung und danach gegen halb acht Uhr rüber nach Spandau.

In der Altstadt überfahren wir vor einer Ampel eine „durchgezogene weiße Linie", worauf plötzlich ein Grünling hinter einem Lieferwagen hervorhupft und finsteren Gesichts durch das geöffnete Dach der Ente auf uns herabschaut. Der Anblick, der sich ihm da bietet, besteht aus drei leicht übermüdet aussehenden wilden Gestalten, einem aufgerollten diagonal von links hinten oben nach vorn rechts unten verstauten Transparent, unserem Megi und der Klampfe. Sichtlich verwirrt bringt er dann doch noch seinen pflichtgemäßen Anpfiff raus und läßt uns dann schnell weiterfahren.

Wir fahren gleich zum Haus, das wir alle noch nicht gesehen haben. Auch jetzt, wo der Stuck abgeschlagen ist, läßt sich noch was vom Einfallsreichtum und der liebevollen Gestaltung ahnen, die die Bauweise einst bestimmten, bevor die klotzige Kälte von Beton-Architektur alles Handwerk überflüssig werden ließ. Das Treppenhaus ist eine verwinkelte, mit Schnitzereien reich verzierte Holzkonstruktion. Als wir nach hinten aus dem Haus treten, sehen wir schräg angeordnete Stallbauten aus der Zeit, da man nach Berlin noch mit der Kutsche reiste, sowie ein schönes Gärtchen. Das Haus ist vollständig bemietet, nur oben in der damaligen Dachwohnung finden wir die Resultate gewollter Zerstörung. Ich frage eine Frau, die aus dem Fenster schaut, wie es um den Abriß stände. Sie holt ihren Sohn, und der gibt mir Auskunft, daß „der Chef" heute um halb zehn mit dem Gericht vorbeikommen wolle.

Die Sonne scheint auf die Stuckfassaden der alten Häuser ringsum, nur an der verbliebenen bröckeligen Mörtelmasse der Vorderfront der Nummern 64 und 65 bricht sich das Licht unregelmäßig. Allmählich wird es voller, mit dem Fahrrad und in Autos treffen weitere Ex-Kaunsträßler, Lottas und Schulsträßler ein. Als Bea sich vor unser Transparent setzt und Gitarre zu spielen beginnt, öffnen sich überall bald die Fenster, Nachbarn schauen verwundert heraus. Gleich beginnen einige, die mitgebrachten Flugblätter zu verteilen. Die Reaktionen der Anwohner sind durchweg freundlich, sie bedanken sich, und einige drücken uns ihre Unterstützung aus. Ralph von der *taz* kommt und macht erste Fotos. Auch vom *Berliner Volksblatt* ist ein Journalist erschienen. Ich fühle mich recht aufgekratzt und hektisch, laufe hin und her, rauche viel, bin dabei aber in durchaus positiver, kraftvoller Stimmung: „So, Kerl, damit hast du ja wohl nicht gerechnet; nun könnt ihr alle kommen!" – Hoffentlich wird sich S. nicht nur durch seine Anwälte vertreten lassen.

Gegen zehn nach neun fährt ein metalliclackierter großer BMW vor, dem zwei Herren entsteigen. Der eine: Typ Sonnyboy, braungebrannt, gut rasiert, sportlicher Anzug. Der andere ist älter und längst nicht so formschön herausgeputzt wie Sonny. Er ist ziemlich dick, hat ein Vollmondgesicht und wirkt mit seinem wolligen Backenbart leicht trottelig, die einfallslose schwarze Kleidung und das wuchtige Brillengestell unterstreichen diesen Eindruck. Ich laufe zu ihnen hinüber mit Flugblättern in der Hand und frage sie, ob wir's bei ihnen wohl mit den Herren Rechtsanwälten von A. und S. zu tun hätten. „Ja!" meint Sonny mit kaltem Geschäftsmannslächeln, während

Dickerchen eilfertig nickt. Ich versorge sie mit Flugblättern und gehe zurück zu den anderen. Wenig später fährt ein weiteres Auto vor, und meine Faust ballt sich, der Puls geht schneller, als ich die hagere Gestalt erkenne, die heraussteigt. „Herr S., kennen Sie uns noch?" rufe ich hinüber, aber er läßt sich nichts anmerken, hat sein Kaunstraßen-Räumungsgrinsen aufgesetzt und begrüßt seine beiden wartenden Geschäftspartner.

Gleich darauf wird es schlagartig belebt, denn ein weiterer VW-Transporter fährt vor, dem sieben oder acht Leute entsteigen und sich auf dem gegenüberliegenden Gehsteig sammeln. Offenbar handelt es sich um das Verwaltungsgericht, sofort laufen Eigentümer und Rechtsbeistände zu ihnen, auch die Journalisten wechseln die Straßenseite.

Zeit für den Kaun-Song!

Thomas hält das Megaphon über die Straße, wo die Herren bereits angestrengt diskutieren, Bea spielt Gitarre und singt ins Mikro. Das Lied erzählt unsere Geschichte in der Kaunstraße und leitet dann über auf das, was hier in der Falkenhagener Straße geschehen ist.

„Drum, Hohes Gericht,
seht euch an,
wie dieser Mann
das Haus zerstört,
was ihm gehört.
Wir müssen zusehn
voller Wut,
ihr aber, Richter,
habt den Mut,
zu verhindern, daß er
das weiter tut!"

heißt es am Schluß, und laut und kraftvoll klingt es über die Straße.

Eine Weile schwebe ich im Hochgefühl über die gelungene Aktion, dann wächst allmählich Unsicherheit, und schließlich durchdringt mich die bittere Erkenntnis, daß das unsere Aktion WAR – die Flugblätter sind verteilt, das Lied vorgetragen, und nun bleibt uns in der Tat nichts außer dem besungenen „zusehn voller Wut" . . . Die Entscheidung wird gefällt werden von den Herren auf der anderen Seite der Straße, die bald nach Ende unseres Liedes ob der nun für sie günstigeren akustischen Situation zum Haus herüberkommen und vor den Mauern stehenbleiben, denen die Aktionen der vergangenen Wochen mehr zugesetzt haben als ihre gesamte hundertjährige Geschichte.

S. steht mitten in der Menge und hat sichtlich Schwierigkeiten, die Zerstörung der Außenfassade so kurz vor dem Lokaltermin zu rechtfertigen. Die Richter fragen sehr kritisch nach, und besonders ein drahtiges kleines Kerlchen fällt mir auf, der im wohltuenden Gegensatz zu S. lebendiges Funkeln in den Augen hat und ihn sehr direkt angreift. Es ist der Leiter der Spandauer Sanierungsverwaltung, Vertreter der auf Abriß verklagten Behörde.

S. hat einen harten Stand. Die gezielten Fragen der Richter, die so ganz offensichtlich miese Sache, für die S. eintreten muß, und letztlich auch die Atmosphäre, die unser unerwarteter Auftritt abgibt, bringen ihn sichtlich außer Fassung. Seine Finger zittern, wenn er die Zigarette zum Mund führt.

Dann aber zeigt sich, daß er vielleicht doch nicht zu hoch gepokert hat. Einer der Richter bringt endlich das zum Ausdruck, womit S.'s Plan sich vom dummen Eigentor zum professionellen Coup entpuppt: Letztlich sei es nicht der zentrale Punkt, auf welche Weise der jetzige Zustand herbeigeführt worden sei, das Gericht habe vom gegenwärtigen Stand auszugehen und die zur Instandsetzung notwendigen Aufwendungen zu beurteilen.

Jetzt kehrt das altbekannte zynische Lächeln um S.'s Mundwinkeln zurück, die Hände zittern nicht mehr, er steckt sich nicht einmal mehr eine Zigarette nach der anderen an.

Fragen, die nicht gestellt wurden

Bis zu diesem Punkt hat mich der Bericht des „Gesetzbuchschmeißers", der sich bei einem Gespräch am Mittwochabend als ein sehr sensibler Chemiestudent entpuppt, fasziniert. Aber nun regt sich Widerspruch.

„Einer der Richter": das war ich. Mitten in der „schönen" Szene bin ich also einfach auf den „zentralen Punkt" gekommen.

Das hatte nicht nur juristische Gründe, Bärnd, auch wenn es so aussah. Wenn wir weiter diskutiert hätten, wäre neben Herrn S. auch der Herr mit dem lebendigen Funkeln in den Augen ins Kreuzfeuer gekommen:

Warum läßt es die Behörde überhaupt zu, daß eine Fassade abgschlagen wird, die sie selbst für denkmalswürdig hält? Im Bauaufsichtsamt Spandau wußte man, was vor sich geht, und war damit einverstanden! Warum verfällt ein Haus seit mehr als 20 Jahren, obwohl es in Berlin – wie in den anderen Bundesländern auch – Bauordnungen und Wohnungsaufsichtsgesetze gibt, die schon lange ein Eingreifen der Beamten gerechtfertigt hätten? Warum erläßt die Behörde kein Instandsetzungsangebot nach § 39 e des Bundesbaugesetzes gegen die Herren A. und S.? Warum also will die Behörde lediglich den Abriß des Hauses verhindern, ohne sich offensichtlich je Gedanken um dessen weiteres Schicksal gemacht zu haben? Die Fragen wurden nicht gestellt, weil der Leiter der Sanierungsverwaltungsstelle dafür nicht zuständig ist. Was aber nutzt das Funkeln in seinen Augen, wenn es bei den zuständigen Stellen nicht funkt?

Der Beginn einer Karriere

Vor fünf Jahren, 1977, kam ich an das Berliner Verwaltungsgericht. Und der allererste Fall, den ich miterlebte, war ein Streit um eine Abrißgenehmigung, die die Behörde nicht geben wollte. Damals wurde noch nicht öffentlich über den Erhalt oder Abriß einfacher Stadthäuser nachgedacht, und so war der Fall für das Gericht zunächst ein rein juristisches Problem. Die Sozialbindung des Eigentums in Artikel 14 Absatz 2 des Grundgesetzes erlaubt es dem Gesetzgeber, Wohnraum einer Zweckbindung zu unterwerfen und damit gegen Vernichtung jeder Art zu schützen. Die Grenze der Sozialbindung (und damit der Macht des Gesetzgebers) ist erreicht, wenn die Maßnahme als Enteignung wirkt. Denn diese wäre nur gegen Entschädigung zulässig, und so etwas ist in den „Zweckentfremdungsverbotsverordnungen" nicht vorgesehen.

An einem regnerischen Januartag fuhren wir damals, 1977, in die Steglitzer Lepsiusstraße zur Ortsbesichtigung. Niemand empfing uns mit Protestliedern. Trotzdem wirkte die Ankunft vor dem Haus auf mich wie ein Faustschlag. Nach den Fotos in den Akten – noch kein Jahr alt – war es ein gemütliches, gediegenes Haus mit fünf Wohnungen und einem kleinen grünen Hofgarten. Jetzt stand dort eine Ruine auf einem Müllplatz.

Der Eigentümer war schon da und begann die Verhandlung mit einer Entschuldigung: Leider gebe es nur einen Schlüssel, und den habe der frühere Hauswart, und den habe er nicht erreichen können. Aber wie man ja bereits von der Straße sehen könne, hätten Jugendliche die Scheiben eingeworfen und Buntmetalldiebe die Dachrinnen abmontiert und und und . . . Ich kochte (innerlich natürlich). Dachrinnen sind aus Blech und nicht aus Buntmetall. Während weiter über die bereits von außen sichtbaren Zerstörungen debattiert wurde, ging ich in eine nahe Autowerkstatt und lieh dort einen Seitenschneider aus. „Sie gestatten . . ." So kamen wir auf das Grundstück und später ins Haus. Der Eigentümer wurde nun sichtlich verlegen: „. . .vielleicht eine ganze Rockerbande . . ."

Wir, das Gericht, erklärten die Versagung der Abrißgenehmigung für rechtmäßig. Und wir sagten, daß selbstverständlich auch ein Wiederherstellungsverlangen an den Eigentümer rechtmäßig sein würde, weil hier offensichtlich bewußt der Sozialbindung zuwider gehandelt worden sei. Meine – nicht nur juristische – Freude über dieses Urteil wurde allerdings bereits gleich nach der Verkündung getrübt, als der Vorsitzende, über die Neubaupläne des Eigentümers gebeugt, zu mir sagte: „In drei Jahren können Sie sich eine dieser Wohnungen kaufen."

Er hatte sich nur um wenige Monate verschätzt. Das Oberverwaltungsgericht ließ die Sache liegen, und das Land Berlin gab schließlich nach. Also verschwand die Ruine. Wer will, kann den Neubau in der Lepsiusstraße besichtigen. Es ist das

häßlichste und unwohnlichste Haus in der ganzen Straße.
So also begann meine Laufbahn als Richter.

Exkurs Wohnraum

In der Bundesrepublik Deutschland ist noch nie gegen den Willen und auf Kosten des Eigentümers der Wiederaufbau eines absichtlich zerstörten oder bewußt dem Verfall überlassenen Hauses durchgeführt worden.

In der Bundesrepublik Deutschland gibt es nach vorsichtigen Schätzungen mehr als vier Millionen dringend instandsetzungsbedürftige Wohnungen. Ebenso viele Wohnungen sind modernisierungsbedürftig. Nach einer Untersuchung des „Deutschen Instituts für Urbanistik" sind zwischen 1976 und 1981 von den zuständigen Behörden in den 500 größten Gemeinden unseres Landes sieben Verwaltungsakte erlassen worden, die dem Eigentümer eines Wohngebäudes gemäß § 39 e des Bundesbaugesetzes die Instandsetzung oder Modernisierung seiner Wohnungen aufgeben. In Worten: sieben.

Bärnds Gerichtsbericht

Die Verhandlung beginnt für mich mit einigen Überraschungen. Der Typ Marke Sonnyboy, der sich als Rechtsanwalt ausgegeben hatte, ist Architekt und Teil von „A. und S.". Dickerchen hingegen ist der Anwalt, er ist jetzt gänzlich schwarz umhüllt und sitzt mit seinen beiden Brötchengebern zusammen auf der Klägerbank. Auf der Seite der Beklagten sitzt der drahtige Typ namens G. von der Sanierungsverwaltung, neben ihm ein weiterer Beamter. Vor uns in breiter Front die fünf Richter des Verwaltungsgerichts, allesamt würdevoll schwarz umrobt – zur Linken des Vorsitzenden die junge Frau, die uns zum Ende des Ortstermins so lieb Auskunft gegeben hatte!

Zunächst wird Punkt für Punkt die Liste der Instandsetzungen durchgegangen, für die A. und S. insgesamt 860 000 Mark veranschlagen, während das Bezirksamt eine Gegenrechnung von 200 000 Mark aufgemacht hat.

Es beginnt mit der Fassade, für die die Besitzer angesichts des abgeschlagenen Stucks gut 120 000 Mark ansetzen. G. von der Behörde gesteht allerhöchstens 40 000 Mark zu für Rauhputz, möchte aber eigentlich den Posten ganz gestrichen sehen, da die Besitzer den Schaden in verantwortungsloser Weise selbst herbeigeführt hätten. Der Vorsitzende Richter faßt die beiden unterschiedlichen Standpunkte zusammen und geht zu weiteren Einzelpunkten über.

Den Flur möchten die Besitzer neu verfliesen, da das Linoleum abgetreten ist. Als G. das als lächerlich bezeichnet, derartige Aufwendungen kämen nirgendwo sonst in Altbauten vor, meint S.: „Ich bitte Sie, ich denke, wir sollen es schön und haltbar machen!“ So möchte er denn auch fließend Warmwasser neu verlegen, die elektrischen Leitungen und die Fenster rundum erneuern.

Ich träume ein bißchen, lasse die Zahlen an mir vorbeiziehen und fühle mich wie der Zuschauer eines absurden Theaterstücks, in dem alle mit großer Ernsthaftigkeit aneinander vorbeireden, keine zwischenmenschliche Verständigung mehr möglich ist. Die beiden braungebrannten Herren zur Linken bringen Kostenvoranschläge und vertreten eine bessere Wohnqualität in ihrem Haus, als wenn sie diese wirklich wollten. Dabei wollen sie das genaue Gegenteil, nämlich alles Bestehende zerstören. Ihr Rechtsanwalt, in der schwarzen Robe, mit der massigen Gestalt und dem lispelnden Stimmchen, wirkt wie ein Komödiant der zweiten Garnitur und läßt die Veranstaltung wie ein Stückchen aus der Klamottenkiste der Verwechslungskomödien wirken.

Die meisten der Richter scheinen das Geschehen durchaus ernst zu nehmen, stellen gezielte Fragen, machen sich Notizen, blättern in Unterlagen. Die junge Frau hingegen scheint mir nicht recht mitspielen zu wollen, ich glaube, daß sie lieber Zuschauer wäre oder, besser noch, irgendwo weit weg. Jedenfalls schaut sie oft zu uns herüber. Der dicke Typ neben ihr mit den hängenden Backen und dem Doppelkinn guckt die ganze Zeit so traurig und malt Strichmännchen in seine Unterlagen. G. auf der Behördenseite setzt seine eigene Kraft, seine Mimik und Sprachgewalt ein, um die notwendigen Kosten zu drükken, einer guten Sache gewidmet, aber sicher oft gegen seine eigenen Berufserfahrungen als Bauingenieur.

Überhaupt scheint mir die ganze Veranstaltung geprägt von männlichen Auseinandersetzungsformen, von angstbestimmtem, verbissenem Ehrgeiz, die Kontrahenten rhetorisch niederzumachen. Dabei hat aber jeder Faustschlag ins Gesicht, jeder Tritt in die Eier des Gegenübers etwas Ehrlicheres, Direkteres als dieses verlogene Aneinander-vorbei-Reden. Unmenschlichkeit, Brutalität und Ignoranz, für zwischenmännliche Auseinandersetzungen so typisch, kennzeichnen sehr wohl auch diese Scheingefechte, bei denen der eine von Millionenbeträgen redet, der andere von der Erhaltungswürdigkeit eines Hauses, während beide die Menschen übersehen, deren Schicksal sie hier verhandeln.

G. berichtet, daß er einen Tag kam, um den Dachboden zu besichtigen, da er gehört habe, daß der illegale Mieter ausgezogen und der Weg frei sei. Als er mit einem Kollegen die Treppen heraufstieg, hörte er, wie oben eine Tür verschlossen wurde; als sie oben ankamen, hörten sie von drinnen leise Stimmen. In der Annahme, daß der Mieter also doch noch anwesend sei, gaben sie ihr Vorhaben auf und gingen wieder. W. klärt die beiden auf, daß genau an jenem Tag Anders und M. die Dachbodenwohnung zerstörten ...

Diese Männer dürfen einfach nicht die Abrißgenehmigung bekommen, das darf einfach nicht sein, das KANN nicht geschehen!

Nach zwei Stunden Warten werden wir in den Gerichtssaal gerufen, alle stehen und warten gespannt auf den Beschluß, der da im Namen des Volkes verkündet werden soll. Bea und ich halten uns an den Händen fest.

> „... hat das Verwaltungsgericht in Aufhebung der Bescheide der Bezirksbehörde beschlossen, daß den Eigentümern A. und S. die Genehmigung zum Abriß der Häuser Falkenhagener Straße 64/65 zu erteilen ist."

Alle setzen sich wieder hin, ich spüre, wie ich regelrecht auf meinem Stuhl zusammensinke. Alle Kraft, alle Hoffnung, aller Optimismus schwinden auf einmal. Alles war umsonst. Alles vorbei. Ich zittere und merke, daß ich weine.

Wendelin steht auf und geht hinaus. Ich muß mich bemühen, der Urteilsbegründung noch halbwegs zu folgen. Entscheidend war offenbar, daß die Kammer aus der Rechtsprechung übergeordneter Gerichte die Auffassung übernahm, daß öffentliche Subventionen privaten Besitzern nicht „aufgedrängt werden können".

Das ist der reine Wahnsinn. Mit dieser Begründung könnten die Besitzer eines Großteils der Berliner Altbauten Abrißanträge durchbringen. Das Recht bietet gegen derartige private Willkür keinen Schutz. Wir haben nur einfach Glück, daß nicht alle Eigentümer solche skrupellosen Schweine sind wie A. und S.! Ich muß an die Winterfeldtstraße denken, wo bei uns die Feuchtigkeit schon lange in den Wänden sitzt. Die Hausverwaltung tut nichts, reagiert auf keine Beschwerden wegen notwendiger Reparaturen. Vielleicht wird auch sie bald auf Abriß klagen?

Der Gerichtsdiener öffnet die Tür, alle verlassen den Saal, nur die Richter und wenige andere bleiben zurück. Ich gehe mit hinaus, laufe ziellos umher, neben Bea und Heiko her. Heiko schlägt mit seinem Motorradhelm gegen eine Glastür, ruft „Scheiße!"

Ich bin noch lange nicht so weit, eine Wut zu empfinden, bin noch völlig fassungslos, kraftlos, erschöpft. Bea und ich umarmen uns, mir geht das hämische Grinsen von S. nicht aus dem Kopf, der jetzt sicher von seinem Anwalt angerufen und informiert wird. Wir halten uns aneinander fest und weinen beide.

Irgendwann gehen zwei Richter an uns vorüber, ich höre ihre Unterhaltung: „. . .das ist das Üble, daß man solchen Spekulanten . . ."

Diese Schwätzer, diese hilflosen Mitläufer!

Antwort eines „Schwätzers"

Bärnd, hast du schon mal eine wirklich unbewohnbare Wohnung gesehen? Eine, wo man in die Tür kommt, und die

Leute brüllen „Achtung", und wirklich, um ein Haar wäre man im Keller gelandet? Das gibt es. Jahrelang wurden solche Bruchwohnungen in Berlin (und anderswo) für unbewohnbar erklärt, und die Mieter waren froh darüber. Sie bekamen einen Wohnberechtigungsschein mit Dringlichkeit. Und das hieß damals: eine bessere, kaum teurere Wohnung im „Grünen". Da wurde dann auch so manche Wohnung „unbewohnbar", in der mit wenig Aufwand noch für ein Jahrzehnt und länger Wohnlichkeit hätte wiederhergestellt werden können.

Auch heute noch werden Wohnungen für unbewohnbar erklärt.

So wurden zum Beispiel zwei Familien, über deren Schicksal wir deiner Meinung nach während unserer „Veranstaltung" nicht in der rechten Weise verhandelt haben, im Januar 1982 wohnungslos, weil sich herausstellte, daß die obersten Balkendecken im Hause Falkenhagener Straße 65 so verfault waren, daß sie jederzeit hätten zusammenstürzen können.

Das Problem ist natürlich: Ein Wohnberechtigungsschein mit Dringlichkeit nützt heute kaum, wenn man schnell eine preiswerte Ersatzwohnung braucht. Gerade Familien mit vielen Kindern, Ausländern und Alleinstehenden mit Kindern nützt er fast gar nichts. Denn die „sozialen" Wohnungsbaugesellschaften können nicht alle aufnehmen, die an ihre Tür klopfen. Ich weiß wohl, daß viele Sozialwohnungen für solche Gruppen häufig zu teuer sind. Und wenn dann das „Grüne" auch noch „Märkisches Viertel" heißt oder „Gropiusstadt", dann ist der Wohnberechtigungsschein für manchen gar nichts mehr wert.

A. und S. vernichten nicht einfach Wohnraum. Nein, sie vermehren ihn sogar. Auch in der Falkenhagener Straße sollten statt sechs Wohnungen zwölf entstehen – natürlich unter Überschreitung der zulässigen Bebauungsdichte. Man kann weiß Gott darüber streiten, ob A. und S. zu den Leuten gehören, denen die Gesellschaft die Aufgabe übertragen sollte, neue Wohnungen zu schaffen. Und man kann darüber streiten, ob der Wohnraum, den sie errichten, allen Bedürfnissen derer entspricht, die ihn bezahlen.

Für dich scheint in beiden Punkten das „Nein" schon festzustehen. Das kann ich verstehen. Aber folgt daraus, daß über den Abriß des Hauses Falkenhagener Straße 64/65, daß über den Abriß von Häusern überhaupt nicht mehr ernsthaft und mit „gezielten Fragen" diskutiert werden dürfte?

Wie stellst du dir die Verhandlung über das Schicksal von Menschen vor, die in Wohnungen wohnen, die vielleicht demnächst zusammenbrechen und die spätestens dann ein neues Dach über dem Kopf brauchen? Sollen wir für die Leute in der Falkenhagener Straße Wohnungen auf Vorrat bauen – dort, wo heute Wald steht oder Waldkräuter wachsen? Und wer soll diese Wohnungen bauen? Und wer soll sie bezahlen?

Du wirst mir entgegenhalten, daß diese Fragen in der Verhandlung gar nicht gestellt wurden. Stimmt. Sie hätten uns auch nicht weitergeholfen, denn in dieser Form entscheidet ein Gericht nicht darüber. Richter entscheiden nicht nur über das Schicksal jener Menschen, die nun vielleicht einige Monate oder Jahre früher ausziehen müssen als bei einer anderen Entscheidung. Richter entscheiden auch über das Schicksal jener, die dann einige Monate oder Jahre früher einziehen. Und zugleich mittelbar darüber, welche Kosten und welcher Nutzen (in Form von Wohnbedingungen und von Profit) entstehen wird.

Was in dir (und nicht nur in dir) ohnmächtige Wut erzeugt, ist, daß das Gericht nicht entscheiden kann, *wer* Kosten und Nutzen trägt. Aber rechtfertigt diese Einschränkung einen Verzicht auf jede Bemühung um eine Entscheidung? Und würde diese Einschränkung aufgehoben, wenn wir vor und mit der Richterbank weniger „Kampf" hätten und dafür andere Auseinandersetzungsformen? Welche denn?

Bärnd kommt nicht mehr . . .

Die Frage des Vorsitzenden war kurz. Aber sie führte trotzdem dazu, daß schlagartig in dem halbgefüllten Plenarsaal Ruhe einkehrte. „Warum tun Sie's nicht?" fragte unser Kammervorsitzender den Beklagten.

Das, was der Beklagte tun sollte, steht in § 44 des Bundesimmissionsschutzgesetzes. In (mit Luftverunreinigungen) stark belasteten Gebieten ist die Umweltverschmutzung kontinuierlich zu messen.

Am zweiten Tag der Verhandlung über das geplante 600-Megawatt-Kohlekraftwerk „Reuter-West“ in Berlin waren wir bei Stickstoffoxyd angekommen und damit bei der Frage, wieviel davon in Berlin bereits vorhanden ist.

Das müßte die Behörde natürlich wissen – wenn sie sich an das Gesetz hält. Aber wir mußten hören, daß kontinuierliche Messungen des nach Schwefeldioxyd und Kohlenmonoxyd wichtigsten Schadstoffs in Berlin nicht vorgenommen werden.

„Warum tun Sie's nicht?“ Das Schweigen wollte kein Ende nehmen. Offensichtlich rangen die verschiedenen Behördenvertreter noch mit Blicken um die Zuständigkeit beziehungsweise Nichtzuständigkeit für die Beantwortung dieser Frage. Ich hatte Zeit, die Zuschauerbänke zu mustern.

Vor fünf Jahren, als wir unseren ersten Kraftwerksfall zu entscheiden hatten, waren die Zuschauerbänke noch übervoll. Die Kläger waren gut organisiert, und der Prozeß wurde politisch monatelang vorbereitet. Diesmal war davon nichts zu spüren. Insgeheim hatte ich gehofft, daß Bärnd irgendwann einmal im Saal auftauchen würde. Als Beweis dafür, daß die „Szene“ sich auch für andere Dinge in unserer Stadt als für Häuser interessiert. Aber er kam nie. Gerade jetzt hätte er miterleben können, daß Auseinandersetzungen vor Gericht gänzlich unaggressiv verlaufen können, ohne Ehrgeiz und Schauspielerei. (Ohne daß dadurch deprimierende Ergebnisse vermieden würden.)

Auf der Behördenseite schien man sich über die Frage, warum „sie's nicht tun“, ohne Worte geeinigt zu haben. Die Vertreterin der Senatsverwaltung für „Stadtentwicklung und Umweltschutz“ räusperte sich umständlich: „Ich weiß es nicht.“ Der Vorsitzende ließ seine Frage und die Behördenantwort protokollieren. Fast liebevoll. So, wie eine Mutter einen Feldpostbrief diktieren würde, obwohl sie weiß, daß ihr Sohn bereits gefallen ist.

Natürlich gibt es Gründe, warum in Berlin der § 44 des Bundesimmissionsschutzgesetzes mißachtet wird. Messungen sind teuer. Der Aufwand lohnt erst, wenn man auch Schlüsse daraus ziehen und Gegenmaßnahmen ergreifen kann. Berlin benötigt jeden Arbeitsplatz. Da mußte nach Auffassung aller bisher regierenden Parteien der Umweltschutz schon auf Samtpfoten daherkommen. Und dann die Insellage. Die Bewag, die alle Berliner Kraftwerke betreibt, produziert 70 Prozent des Schwefeldioxyds, das Berliner Schornsteine und Auspuffrohre verläßt. Aber nur 20 Prozent dessen, was die Berliner davon einatmen. Sie produziert also hauptsächlich sauren Regen weit außerhalb der Stadtgrenzen. Bei den anderen Schadstoffen ist es ähnlich. Alle Beteiligten haben in dem Gerichtsverfahren „Reuter-West" die vorhandene Umweltverschmutzung und insbesondere den sauren Regen beklagt.

Vor einigen Jahren haben viele öffentlich für den Umweltschutz gekämpft und über Änderungen nachgedacht. Über Kraft-Wärme-Kopplung und Wirbelschicht-Verbrennung. Ob Bärnd dazugehörte? Immerhin ist er Chemiestudent. Jetzt kämpft er für den Erhalt von Häusern mit unwirtschaftlichen, umweltfeindlichen Heizungsanlagen. Mit guten Gründen. Aber trotzdem: Ich würde gern mal ein Gespräch über den sauren Regen mit ihm führen.

Ein Abriß: schon wieder . . .

Ich war kaum in der Wannseer Königsstraße aus dem Bus gestiegen, um nach Hause zu gehen, als ein Wagen neben mir hält. „Wenn Sie das Haus noch einmal sehen wollen, müssen Sie sich beeilen!" Es ist R., ein Bezirksverordneter der „Wählergemeinschaft unabhängiger Bürger" und einer der Antragsteller im Verfahren Schulstraße 3.

In der Schulstraße 3 steht das alte Haus – in dem auch Bärnd wohnt. Gestern haben wir, die Richter der Kammer 14 des Berliner Verwaltungsgerichts, beschlossen, daß Bärnds Haus abgerissen werden darf. Ausgerechnet Bärnds Haus.

Der Bezirksverordnete R. hält mir die Wagentür auf, und ich steige ein. Auf der Königsstraße kommen uns mehrere Polizei-Transportfahrzeuge mit Blaulicht entgegen. „Da sind sie nun alle drin", meint er trocken. Dann berichtet R., daß seit mittag neben sieben jungen Leuten auch mehr als 20 Wannseer Bürger – Hausfrauen, Handwerker, Künstler, Gymnasiasten – im Hause Schulstraße 3 ausgeharrt hätten und nun von der Polizei hinausgetragen und vorläufig festgenommen worden seien. „Die sehen wir vor Mitternacht nicht wieder", sagt er. Er behielt recht.

Auf dem Parkplatz neben dem Schulgebäude stehen sich eine Gruppe von Zuschauern und Polizisten gegenüber. Hinter der Polizeikette hat ein riesiger Bagger offensichtlich gerade die Remise abgerissen und nähert sich nun dem Wohnhaus. Neben mir steht plötzlich – wie aus dem Nichts – Regierungsrat E. vom Rechtsamt Zehlendorf, der das Bezirksamt in den Verfahren vor unserer Kammer vertritt. „. . . Sie auch?" sagen wir fast gleichzeitig, und über R.s Gesicht huscht ein Lächeln: „Na, da können wir ja gleich noch 'ne mündliche Verhandlung machen."

In diesem Augenblick steigert sich die Unruhe, denn der Bagger hat seinen Greifarm hoch über das Dach des Gebäudes gehoben. Es sieht aus, als ob das Haus sich zusammenduckt, um im letzten Augenblick doch noch seinem Schicksal zu entgehen. Doch der Greifarm packt zu, reißt einen Teil der Dachkonstruktion und der Giebelwand nieder und wirft die Steine und Balken donnernd zu Boden.

Ein Aufschrei geht durch die wartenden Menschen, und einige beginnen zu skandieren: „Jeder Stein, der abgerissen, wird von uns zurückgeschmissen." Eine Frau beginnt zu weinen und läuft hilfesuchend zu einer Gruppe junger Leute, die etwas abseits ein Transparent entfalten: „Wenn alles abgerissen und zertrümmert ist, werdet ihr feststellen, daß man Beton nicht essen kann."

„Wissen Sie", meint E. nach einiger Zeit zu mir, „etwas ausführlicher hätten Sie Ihren Abrißbeschluß schon begründen können, nicht wahr?"

Was soll ich darauf antworten?

Bärnds Bericht über das Ende der „Veranstaltung"

Mir geht es jetzt besser, Bea und ich gehen die Treppe hinunter, verlassen das Haus. Draußen wartet Heiko. Wir trotten schweigend den Bürgersteig entlang. Hier draußen spielen sie weiter Krieg, die Männer. Überall kreuzen die Mannschaftstransporter der Polizei, vollgepackt mit behelmten Gestalten. Am Savignyplatz beginnt gerade die Frauen-Demo, und die Grünen formieren sich im Hintergrund. Als wir über eine Auffahrt laufen, bremst knapp neben uns eine Wanne, die Tür wird aufgerissen, und ein Typ in seinem Kampfanzug herrscht uns an, ob wir nicht gesehen hätten, daß SIE da rauffahren wollten . . .

Am Savignyplatz sind mehr Bullen als Demo-Frauen. Ich sehe „unseren" Einsatzleiter von der Kaunstraßen-Räumung, wie er breitbeinig vor seiner Fahrzeugkolonne steht und Anweisungen gibt. Mir kommt zum erstenmal der Gedanke, daß es vielleicht gut war, daß das Urteil so und nicht anders gelautet hat, daß es uns keinen Sand in die Augen gestreut hat, sondern offen und mit brutaler Konsequenz den Leitlinien dieses Systems folgt.

Ich beneide Bea, die jetzt zur Frauen-Demo geht, wo die anderen Frauen auf sie warten, die eine gemeinsame positive Identität aufbauen können, die sich gemeinsam gegen die tagtägliche Unterdrückung auflehnen werden, egal wieviel Kraft das kostet.

ICH hingegen kenne all die entmenschlichten Auseinandersetzungsformen, die ich soeben in all ihrer Perversion erlebt habe, gut aus eigener Erfahrung. Auch ich kämpfe mit Worten andere nieder, habe, als ich nicht anders weiterwußte, Steine geworfen, um Menschen zu treffen.

Wie kann ich in den hilflosen Richtern, ja, wie kann ich in dem kalten Profitgeier S. meinen Feind erblicken, wenn auch sie nur Ausführende jener neurotisch verformten zwischenmenschlichen (im alten Vokabular: gesellschaftlichen) Strukturen sind, die mich selbst bestimmen?

Das scheint mir zu sein, was als Erfahrung bleiben muß.

Wir in der „Szene" dürfen nie vergessen, daß wir unsere Gegner selbst suchen. WIR sind selbst erst in zweiter Linie die Opfer dieses Systems, viel härter trifft es jene, die gar nicht mehr die Kraft zur Auflehnung haben, die allmählich sterben, ohne es zu merken.

Richter-Gespräche am Abend

Der Verwaltungsrichterverein hatte zu einem gemütlichen Beisammensein geladen, und es wurde auch der Präsident des Bundesverwaltungsgerichts, Sendler, erwartet. Wie üblich war meinem Sohn um halb acht eingefallen, daß wir zusammen noch ein Puzzle schaffen müßten. Wir schafften es, und ich war zehn nach acht in der Gaststätte „Zum Grünen Baum".

Ich platzte peinlicherweise mitten in die Begrüßungsrede des Vorsitzenden. Richter – vor allem altgediente – lieben nun einmal den pünktlichen Anfang. Präsident Sendler berichtete von den gegenwärtigen Problemen seines Gerichts und der Verwaltungsgerichtsbarkeit insgesamt und nannte die Punkte, wo man uns seiner Meinung nach gegenwärtig mal wieder im Regen stehen läßt.

An erster Stelle steht natürlich die Flut der Asylklagen, dann kommen die ständigen Rechtsänderungen, die Unsicherheit und Kompliziertheit im Umweltschutzrecht, die Personalknappheit, die geplanten Änderungen der Verfahrensordnung, das Ausufern der Anspruchshaltung bei den Bürgern, das ständige Zunehmen der Notwendigkeit einstweiligen Rechtsschutzes und so weiter. Viel Bekanntes wurde neu formuliert, und nach der Rede diskutierte man in Gruppen weiter, denen sich der Präsident mal hier, mal da zugesellte.

Der rechte Schwung wollte allerdings nicht aufkommen. Waren das wirklich unsere Probleme? Mein Gegenüber – Richter in unserem Berufungssenat für Hochschulsachen – sprach mich auf ein Verfahren an, das wir kürzlich entschieden hatten, und so vertieften wir uns ins Hochschulrecht. Anderen erging es offentsichtlich ähnlich. Alles fachsimpelte so vor sich hin. Aber vielleicht war es einfach noch zu früh; die Zungen waren noch nicht gelöst.

In der Gaststube traf ich auf einen ÖTV-Kollegen, der gerade aus dem Urlaub zurückgekommen war. Wir setzten uns an den Tresen. Er war im Schwarzwald gewesen und schwärmte von der Ruhe und der klaren Luft: „Tannensterben durch sauren Regen – ist noch nichts von zu sehen." Nach dem Urlaub fiel ihm der Wiedereinstieg in die Arbeit schwer. Er ist in einer Asylkammer. Was ihn bedrückte, waren allerdings nicht die Dinge, die gerade offiziell zur Sprache gekommen waren. Die Kammer ist im wesentlichen für Palästinenser zuständig, die aus dem Libanon kommen. Meist junge Leute, aufgewachsen in Flüchtlingslagern, nach deren Bombardierung durch die Israelis vollends entwurzelt, häufig Waisen oder Halbwaisen. Niemand zwingt sie, sich einem der Kommandos anzuschließen, aber was bleibt ihnen übrig, wenn sie nicht verhungern wollen. Nun, sie können statt zu kämpfen und zu töten nach Deutschland gehen und Asyl beantragen. Natürlich ohne Chancen auf Anerkennung, denn politisch verfolgt sind sie ja nicht. „Für mich waren diese Verfahren am Anfang kein Problem, auch wenn es Hunderte waren", berichtet mein Kollege. „Aber dann las ich ein Interview des PLO-Sicherheitschefs, in dem dieser ultimativ fordert, mit der deutschen Asylpraxis Schluß zu machen. Er braucht diese Menschen als Kämpfer, als Terroristen gegen Israel. Und was tun wir? Gehorsamst schikken wir ihm jede Woche ein halbes Hundert zurück."

Der Kollege wirkt deprimiert: „Weißt du, als Richter steht man immer im Regen, weil man es nur einer Seite recht machen kann. Das ist unser Beruf. Aber in der Asylkammer, mit diesen Entscheidungen, mache ich es überhaupt niemandem recht. Ich schicke jemanden, der Frieden sucht, zurück in einen Krieg, der gegen die Interessen auch unseres Landes geführt wird. Bliebe er aber hier, wäre er ein weiterer Splitter in unserem sozialen Getriebe mit ebenfalls langfristig unabsehbaren Folgen." Dann saßen wir schweigend nebeneinander. Ich dachte an unsere Kraftwerksentscheidung (es darf gebaut werden, weil die neuen Kraftwerke weniger umweltschädlich sind als die alten), an die Häuser in der Falkenhagener Straße, an den riesigen Bagger in der Schulstraße 3.

„Bärnd hätte keine Probleme mit diesen Entscheidungen. Ihn stören die Splitter im sozialen Getriebe nicht – im Gegenteil. Er glaubt ja, daß man nur als so ein Splitter heute noch seine Identität bewahren oder wiederfinden kann."

„Wer ist Bärnd?" fragte mein Kollege.

„Jemand, mit dem ich noch ein Gespräch führen wollte. Aber daraus wird wohl nichts mehr."

IV

Ein Gespräch mit Richtern über Asyl, Folter und „die Rolle, die man hat“

„Dazwischen stehe ich selbst . . .“

Ein Gespräch mit Wiesbadener Richtern über Asyl, Folter und „die Rolle, die man hat“

BOLCK: Es ist heute möglich, daß jemand, dessen Asylantrag abgelehnt worden ist, der vergeblich geklagt hat und schließlich auch in der Revisionsinstanz nicht zum Zuge gekommen ist, einen zweiten Asylantrag stellt. Dann beginnt die gesamte Prozedur von vorn. Ich habe in meiner Kammer jetzt schon einige Leute, die sich seit 1976 im Land aufhalten, damals mit der Begründung, Bhutto in Pakistan habe sie verfolgt. Im Juli 77 wurde Bhutto gestürzt. Der Antrag läuft weiter, nun werden neue Gründe vorgebracht, es werden Briefe vorgelegt: „Komm ja nicht nach Hause, es ist gefährlich.“ Dann läuft das Verfahren ein zweites Mal durch. Uns belastet, daß wir es mit so vielen Menschen zu tun haben. Die meisten Fälle sind nicht begründet. Sie müssen aber dennoch durch eine mündliche Verhandlung gebracht werden, sie nehmen unsere Zeit in Anspruch, und da kommt man sich manchmal vor wie der arme Sisyphos, der den Stein hochrollt und dann, wenn er oben angekommen ist, dem herunterrollenden Stein nachblickt. Dann geht es wieder von vorn los. Und das ist das, was eine Frustration erzeugt und eine Müdigkeit. Man hat das Gefühl, eine sinnlose Arbeit zu machen, die einen davon abhält, das eigentlich Nötige zu tun.
KÖGEL: Ich komme mir manchmal eher vor wie ein Arzt, der das völlig falsche Instrumentarium in die Hand bekommt, der die völlig falschen Medikamente in die Hand kriegt, um ein

gesellschaftlich auffälliges Bild zu heilen oder mitzuwirken, daß geholfen wird. Es kommt einem sinnlos vor, Menschen vor sich zu haben, die kaum verschlüsselt zu erkennen geben: Ein politisch Verfolgter bin ich eigentlich nicht, wenn ich aber in der Bundesrepublik bleiben will, dann hab' ich nur dann eine Chance, wenn ich „einen auf Asyl mache". Wir wissen das oft. Es gibt türkische Asylbewerber, die das auch durchscheinen lassen, die das mit einem spitzbübischen Lächeln zu erkennen geben. Und dann sitzen Sie da und wissen, der Betreffende ist „nur" aus wirtschaftlicher Not hier, er möchte gern hier arbeiten, er möchte hier gern Geld verdienen, es kommt ihm auch nicht darauf an, selbst wenn er in Bangladesch einen akademischen Grad erworben hat, bei McDonald's Hamburger zu verkaufen, Hauptsache, er ist hier und verdient Geld. Wir diskutieren dann mit dem Betreffenden stundenlang herum, um herauszukriegen, ob er in seinem Heimatland wirklich von der Polizei gesucht worden ist. Ist er wirklich aus politischen Gründen gesucht worden? Alle, die im Raum sitzen, spüren, daß es darum gar nicht geht. Und trotzdem fragen wir nach politischen Verfolgungsgründen und wissen doch, daß die Klage mit größter Wahrscheinlichkeit abgewiesen werden wird.

FRAGE: *Darüber gibt es ja auch Zahlen. Wieviel Prozent der Asylbewerber haben in der ersten Instanz Erfolg?*

HILLMANN: Die Zahl dürfte ungefähr bei 2,5 Prozent liegen, eher niedriger. Insgesamt tendiert es wohl eher gegen ein Prozent.

BOLCK: Sie müssen berücksichtigen, daß wir ja die Fälle bekommen, die schon durch den Filter des Auffanglagers Zirndorf gegangen sind. Die dort Anerkannten kommen nicht mehr vor Gericht.

KÖGEL: Filter ist in diesem Zusammenhang vielleicht das falsche Wort. Man hat als Richter immer ein bestimmtes Gefühl den Leuten gegenüber, mit denen man es zu tun hat. Aber ich muß ehrlicherweise zugeben: Wäre ich in einer wirtschaftlich ähnlichen Lage wie der Betreffende, würde ich genauso handeln. Ich darf auch Verständnis haben, das ist mir nicht verboten, aber ich kann in mein Urteil nur hineinschreiben: „. . . hat sich herausgestellt, daß an der behaupteten politischen Verfolgung nichts dran ist. Es scheint wohl eher darum zu gehen, daß jemand aus wirtschaftlicher Not versucht hat, hierher zu kommen und hier zu bleiben." Dafür haben wir menschlich durchaus Verständnis, das schreiben wir auch in das Urteil hinein. Aber das hat mit politischem Asyl nach Artikel 16 GG überhaupt nichts zu tun, und nur das ist die Rechtsfrage, die wir zur Prüfung vorgelegt bekommen, obwohl von vornherein fast alle Beteiligten wissen, daß die meisten Anträge unbegründet sind. Und darum machen wir manchmal was völlig Irrwitziges, indem wir uns über Probleme unterhalten, um die es gar nicht geht.

FRAGE: *Ich könnte mir vorstellen, daß Bekannte, Freunde von Ihnen sagen: „Asylrichter? Um Gottes willen! Was macht ihr denn da?" Wie befangen sind Ihnen gegenüber Leute aus dem Bekanntenkreis?*

BOLCK: Befangen ist vielleicht etwas zu stark ausgedrückt. Es ist oft so ein leichtes Schulterzucken: Mein Gott noch mal, was soll dieser Kram? Es wird als etwas Sinnwidriges angesehen . . .

HILLMANN: „Was macht ihr da eigentlich?", wird gefragt.

BOLCK: Jaja, so, was tut ihr denn da eigentlich, es ist doch alles grober Unfug, wir wissen aus der Zeitung, daß es nur eine ganz geringe Anerkennungsquote bei euch gibt, dann beschäftigt ihr euch doch zum größten Teil mit Scheinprozessen, die unter falscher Flagge segeln.

KÖGEL: Ein Steuerberater, den ich recht gut kenne, hat mir mal gesagt, na ja, dann seht mal zu, daß ihr die Kerle ordentlich schnell rauskriegt! Wir sitzen zwischen allen Stühlen. Nicht nur, daß auch die Justizverwaltung erwartet, daß wir möglichst viele Fälle in kurzer Zeit abschließen, sondern man sitzt ja auch mit sich selbst zwischen den Stühlen, beispielsweise bei der Frage: Ich bin nach wie vor, bei dem Druck, der höheren Orts auf mich ausgeübt wird, nicht bereit, mein prozessuales Handwerkszeug über Bord zu werfen. Wir machen in unserer Kammer nach wie vor ausführliche mündliche Verhandlungen. Die Vernehmung des Klägers kann sich über zwei Stunden hinziehen. Was uns auf der einen Seite, teilweise von Leuten aus dem Ministerium, so leicht unausgesprochen vorgehalten wird: daß wir die ganze Geschichte viel zu langatmig abziehen. Trotzdem haben wir uns vorgestern von einem Rechtsanwalt die zu Protokoll erklärte Rüge eingefangen, daß wir den Kläger, ich pauschaliere mal, letztlich ungenügend zu Wort kommen ließen und ihm dadurch seine Chance raubten. Das war ein Beispiel dafür, daß man wirklich zwischen allen Stühlen sitzt. Es gibt eigentlich niemanden, der mit unserer Arbeit zufrieden ist. Im Unterschied zu den „klassischen" verwaltungsgerichtlichen Verfahren, etwa in Prozessen um Baugenehmigungen.

BOLCK: Da wird wirklich verhandelt, es wird wirklich gerungen. Und dann geht die Kammer raus und macht eine Ortsbesichtigung: Paßt die gewählte Dachform da wirklich rein in die Umgebung oder nicht? Das geht meist alles relativ ruhig und ohne große Emotionen ab. Es läuft recht honorig ab, könnte man sagen. Und da sind wir dann wirklich nur noch in unserer echten Funktion, daß wir dem Kläger klarmachen können: Also, passen Sie mal auf, wir sind nur dazu da, die Verwaltung zu kontrollieren, ob die Sie rechtmäßig behandelt hat oder nicht.

In den Asylverfahren sind wir von der Arbeitsweise her eigentlich Strafrichter geworden. Die ganze Vernehmungstechnik, dieses Auf-Widersprüche-Lauern, diese unausgesprochen im Raum stehende Frage: Legen wir den jetzt aufs Kreuz, oder schaffen wir es nicht?

FRAGE: *Sie wirken so wie drohende Monster auf die Ausländer, kann ich mir vorstellen.*

KÖGEL: Das liegt auch daran, daß beim Bundesamt in Zirndorf häufig keine Anhörung der Leute stattfindet, weil alles möglichst schriftlich abgewickelt werden soll. Die ersten, denen die Asylbewerber gegenübertreten, sind wir: drei Berufsrichter in schwarzen Kitteln und zwei ehrenamtliche Richter. Für die sind wir der Staat. Für die sind wir die Bösen, die ihnen nicht das geben wollen, was sie doch in ihrer Not wünschen. Und denen klarzumachen – also, passen Sie mal auf, Sie sind hier, damit wir einen Verwaltungsbescheid kontrollieren, von dem Sie betroffen sind – das geht überhaupt nicht.

FRAGE: *Es gibt ja auch Kritik an Ihren Entscheidungen selbst. Zum Beispiel: Es gibt die Entscheidung eines Verwaltungsgerichts, daß ein ungarischer Asylbewerber schon deshalb als politisch Verfolgter anzuerkennen sei, weil er einen Asylantrag gestellt habe. Das kommt einem als juristischem Laien natürlich absurd vor. Das würde ja bedeuten, man brauchte nur einzureisen, Asylantrag zu stellen, schon ist man . . .*

HILLMANN: Unter der Voraussetzung, Sie sind osteuropäischer Flüchtling.

FRAGE: *Ja, wie auch immer.*

HILLMANN: Nein, nicht wie auch immer.

FRAGE: *Ja, ist das nicht eine absurde Entscheidung, die wirklich kritikwürdig ist?*

KÖGEL: Dahinter kann ja zunächst stehen, daß ein Staat sich so beleidigt fühlt, wenn einer seiner Untertanen anderswo sagt, ich werde verfolgt, daß allein ein Asylantrag zu einer Verfolgung führen könnte, wenn der Betreffende in sein Heimatland zurückkehrt und man dort davon erfährt. Daß das andererseits eine Masche ist, auf der zu oft herumgeritten wird, steht auf einem anderen Blatt. Aber die Kritik der falschen Urteile spielt letztlich deshalb keine Rolle, weil aus unserer Sicht nahezu alle Anerkennungsurteile aus Wiesbaden in der nächsten Instanz aufgehoben werden. So ist es auch bei den anderen Oberverwaltungsgerichten.

BOLCK: Zwei wurden, glaube ich, gehalten, seitdem wir Asylrecht machen, also seit 1980.

HILLMANN: Noch mal zu dem von Ihnen erwähnten ungarischen Asylbewerber: Es ist frustrierend und auch juristisch schwer zu verdauen, wenn man die bevorzugte Behandlung von Asylbewerbern aus Ostblockstaaten sieht. Es gibt eine außerordentlich liberale Rechtsprechung des Bundesverwaltungsgerichts bei osteuropäischen Asylbewerbern. Und nur in dem Zusammenhang ist auch die zitierte erstinstanzliche Entscheidung zu verstehen, die besagt, *der* Ostblockflüchtling, der in der Bundesrepublik Deutschland, also im westlichen Ausland, einen Asylantrag stellt, läuft aus dem Grund so stark Gefahr, in seiner Heimat politisch verfolgt zu werden, weil er dort eine erhebliche Bestrafung wegen „Republikflucht" und sonstigen Staatsstraftatsbeständen befürchten muß, daß es ihm nicht zuzumuten ist, nach Hause zurückzukehren. Wobei es im übrigen die bekanntgewordene Innenministervereinbarung aus den sechziger Jahren gibt, daß Ostblockflüchtlinge ohnehin nicht abgeschoben werden sollen. Das heißt also, man könnte sich in diesem Zusammenhang das Asylverfahren ersparen, wenn man nur eines nachvollziehen würde: nämlich den Status des Ostblockflüchtlings von vornherein dem eines anerkannten Asylbewerbers anzugleichen, dann hätte man diesen, inzwischen sehr beachtlichen Teil, ja derzeit größten Anteil von Asylbewerbern aus dem Gerichtsverfahren überhaupt heraus und einen erheblichen Entlastungseffekt erreicht. Für manche Richter ist allerdings diese Sonderrechtsprechung für Ostblockflüchtlinge schwer zu verstehen, denn es gibt durchaus vergleichbare „Phänomene" in anderen Ländern – ob das Pakistan ist, ob das die Türkei insbesonders ist –, wo ähnliche politische Straftatbestände gelten, bei denen aber nicht daran gedacht wird, dies im Ergebnis so durchschlagen zu lassen wie bei Bewerbern aus dem Ostblock.

FRAGE: *Mit welchen Informationen über die Herkunftsländer arbeiten Sie eigentlich?*

HILLMANN: Bei den Auskünften vom Auswärtigen Amt haben wir uns eine Technik angeeignet, „zwischen den Zeilen" zu lesen und Entwicklungstendenzen in den Auskünften zu bestimmten Fragen des AA zu verfolgen. Im übrigen sind wir am Verwaltungsgericht Wiesbaden in der glücklichen Lage, eine exzellente, für Verwaltungsgerichte wahrscheinlich einmalige Dokumentationsstelle eingerichtet zu haben, in der zwei wissenschaftliche Mitarbeiter arbeiten, die ausschließlich damit beschäftigt sind, Auskünfte von allen möglichen Stellen, Gutachten, Rechtsprechung usw. zusammenzustellen, und auch länderweise zum Teil selber zu Kompendien zu verarbeiten. Das alles steht uns zur Verfügung.

FRAGE: *Kann man sagen, daß das AA etwa in der Frage von Folterungen in der Türkei so arbeitet, daß die in Ankara anrufen und fragen: Wird bei Ihnen gefoltert? Und die sagen natürlich nein. Daraufhin gibt das AA die Auskunft, in der Türkei wird nicht gefoltert?*

HILLMANN: Sagen wir mal so, es hat ja im Rahmen von Tagungen schon Darstellungen darüber gegeben, wie die Informationen des AA zustande kommen: Die diplomatischen Vertretungen vor Ort versuchen meist, den offiziellen Weg zu vermeiden. Den Auskünften haftet dadurch etwas Zufälliges an, sie sind wohl oft auch Ergebnisse der „berühmten" Party-Gespräche, was ja nicht unbedingt *nur* negativ sein muß.
BOLCK: Also, Sie hören vielfach aus der Türkei die Information, vor der Übernahme der Macht durch das Militär habe das Chaos geherrscht. Auf der Straße seien täglich 40 bis 50 Menschen den politischen Auseinandersetzungen zum Opfer gefallen. Und das hat jetzt aufgehört. Das ist ein Plus gegenüber dem damaligen Zustand, und das kann man objektiv feststellen.

Es kann natürlich sein, daß jemand, der sehr eng mit Ecevit und dessen politischer Richtung verbunden ist, die gegenwärtigen Zustände beklagt. Da kommen wir jetzt in eine sehr schwierige Situation. Wir neigen dazu, *unseren* Wertmaßstab, der ganz, ganz hochgeschraubt ist durch unser Verfassungssystem und unsere rechtsstaatliche Ordnung, an die Verhältnisse asiatischer Länder anzulegen, ferner Länder, die eine ganz andere kulturelle Entwicklung hinter sich haben, eine ganz andere Tradition, die ganz andere Denkgewohnheiten haben. Und da besteht für uns natürlich die große Schwierigkeit, vielleicht sogar die Versuchung, unsere Ideale, ich möchte fast sagen unsere superrechtsstaatlichen Verhältnisse zum allgemeinen Weltmaßstab zu machen, und da laufen wir Gefahr, uns wieder dem alten Vorwurf auszusetzen: Am deutschen Wesen soll die Welt genesen. Das ist eine Rücksichtnahme, die nicht nur dem AA obliegt, da mit Stellungnahmen etwas vorsichtig zu sein, sondern das könnte auch für uns in der Gerichtsbarkeit Zurückhaltung gebieten.
FRAGE: *Aber wenn man das jetzt überzeichnen würde, könnte man natürlich auch sagen, na gut, in der Türkei wird gefoltert, das gehört zur kulturellen Tradition.*
KÖGEL: Ich habe immer nur den Einzelfall zu entscheiden. Frage a) Trägt jemand überhaupt vor, daß er in der Türkei gefoltert worden ist? Frage b) Glaube ich ihm das auch? So, wie

er das in Details schildert. Und dann Frage c) Aus welchen Gründen ist ihm das widerfahren? Und was zu dieser Entscheidung dann allenfalls abstrakt, meine ich, derzeit zu diskutieren ist: Reicht die Anwendung von Folter in einem bestimmten Staat aus, um den Tatbestand der politischen Verfolgung mit Asylschutz anzuerkennen?

FRAGE: *Ja, eben. Kommt es dann für Sie noch wesentlich darauf an, aus welchen Gründen jemand gefoltert worden ist? Wenn er a) behauptet, gefoltert worden zu sein, und wenn Sie b) feststellen, daß es glaubhaft ist, daß er gefoltert worden ist, dann müßte c) für mich das Ergebnis folgen: Er ist politisch verfolgt.*

KÖGEL: Das ist umstritten. Da, glaube ich, unterscheiden wir Richter hier am Tisch uns in unserer persönlichen Auffassung. Ich wähle mal das überspitzte Beispiel: Der, der aus dem Staat X kommt, der dort einen Autodiebstahl begangen hat, was wir ein schlichtes Alltagsdelikt nennen, der dann sagt, daß er in diesem Zusammenhang in den staatlichen Strafvollzug geraten ist und vorher von der Polizei und später im Strafvollzug gefoltert worden ist, dem es dann gelungen ist, aus dem Gefängnis zu entfliehen, und der dann hierher gekommen ist – der ist für mich kein politisch Verfolgter mit Anspruch auf Asyl. Dieser Fall ist über eine andere Schiene zu lösen. Und zwar über diejenige, daß auch die Ausländerbehörden an das Grundgesetz gebunden sind, insbesondere an das Gebot, die Menschenwürde zu achten. Es wäre ein Verstoß gegen die Menschenwürde, so einen nun just wieder in den Staat abzuschieben, in dem ihm dann wegen einer Bagatelle die unmenschlichste Folter droht. Aber das Politische, das Spezifische eines Asylschutzes, das es ja noch gibt neben dem geringeren Schutz, nicht abgeschoben zu werden, dieses Spezifische des politischen Flüchtlings, das setzt nach meinem Verständnis voraus, daß jemand aus bestimmten politischen Motiven heraus von Staats wegen in seinem Heimatland verfolgt und mißhandelt worden sein muß.

BOLCK: Nehmen wir einmal an, eine charmante kleine Ehebrecherin kommt aus einem Land mit islamischem Gesetz hierher. Ihr droht die öffentliche Steinigung. Sie ist im letzten

Augenblick geflohen. Der wird man mit Fug und Recht nicht sagen können, daß sie eine politisch Verfolgte ist, aber man würde in das Urteil reinschreiben: Aus ausländerpolizeilichen Rücksichten und aus Gründen des Artikels 1 GG muß verhindert werden, daß sie dieser gräßlichen Pein unterworfen wird. Dann wird auch sicher nichts mehr geschehen, denn selbst wenn trotz dieses richterlichen Hinweises die Ausländerbehörde auf den absurden Gedanken käme, dieses Mädchen in ein Flugzeug zu setzen, damit es dann im Heimatland gesteinigt wird . . .

FRAGE: *Ist es so abwegig, daß die Ausländerbehörde trotzdem abschiebt?*

KÖGEL: Ich halte das für sehr unwahrscheinlich, daß nach einem solchen Hinweis eine Ausländerbehörde eine Ausweisungsverfügung erläßt, abgesehen davon, daß es dann auch noch den verwaltungsgerichtlichen Schutz eines Stopp-Antrags gibt, so daß wir da gar keine Befürchtungen haben.

BOLCK: Das Dilemma, das wir ja jetzt von verschiedenen Seiten beleuchtet haben, beruht doch darauf, daß wir 1949 in unserer Verfassung ein Versprechen gegeben haben: das Grundrecht auf Asyl, von dem damals überhaupt niemand ernsthaft glauben konnte, daß es zu der heutigen Entwicklung führen würde. Wir daran damals ein Land in Trümmern und Schutt, keine Arbeit, Brotkarten, Lebensmittelkarten. Es war doch eine bittere Notzeit, da hat doch niemand erwartet, daß aus diesem Versprechen einmal etwas werden würde. Und jetzt stehen wir vor einer Phase, in der der Nord-Süd-Konflikt die Welt bewegt; die große Zahl der Hungernden, der Elenden sieht eine Hoffnung bei einem Übersiedeln in die reichen Länder. Wir haben es mit einem Versprechen aus einer Zeit zu tun, in der man sich das alles gar nicht vorstellen konnte, und ein rechtsstaatliches System, das für jeden einzelnen Fall einen lückenlosen, umfangreichen, aufwendigen Rechtsschutz vorsieht, und darin liegen unsere Schwierigkeiten.

HILLMANN: Ich bin der Auffassung, wir haben in Deutschland ein akutes *ausländerrechtliches* Problem. Wir haben jetzt annähernd fünf Millionen Ausländer hier und keine Ausländerpolitik. Und wir bekommen sie wohl auch in Zukunft nicht. Das Asylrecht wird fatalerweise mit dem Ausländerproblem über einen Leisten geschlagen. Ich bin ferner nicht der Ansicht, daß das Asylproblem in Wirklichkeit ein wirtschaftlich nicht mehr zu verdauendes Problem sei für die Bundesrepublik Deutschland, denn es halten sich augenblicklich – soweit Zahlen darüber existieren – allenfalls etwa 200 000 Asylbewerber hier auf. Schließlich bin ich der Absicht, daß das Asylrecht bei uns, wenn man so will, zu einer Form der indirekten Entwicklungshilfe „verkommen" ist. Ich meine aber, daß wir ohnehin viel zu wenig Entwicklungshilfe leisten im Vergleich zu dem, was wir an „Entwicklungshilfe" aus den betreffenden Ländern gezogen haben und auch heute noch ziehen. Und ich denke, daß da eine Art Gegenleistung in Form der Gewährung von Asyl und der Gewährung eines Asylverfahrens vorhanden ist, was wir auch verkraften müßten.

FRAGE: *Interessant ist für uns natürlich, wie sich diese Einstellung auf die richterliche Arbeit auswirkt.*

HILLMANN: Darauf wollte ich eben hinaus. Was neu ist, vor allem auch für Verwaltungsrichter, die jetzt seit zweieinhalb Jahren mit Asylstreitigkeiten befaßt sind, ist die Härte, der die individuellen Vorverständnisse bei der Lösung der Fälle aufeinanderstoßen. Das führt manchmal zu schweren Auseinandersetzungen unter Kollegen.

Nehmen Sie das Problem der Folter. Dazu hat Manfred schon angedeutet, daß ich da etwas anderer Ansicht bin. Ich bewerte Folter in einem konkreten Einzelfall als ein Phänomen politischer Verfolgung. Deshalb, weil sich hierin die Einstellung eines Staates, der Staatsgewalt, der Macht ausdrückt, die ein Staat hat, der Übermacht, die ein Staat gegenüber dem einzelnen Bürger hat. Ich halte Folter für menschenrechtswidrig. Ich habe sie überhaupt für unerträglich. Und die Frage, die Herr Bolck hier zu Recht aufgeworfen hat: Dürfen wir das Grundrecht und den Grundrechtskatalog unserer Verfassung zu einer „Weltverfassung" ummünzen, womit wir Gefahr liefen, wieder in die Hybris der Deutschen zu verfallen . . . und unsere politisch-humanitär-rechtsstaatlichen Maßstäbe für alleinseligmachende zu halten. Das vertrete ich auch nicht. Aber: Ein Staat, der das Mittel der Folter systematisch anwendet, der *verfolgt* auch den einzelnen, der in diese Maschinerie hineingerät. Man kann solches Verhalten der Staatsmacht auch als „politisch" qualifizieren, weil sich darin zeigt, wie der Staat die Würde und die Menschenrechte des Bürgers einschätzt und zu welchen „Umgangsformen" er zu greifen bereit ist.

BOLCK: Wenn wir den Begriff der politischen Verfolgung in diesem Sinn ausweiten, wenn wir sogar noch das Unvermögen eines Staates, für das wirtschaftliche Wohlergehen seiner Bürger zu sorgen, mit einbeziehen . . .

HILLMANN: So weit gehe ich nicht.

BOLCK: Es gibt Tendenzen, die darauf hindeuten. Dann ist allerdings nicht auszuschließen, daß das Asylrecht in Deutschland wieder, wie im Jahre 1980, zu einem Einfallstor wird, das sich möglicherweise von Jahr zu Jahr erweitert. Selbst wenn es den Politikern gelingen sollte, eine Ausländerpolitik zu konzipieren, was sie bisher noch nicht fertiggebracht haben, aber selbst wenn dies künftig gelingen sollte, kommen durch dieses neu geschaffene weite Tor vielleicht nicht nur hunderttausend im Jahr, sondern eine halbe Million ins Land.

KÖGEL: Eines sollten wir herausstellen, Bernd: Selbstverständlich sind wir uns darin einig, daß die Folter in gröbster Weise gegen die Menschenwürde verstößt und gegen viele unserer Grundrechtsartikel. In einem Punkt bin ich vielleicht ein bißchen positivistischer als du. In Artikel 16 steht nicht: „Leute, die von ihrem Staat menschenrechtswidrig behandelt werden, genießen Asyl", sondern es heißt da, „der politisch Verfolgte genießt Asyl". Und nur wegen dieser Einengung komme ich mit einem juristischen Ansatz: Weil der Wortlaut von Artikel 16 GG anders ist, brauche ich ein anderes Denkmodell. Das soll auch nach meinem Verständnis nicht dazu führen, daß jemand, der gefoltert würde, wenn man ihn in sein Heimatland zurückverfrachtet, hier nun schutzlos ist. Nur muß man die Schienen beachten: Es gibt das Asylrecht, es gibt das allgemeine Ausländerrecht, und ich meine, daß diese Fälle – ich nehme das plastische Beispiel der Ehebrecherin, die die Steinigung zu erwarten hat – sich über das Ausländerrecht und über die Grundrechtsbindung jeder Ausländerbehörde lösen lassen, aber nicht über das Asylrecht für politisch Verfolgte.

FRAGE: *Sie reden von Schienen, aber wichtiger wäre mir die Frage: Was denkt sich ein Verwaltungsrichter, wenn er das auf eine bestimmte Schiene schiebt? Was denkt sich ein Verwaltungsrichter, der sagt, beide Auslegungen seien möglich, ich wähle die Auslegung, die mir die größte Sicherheit dafür bietet, daß jemand, der in der Türkei gefoltert würde, auch hierbleibt. Wie gehen Sie mit dieser Macht um?*

KÖGEL: Diese Frage betrifft jedes Gericht. Jeder Richter, glaube ich, ist schon mal versucht gewesen, ein bestimmtes Ergebnis zu erreichen.

HILLMANN: Das ist ja sehr vorsichtig ausgedrückt.

BOLCK: Daß er ein bestimmtes Ergebnis erreichen will und sich jetzt den Weg überlegt, wie mache ich das plausibel? Im Grunde genommen habe ich mir das vorgenommen, ich will ein bestimmtes Ziel erreichen, ich will ein bestimmtes Urteil fällen, und jetzt überlege ich mal, wie ich das am besten begründe. Das ist eine Gefahr.

HILLMANN: Bei der letzten Formulierung würde ich nicht mitziehen, aber ich glaube, daß fast alle Richter so arbeiten, wenn sie an einen Fall herangehen: daß sie sagen, welches Ergebnis halte ich für gerecht, sachgerecht, zweckmäßig. Aber für mich hat die Dogmatik dann eine wesentliche Kontrollfunktion, ob nämlich das Ergebnis juristisch darstellbar oder begründbar ist.

KÖGEL: Nehmen wir diese Ehebrecherin, die vielleicht gesteinigt würde, wenn man sie in ihr islamisches Heimatland zurücktransportierte. Ich will nicht, daß sie zurück muß. Ich will nicht, daß sie gesteinigt wird, das wäre ungerecht. Das kann ich aber nicht mit dem politischen Asyl verhindern. Dann schaffe ich es nicht, über meinen Schatten zu springen und zu sagen: Die sicherste Methode wäre, jetzt einfach zu sagen, das ist jemand, der ist politisch verfolgt. Ich finde es richtiger, in das Urteil reinzuschreiben, daß hier – auch ohne Asylschutz – auf keinen Fall abgeschoben werden darf.

BOLCK: Das sind die Konsequenzen, die sich für uns aus der Bindung an das Gesetz ergeben.

FRAGE: *Das ist doch aber auch eine gewisse Blauäugigkeit.*
KÖGEL: Was heißt Blauäugigkeit?
FRAGE: *Weil der Asylsuchende ja darauf vertrauen muß, daß die Ausländerbehörde sich an das hält, was der Richter in den Urteilsgründen schreibt. Das nenne ich Blauäugigkeit.*
BOLCK: Die Bindung des Richters an das Gesetz erzeugt nach dem Urteilsspruch in vielen Fällen ein Unbehagen, das wissen wir doch alle. Wir wissen doch, daß das Einsperren eines Menschen, das im Gesetz vielleicht vorgeschrieben ist, wenig dazu beitragen kann, die Probleme des Verurteilten zu lösen. Trotzdem, das ist ja das oft Bedrückende an diesem Handwerk, man ist an Normen gebunden und weiß, daß bei dieser Bindung nicht immer das rauskommt, was menschlich oder aus Gründen der Weisheit oder der Philosophie oder aus sonstigen höherrangigen Erwägungen geboten wäre.
KÖGEL: Schwierigkeiten gibt es nur dort, wo eine Ungewißheit bleibt. Wir wandern ja oft wie der Blinde im Nebel, weil wir nicht genau wissen, was in bestimmten Ländern vor sich geht. Wir haben zwar reichlich Informationen, seien es Gutachten des Orientinstituts, seien es Auskünfte des Auswärtigen Amts, von Amnesty International oder Auszüge aus der lokalen Presse des Landes, aus dem der Mann herstammt. Das haben wir alles da. Und trotzdem reicht es nicht aus, um sich ein exaktes Bild von dem zu machen, was sich dort abgespielt hat. Dort erst beginnt die Sache zu einer Gewissensbelastung zu werden, wo Ungewißheit beginnt.
HILLMANN: Aber mir ist noch ein anderer Punkt wichtig, und da spüre ich auch ein Unbehagen. Die Politik hat die Möglichkeit „entdeckt", daß man bei fehlender Legitimation oder Akzeptanz von politischen Entscheidungen diese einer anderen Institution unseres Staatswesens zuschieben kann. Und in diesem Zusammenhang kommen vor allem die Verwaltungsgerichte ins Spiel, weil sie es eben öfter und intensiver mit öffentlichen, das heißt in den politischen Bereich hineinragenden Vorgängen zu tun haben als andere Gerichtszweige. So geschieht es, daß wir – eine Kammer von drei Berufsrichtern plus zwei ehrenamtlichen Richtern – in einer an sich politischen Grundsatzfrage, die die gesamte Gesellschaft

angeht, dort juristische Entscheidungen treffen sollen, wo sich Parlamente, hinter denen der „Souverän", also das Wahlvolk, steht, zerstreiten. Nicht konsensfähige Entscheidungen werden auf Gerichte übertragen, die sich nicht wehren können. Und wenn die juristische Entscheidung da ist, üben politische Instanzen selbstverständlich Kritik: Daß Richter sich wieder einmal eine Entscheidung anmaßen über eine Frage, die überhaupt nicht juristischer Natur sei, daß die Richter eine mangelnde Sachkompetenz und im Endeffekt natürlich auch in der Sache falsch entschieden hätten.

BOLCK: Ein Richter, der nicht unter dieser Last und auch oft unter Gewissensqualen leidet, hat den falschen Beruf ergriffen. Das ist vielleicht das, was ... nun, ich betreibe dieses Geschäft schon einige Jahre, was manchmal sehr, sehr bedrückt. Es ist quälend. Ich habe noch niemals das Gefühl der Macht verspürt. Es war immer das Gefühl der Last. Manchmal auch der Qual.

FRAGE: *Können Sie sich an Situationen erinnern, in denen Sie besonders unter dieser Last gelitten haben?*

HILLMANN: Das sind bei uns in der Kammer zum Beispiel sozialrechtliche Fälle, die ja auf eine gewisse Weise die deutschen Asylfälle sind.

BOLCK: Eine andere Gruppe, bei der diese Last mich sehr gequält hat, das waren die Prozesse der Kriegsdienstverweigerer, weil ich der Meinung bin, daß das Gewissen mit dem Handwerkszeug der Juristen nicht zu erforschen ist. Das ist auch so eine Absurdität, die sich in unserer Gesellschaft festgesetzt hat, daß man mit Hebeln und Schrauben der Jurisprudenz an das menschliche Gewissen herankommt. Ich halte das, gelinde gesagt, für eine Anmaßung der Juristenzunft. Das Gewissen ist nicht erforschbar.

KÖGEL: Ich habe ein anderes Beispiel, das zunächst, vom Ansatz her, viel trivialer klingt. Es gibt Bauprozesse, weil Leute, vorwiegend kleine Leute, sich im Außenbereich in liebevoller Arbeit irgendwo ein Hüttchen zurechtgezimmert haben. Die ganze Feierabendkapazität dieser kleinen Leute, die es sich ja nicht leisten können, irgendwo eine Vorortvilla zu bauen, steckt da drin. Und so kommt es dann zu dem typischen Bauprozeß. Die Behörde sagt mit Recht, das ist unzulässiges Bauen im Außenbereich, das Wohnzimmer im Grünen ist nach dem Bundesbaugesetz unzulässig. Und dann gehen wir da hin und kontrollieren beim Ortstermin nach, ob der Betreffende wirklich dort ein Wohnzimmer im Grünen hat oder nur einen Hühnerstall. Es gibt eben auch Hühnerställe mit Tapeten, mit Gardinen, mit Steckdosen, und die Betroffenen sagen dann in ihrer Hilflosigkeit, warum sollen es meine Hühner nicht schön haben? In dem Moment, in dem ich als Richter deutlich machen muß, daß da Wohnen im Grünen stattfindet, wird es schwierig. Da bin ich einmal von einem Kläger als „Freisler" bezeichnet worden. Der ist mich körperlich fast angesprungen und hat seine ganze Wut und seine ganze Verzweiflung rausgeschrien: Wie ungerecht das doch alles sei! Das hat mich lange bewegt. Ich habe mir hinterher gesagt, natürlich habe ich hier wohl zutreffend das Gesetz angewendet, indem ich gesagt habe, die Abrißverfügung dieses Landkreises sei rechtmäßig. Aber ich habe mir doch die Frage gestellt: Ist das wirklich so gerecht, daß wir dem ein Stück seines Lebensinhalts wegnehmen, weil wir ein Gesetz anwenden, das ein sehr großstädtisches Vorverständnis hat, nämlich die Zersiedlung rund um die Großstädte zu verhindern. Das steckt ja dahinter, wenn man so was gesetzlich verbietet.

Das hat mich mehr bewegt als jeder Kriegsdienstverweigererfall. Denn die Verweigerer, die sich durch zwei Verwaltungsinstanzen durchgekämpft haben, sind nahezu alle anerkannt worden, jedenfalls bei uns in Wiesbaden.

Wenn ich dann auf der anderen Seite über personalvertretungsrechtliche Streitigkeiten zu entscheiden habe: Manche Leute meinen, daß die Wahl zum Personalrat in einer Behörde wegen eines Formfehlers beim Aushängen einer Wahlbenachrichtigung fehlerhaft gewesen sei. Und sie sind aufs tiefste empört. Da habe ich jetzt, nach der Beschäftigung mit Sozialfällen oder Asylverfahren, manchmal das Gefühl, mit was für einem Kleinkram beschäftigen die sich eigentlich? Ich möchte solchen Leuten am liebsten entgegenschleudern: Wenn ihr bei eurem Zeug, mit dem ihr hierherkommt, nur einmal zu uns in einen Asylprozeß kommen würdet, einmal in so eine mündli-

che Verhandlung, dann würde euch vielleicht die Relativität eurer Probleme aufgehen. Dann kann ich mich von dem Gefühl nicht lösen: Ich bin selbst Beamter, ich habe einen gesicherten Arbeitsplatz. Und da kommen nun Leute, denen geht es ähnlich, und die streiten sich nun über irgendeine Winzigkeit innerhalb ihres Berufsfeldes, obwohl sie fest im Sattel sitzen, obwohl ihnen eigentlich nichts passieren kann.
FRAGE: *Ist der Beruf als Verwaltungsrichter oft so frustrierend, daß Sie ihn am liebsten aufgeben würden?*
KÖGEL: Es kommt mir in Asylverfahren manchmal schon ziemlich sinnlos vor, was ich da mache. Frustrierend ist, a) daß wir mit dem wahren Problem dieser Leute überhaupt nichts zu tun haben, b) die Sinnlosigkeit des Prozesses, weil nach Abschluß solcher Verfahren oft keine Abschiebung erfolgt, c) daß wir auf der einen Seite ein ungeheures Rechtsmittelverfahren in Asyldingen aufziehen, daß aber derjenige, der es gar nicht schafft, beispielsweise illegal über Ostberlin hierher zu gelangen, sondern sich die Beine in den Bauch steht vor irgendeinem deutschen Konsulat im Ausland, arm dran ist. Da erledigt dieses ganze Asylverfahren der dortige Konsul oder ein Bediensteter, der dann sagt: Nein, Ihnen gebe ich kein Visum. Für den, der hierher kommt, es also geschafft hat, schließen sich ungeheure Möglichkeiten an. Und aus diesen Widersprüchen heraus habe ich das persönliche Gefühl, daß die Beschäftigung mit den Asylsachen zwar meine Aufgabe ist, die ich auch erfülle, solange ich Asylrichter bin, daß sie mir aber nicht gefällt.
FRAGE: *Wie ist das – hat die Rolle als Richter Sie selbst sehr verändert?*
HILLMANN: Man wundert sich über sich selbst. Man geht mit bestimmten Vorstellungen und Erwartungen in den Beruf hinein und versucht, sie zu verwirklichen. Die Erfahrung, die man macht, ist die, daß sich in Wirklichkeit die eigene Rolle verselbständigt. Das ist fast ein psychologisches oder tiefenpsychologisches Moment. Man wird abwägend, man traut sich manchmal vielleicht selbst in ganz privaten Bereichen nicht mehr, spontan zu sein, spontan eine Gefühlsäußerung zu geben, spontan eine Meinung zu haben. Man kontrolliert sich,

genauso wie man das dann bei seinen Fällen tut, daß man versucht, „objektiv" zu urteilen. Was einem zunächst spontan über eine Sache in den Sinn kommt, wird man gleich wieder hinterfragen und sich selbst zurückholen. Man denkt, daß man beide Seiten hören und abwägen muß.

FRAGE: *Sind das sozusagen Berufsdeformationen, die sich im Privatleben auswirken?*

HILLMANN: Das ist wahrscheinlich jedem von uns schon mal passiert, daß ihm gesagt worden ist, von Frau, Freundin, Angehörigen: Jetzt spricht der Richter!

BOLCK: Verglichen mit dem, was du vor zwanzig Jahren warst, bist du gelassener geworden, nicht mehr so begeisterungsfähig. Natürlich ist damit auch etwas verlorengegangen, das ist doch klar. Das ist ein ganz normaler Vorgang, daß im Lauf der Jahre die Begeisterungsfähigkeit abnimmt, die Spontaneität, möglicherweise auch die Bereitschaft für gesellschaftspolitisch verändernde Ideen, die Neigung, sich für etwas zu erwärmen. Daß die einer leichten Skepsis weicht, weil man sieht . . .

HILLMANN: Oder einer starken.

BOLCK: Einer Skepsis weicht. Das ist durchaus denkbar. Es muß nicht unbedingt nur an der disziplinierenden Kraft des Richterhandwerks liegen. Es kann auch durch das Abkühlen der Emotionen bedingt sein, was mit zunehmendem Alter unvermeidbar ist. Leider oder gottlob, wer weiß, was richtig ist.

KÖGEL: Ich habe vor zwei Tagen eine sehr persönliche Diskussion mit meiner Freundin gehabt, die sie dadurch beendete, daß sie empört aufstand und sagte: Ich bin doch kein Asylsuchender! Als wir dann hinterher noch einmal darüber sprachen, sagte sie, sie hätte den Eindruck gehabt, ich sei in eine Argumentations- und Frageweise hineingeraten, die sie wütend gemacht habe. Ich empfinde hier das Hineinwirken meines Berufs ins Persönliche manchmal als hinderlich, weil es mir die Spontaneität nimmt und weil ich merke, daß ich nicht schizophren leben kann. Ich kann nicht eine bestimmte Denk- und Verhaltensweise in meinem Beruf haben und dann im persönlichen Bereich anders sein. Und dieser Kompromiß, den ich für mich finde, führt dann möglicherweise dazu, daß ich in keinem dieser beiden Bereiche, jetzt überspitzt formuliert, von den jeweiligen Gesprächspartnern voll akzeptiert werde. Dann bin ich vielleicht manchmal Richterkollegen zu spontan, und im Privatleben bin ich meinem Gesprächspartner zu abwägend. Dazwischen stehe ich selbst.

V

Helmut Kramer:

Die NS-Justiz – Ein Betriebsunfall der Rechtsgeschichte?

Die Berührungsängste sitzen tief

Die NS-Justiz – Ein Betriebsunfall der Rechtsgeschichte?

Eine polnische Hausangestellte wurde zum Tode verurteilt, weil sie – in spontaner Reaktion auf Schikanen – ihrer deutschen Arbeitgeberin mit einer Handtasche ins Gesicht geschlagen hatte.

Ein 82jähriger Rentner wurde zum Tode verurteilt, weil er nach einem Luftangriff eine Pferdeleine an sich genommen hatte. Hingerichtet wurde auch ein polnisches Hausmädchen, weil sie einen jüdischen Säugling – dessen Eltern zur Vergasung geschleppt worden waren – bei sich versteckt hatte.

Geht uns das Unrecht der NS-Justiz heute noch etwas an?

Die Urheber selbst schlimmster Unrechtsurteile sind auch nach dem „Zusammenbruch" in der westdeutschen Justiz geblieben, deren Struktur sie in den Jahrzehnten ab 1945 maßgeblich geprägt haben.

Eine Untersuchung über den deutschen Richter von heute kann an dem Verhalten der Justiz im „Dritten Reich" aber aus einem noch wichtigeren Grund nicht vorbeigehen: Wenn sich eine Katastrophe ereignet hat, ist die Frage nach den Ursachen selbstverständlich. Das sollte auch für Katastrophen im gesellschaftlichen Bereich gelten. Erst wenn die Ursachen für das Versagen der Juristen unter dem Hitler-Regime geklärt und die nötigen Änderungen – zum Beispiel in der Juristenausbildung mit ihrer traditionellen Ausblendung der Sozialwissenschaften – vorgenommen sind, sind wir gegen eine Wiederholung des Unrechts gefeit. Ein erneutes Versagen braucht ja nicht gleich zu Todesurteilen nach Art des Marinerichters Filbinger zu führen. Es kann auch in sonstiger Nachgiebigkeit gegenüber der politischen Macht bestehen. Dafür gibt es sogar schon heute wieder konkrete Beispiele, auch wenn die Wünsche und Pressionen der politischen Instanzen heutzutage auf subtilere Weise artikuliert werden.

Was waren die Ursachen für die Anfälligkeit der NS-Juristen, was waren es für Menschen, die damals Todesurteile fällten, nur weil dies den Erwartungen der Machthaber entsprach? Zu erinnern ist hier vor allem an einen bestimmten geistigen Hintergrund in Ausbildung und Persönlichkeitsstruktur dieser Richter und Staatsanwälte. Da ist das am Staat und der Exekutive ausgerichtete Ordnungsdenken des deutschen Bürgertums, da ist die obrigkeitsstaatliche Mentalität des aus ihr hervorgegangenen Jusitzpersonals. Da sind die mißverstandenen und mißbrauchten Tugenden dieses Bürgertums, wie sie sich in schablonenhaft verstandenen Idealen und Begriffen verkörpern: Autorität, Ehre, Sittlichkeit, Nationalismus, Patriotismus. Bei den Juristen führte dies zu jenem unreflektierten, unpolitischen richterlichen Selbstverständnis, das nicht erkennt, wann vermeintliche Gesetzesunterworfenheit in blinde Willfährigkeit gegenüber der Macht übergeht.

Wer die NS-Justiz einfach als eine Art nicht wiederholbaren Betriebsunfall der Rechtsgeschichte abtun will, dem sollte immerhin die Feststellung zu denken geben, daß die schlimmsten Juristen der NS-Justiz nicht einmal die Alt-Nazis waren. Es waren vielmehr jene politisch farblosen Mitläufer und Karrieremacher, die sich nur des beruflichen Aufstiegs halber dem System anpaßten. Sie machten sich zu Handlangern des NS-Terrorsystems, nicht nur am Volksgerichtshof in Berlin, sondern auch an den Sondergerichten im Lande, die es auf eine annähernd gleich hohe Anzahl von Todesurteilen wie der Volksgerichtshof brachten.

Von dem durchgängigen Juristentyp in Deutschland und seiner fortbestehenden Anfälligkeit lenken deshalb Darstellungen ab, die den Volksgerichtshof mit der maßlos wütigen Verhandlungsführung Roland Freislers in den Mittelpunkt der

NS-Justiz stellen. Ein Mann wie Freisler ist durchaus nicht repräsentativ für die vielen Richter, die unauffällig, aber kaum weniger beflissen das von ihnen Gewünschte vollziehen.

Weil die Juristen, die nach 1945 für die Personalpolitik zuständig waren, diese Zusammenhänge nicht wahrnehmen wollten, war es möglich, daß die meisten NS-Richter, mochten sie auch an noch so schrecklichen Urteilen mitgewirkt haben, in die Justiz der Bundesrepublik übernommen wurden. Viele wurden in Spitzenstellungen berufen, von denen aus sie die demokratische Justiz beeinflussen konnten. Die tieferen Ursachen für die Wertschätzung der NS-Juristen lagen in der Vorherrschaft der genannten Qualifikations- und Loyalitätsanforderungen für den „funktionierenden" Juristen. Es war die Sorge, daß die Entfernung der Funktions-Elite des „Dritten Reiches" eine Zerschlagung der überkommenen politischen Apparate bedeutet hätte. Mit dem 1946 wieder einsetzenden Antikommunismus waren Forderungen nach einer Neuordnung der Gesellschaft so wenig gefragt wie demokratisch handelnde Persönlichkeiten. Die Folgen dieser Personalpolitik zeigten sich bald: im politischen Strafrecht mit seiner fanatischen Kommunistenverfolgung, bei der schleppenden Verfolgung von nationalsozialistischen Gewaltverbrechern andererseits, und auch in der Rigorosität der Berufsverbotspraxis.

Die Justiz der Bundesrepublik ist einer Auseinandersetzung mit der NS-Justiz und ihren Ursachen bislang aus dem Weg gegangen. Teils wurde das Versagen der Justiz im „Dritten Reich" mit Schweigen übergangen, teils systematisch verharmlost, teils hat eine Ideologieproduktion eingesetzt, die Einsicht in die wahren Zusammenhänge versperrt. Das Bemühen um eine geistige und politische Überwindung des Nationalsozialismus wurde von Restauration und der Mentalität des Kalten Krieges verdrängt. Von den vielen Juristen, die sich nachweisbar schlimmster Unrechtsakte schuldig gemacht hatten, ist von deutschen Gerichten kein einziger mit Erfolg strafrechtlich zur Rechenschaft gezogen worden. Die meisten von ihnen durften nach 1945 unbehelligt weiter amtieren. In den tonangebenden Kreisen der Justiz scheut man eine Auseinandersetzung mit der NS-Justiz noch heute wie die Pest: In den

Jahren 1945 bis 1980 haben rund 2000 Fortbildungsveranstaltungen für Richter und Staatsanwälte stattgefunden. Keine einzige davon hat sich in auch nur einem einzigen Vortrag mit dem heißen Eisen befaßt.

Nachdem 1981 und 1982 in Niedersachsen wenigstens zwei Kurztagungen zu dem Thema stattgefunden hatten, verschwand das Thema wieder völlig von der Tagesordnung. Eine für 1983 geplante Tagung der „Deutschen Richterakademie" sollte – trotz ersichtlich großen Interesses vor allem in der jüngeren Richtergeneration – aus politischen Gründen wieder abgesetzt werden. Nach heftiger öffentlicher Kritik steht diese Tagung nun wieder auf dem Programm.

Die Berührungsängste sitzen tief. In der Tat müßte eine Beschäftigung mit der NS-Justiz beängstigende Ähnlichkeiten aufdecken. Und über die Frage nach den Ursachen dazu führen, daß die bis heute unveränderten Strukturen der Justiz in Frage gestellt würden.

Die Justiz der Bundesrepublik hat den Nationalsozialismus, seine Ursachen und seine Folgen bis heute nicht überwunden. Nichts berechtigt uns zu der sorglosen Annahme, daß derartiges nicht wieder geschehen könnte.

Dokumente

Original-Urteile des NS-Volksgerichtshofs

Im Namen des Deutschen Volkes

In der Strafsache gegen

den Invaliden Robert B r o m aus Bottrop, Am Lamperfeld 96, geboren am 15. August 1892 in Pisaniki, zur Zeit in dieser Sache in gerichtlicher Untersuchungshaft wegen Zersetzung der Wehrkraft,

hat der Volksgerichtshof, 6. Senat, auf Grund der Hauptverhandlung vom 5. Juni 1944, an welcher teilgenommen haben

als Richter:

Volksgerichtsrat Hartmann, Vorsitzer,
Oberlandesgerichtsrat Fikeis,
SS-Brigadeführer Bauszus,
NSKK-Obergruppenführer Offermann,
Generalarbeitsführer von Mangold

als Vertreter des Oberreichsanwalts:

Landgerichtsrat Eisert,
für Recht erkannt:

Der Angeklagte, ein alter Kommunist, hat im Jahre 1943 in Bottrop verschiedenen Personen gegenüber durch abträgliche und gehässige Äußerungen über die militärische und politische Lage die Siegeszuversicht und den Wehrwillen des Volkes zu lähmen und den Feinden des Reichs zu helfen versucht.

Er wird deshalb zum Tode und lebenslangen Ehrenverlust verurteilt.

Er trägt die Kosten des Verfahrens.

G r ü n d e

Der Angeklagte Robert B r o m, der sich zufolge einer schweren Verwundung im Ersten Weltkriege ein schweres Leiden zugezogen hat, das ihn allmählich arbeitsunfähig machte, hat sich vor Jahren ein kleines Haus erbaut, das von ihm und seiner Familie und seit 1938 auch von den Eheleuten Reimann bewohnt wird. Er behauptet, daß diese in letzter Zeit auf ihn nicht gut zu sprechen waren, weil er davon abgekommen sei, ihnen Obst gegen Zigaretten zu liefern. Er verneint aber, daß zwischen ihnen Feindschaft bestehe. Von den Eheleuten Reimann wurde glaubhaft bestritten, daß sie dem Angeklagten etwas nachtrügen, und angegeben, daß sie sich mit ihm bis auf politische Meinungsverschiedenheiten immer gut vertragen haben. Der Eindruck, den die Zeugen in der Hauptverhandlung gemacht haben, hat ihr Vorbringen bestätigt. Ihre Aussagen ließen nichts von Gehässigkeit spüren und deutlich erkennen, daß sie den Angeklagten nicht mehr belasten wollten, als sie auf ihr Gewissen nehmen konnten. Richtig ist nur, daß Paul Reimann es möglichst vermied, sich mit dem Angeklagten in politische Gespräche einzulassen, weil ihre Ansichten auseinandergingen. Reimann ist Mitglied der NSDAP. Der Angeklagte machte kein Hehl daraus, daß er kommunistisch gesinnt ist.

Ob es zutrifft, daß der Angeklagte schon die Aussichten des Krieges in Polen bezweifelte und nach der Niederwerfung Frankreichs die deutsche Kriegsführung abfällig beurteilte, konnte nicht festgestellt werden. Der Zeuge, dem gegenüber der Angeklagte dies getan haben soll, stand dem Senat nicht zur Verfügung, und der Zeuge Reimann erinnerte sich nur, daß der Angeklagte wiederholt für Polen eingetreten ist. Hingegen sind Äußerungen des Angeklagten aus dem Jahre 1943 nachgewiesen, die seine Einstellung und Absicht klar erweisen.

Im Oktober 1943 äußerte sich der Angeklagte vor Frau Reimann, die Bäume im Busch bei Bottrop würden nicht ausreichen, um alle Nazis aufzuhängen, wenn der Krieg verloren sei. Bei einer anderen Gelegenheit erklärte er vor der Zeugin, für die Schweine – damit meinte er die nationalsozialistische Führung – werde er nicht arbeiten; er sei Arbeiter, für ihn komme nur ein Arbeiterstaat in Frage und dieser sei Rußland. Alle Personen, mit denen er in Berührung komme, seien ganz seiner Meinung, daß der Umsturz bald kommen werde.

Als sich der Angeklagte mit seinen beiden Töchtern, die übrigens bei vielen der festgestellten Äußerungen zugegen waren, während eines feindlichen Fliegerangriffes mit den Eheleuten Reimann im Luftschutzkeller aufhielt, sagte er, wenn er etwas zu sagen habe, wäre der Krieg schnell beendet; er würde den deutschen Reichstag einberufen, durch Flieger Bomben auf den Reichstag werfen lassen und damit wäre der Krieg vorbei. Als Kiew von der deutschen Wehrmacht geräumt wurde, äußerte sich der Angeklagte vor den Eheleuten Reimann mit Schadenfreude und Genugtuung, es wären viele Soldaten eingeschlossen und kämen nicht mehr wieder; eine Million Soldaten ginge dem Untergang entgegen. Ein andermal erzählte er den beiden Eheleuten, es seien 6000 Soldaten von den Russen gefangengenommen worden und allen sei der Hals abgeschnitten worden. Frau Reimann war über solche Äußerungen des Angeklagten derart entsetzt und verschüchtert, daß sie nachts nicht schlafen konnte und weinte.

In dem Nachbarhause des Angeklagten wohnt die Zeugin Käthe Goers. Sie ist bei der Polizei in Bottrop angestellt. Als sie vor 3 Jahren die Wohnung bezog, wurde sie von ihrem Hauswirt aufmerksam gemacht, daß der Angeklagte politisch nicht einwandfrei sei. Sie mied daher Umgang mit diesem, grüßte ihn aber, wenn sie ihm begegnete, mit „Heil Hitler". Er erwiderte den Gruß stets nur mit „Guten Morgen" oder „Guten Tag". Als die Zeugin im Sommer 1943 einmal den Gehsteig vor ihrem Hause fegte, stand der Angeklagte mit seinen beiden Töchtern vor seinem Hause. Zur gleichen Zeit gingen zwei Männer und zwei Frauen vorbei, und als die Männer an ihm vorbei waren, rief der Angeklagte der Zeugin zu: „Die zwei leben auch nicht von einer Karte." Als dann die beiden Frauen mit „Heil Hitler" grüßten, rief der Angeklagte, als die beiden vorbei waren, zu Frau Goers hinüber: „Wenn ich es schon höre, das ‚Heil Hitler'. Man wird den Lumpen schon zeigen, was demnächst passiert. ‚Guten Morgen', ‚Guten Tag' ist auch ein deutscher Gruß." Frau Goers hielt dem Angeklagten vor, daß er reichlich unvorsichtig sei und fragte, als der Angeklagte dann auf die Russen zu sprechen kam, ihn, ob er denn glaube, daß diese die Erzeugnisse ihrer Fabriken als Spielzeug verkauften. Darauf erwiderte er, der Russe müsse sich verteidigen, denn er sei von den Lumpen angegriffen worden.

Der Angeklagte will all das, was die Zeugen bekundet haben, nicht wahrhaben. Er will nur gelegentlich der Räumung von Kiew seiner Besorgnis über die Gefährlichkeit der Lage Ausdruck gegeben und bei dem Vorfall mit Frau Goers, die ihm, als die beiden Frauen vorbeigegangen waren, vorgehalten habe, er könne wohl den deutschen Gruß nicht aussprechen, erwidert haben: „Guten Morgen", „Guten Tag" sei auch ein deutscher Gruß. Als er noch Blockleiter bei der NSKOV gewesen sei, habe er mehr mit „Heil Hitler" gegrüßt, als dies die Zeugin jetzt tue. An der Richtigkeit der Bekundungen der Zeugin, die ihre Angaben beeidet habe, bestehen keine Zweifel. Die Verläßlichkeit der Aussagen der Eheleute Reimann wurde bereits erörtert. Gegen die Glaubwürdigkeit der Zeugin Goers konnte der Angeklagte nichts vorbringen, insbesondere auch nicht, daß sie ihm etwa feindlich gesinnt sei. Die Zeugin hat kein Interesse, den Angeklagten, mit dem sie weiter nicht bekannt ist, fälschlich zu belasten.

Das fortgesetzte Verhalten des Angeklagten, das in seiner Gesamtheit beurteilt werden muß, läßt klar erkennen, daß er, der von 1927 bis 1930 Mitglied der KPD gewesen ist und angeblich wegen Meinungsverschiedenheiten mit dem Vorstande ausgeschlossen wurde, Kommunist geblieben ist und als gehässiger Gegner des Nationalsozialismus und seiner Führung angesprochen werden muß. Aus dieser politischen Einstellung hat er versucht, gegen den Nationalsozialismus, seine Führung und gegen den Krieg Stimmung zu machen, und hierbei Frauen, von denen er annehmen mußte, daß sie seine Äußerungen weitergeben werden, Frau Goers übrigens auf offener Straße, einzuschüchtern, und dies insbesondere auch durch unwahre Behauptungen über die Kriegslage und über die Kriegsschuld. Er hat es so bewußt unternommen, öffentlich die Zuversicht und den Wehrwillen des deutschen Volkes zu zersetzen, der Kriegsmacht des Reichs zu schaden und in seiner kommunistischen Einstellung insbesondere die Sowjetunion zu begünstigen. Damit hat er sich in Tateinheit der Wehrkraftzersetzung und der landesverräterischen Feindbegünstigung (§ 5 Abs. 1 Nr. 1 KSSVO., §§ 91 b, 73 StGB.) schuldig gemacht. Umstände, die sein Verhalten als minder schweren Fall, sei es im Sinne des § 5 Abs. 2 KSSVO. oder des 2. Absatzes des § 91 b StGB., beurteilen ließen, liegen nicht vor. Der Angeklagte ist verbissener Kommunist, der es sich als gehässiger Gegner des Nationalsozialismus angelegen sein ließ, das Seine dazu beizutragen, daß der Krieg für das Reich verlorengehe. Er wurde daher gemäß § 5 Abs. 1 KSSVO. zu der zwingend vorgeschriebenen Todesstrafe verurteilt. Durch sein Verhalten hat er sich überdies für immer ehrlos gemacht (§ 32 StGB.).

Zufolge seiner Verurteilung hat der Angeklagte gemäß § 465 StPO. die Verfahrenskosten zu tragen.

gez. Hartmann
Fikeis

Der Oberreichsanwalt Berlin W. 9, den 19. Juli 1944
beim Volksgerichtshof Bellevuestraße 15.
J /

Sofort (für Kanzlei)!
Einschreiben!

Vfg.

1.) Zu berichten:
An den
Herrn Reichsminister der Justiz
zu Händen von
Herrn Ministerialrat Dr. Franke
oder Vertreter im Amt
in B e r l i n W. 8.
Wilhelmstraße 65,
– unter Beifügung der Urschrift des Erlasses über die Nichtausübung des Gnadenrechts
Betrifft: Vollstreckung der Todesstrafe an dem Invaliden Robert Brom
wegen Wehrkraftzersetzung.
Erlaß vom
Vorbericht vom
Anlage: 1 Schriftstück.
Sachbearbeiter:
Die durch Urteil des 6. Senats des Volksgerichtshofs vom 5. Juni 1944
gegen den Invaliden Robert Brom
aus Bottrop
erkannte Todesstrafe ist am 17. Juli 1944 vorschriftsmäßig vollstreckt worden. Die Hinrichtung ist ohne Zwischenfall verlaufen; sie hat 7 Sekunden gedauert.
Den anliegenden Erlaß reiche ich zurück.
2.) Nach Absendung des Berichts dem Sachbearbeiter wieder vorlegen, spätestens nach 3 Tagen.
Vo. 9
22. Juli 1944

Im Namen des Deutschen Volkes

In der Strafsache gegen

den Schlachter Eugène C r o z e, geboren am 13. Februar 1919 in Lyon (Frankreich), zuletzt in Braunschweig wohnhaft gewesen, französischen Staatsangehörigen, z. Zt. in dieser Sache in gerichtlicher Untersuchungshaft,

wegen Landesverrats

hat der Volksgerichtshof, 3. Senat, auf Grund der Hauptverhandlung vom 12. August 1943, an welcher teilgenommen haben

als Richter:

Volksgerichtsrat Dr. Greulich, Vorsitzer,
Kammergerichtsrat Dr. Makart,
SS-Brigadeführer Bauszus,
Generalarbeitsführer Voigt,
Ortsgruppenleiter Winter,

als Vertreter des Oberreichsanwalts:

Staatsanwalt Alter,

für Recht erkannt:

Der Angeklagte Eugène C r o z e wird wegen Feindbegünstigung

zum T o d e

verurteilt.

Die Kosten des Verfahrens trägt der Angeklagte.

Gründe

Der Angeklagte ist als französischer Staatsangehöriger in Lyon geboren, hat dort die Volksschule besucht und anschließend Schlachter gelernt. Er war bis zur Einberufung in die französische Armee im November 1939 in verschiedenen Schlachtereien, zwischendurch auch als Gelegenheitsarbeiter, beschäftigt. Nachdem er im Februar 1940 aus dem Heeresdienst wieder entlassen worden war, betätigte er sich in seinem erlernten Beruf und als Gelegenheitsarbeiter. Als er dann keine rechte Beschäftigung mehr fand und sich auch mit seinem Vater überworfen hatte, meldete er sich zum Arbeitseinsatz in Deutschland und fand vom 23. Dezember 1942 ab Beschäftigung bei der Schlachterei Bethmann in Braunschweig, wo er bis zu seiner Festnahme in der vorliegenden Sache am 21. Januar 1943 arbeitete.

Der Angeklagte ist ledig und nicht vorbestraft. Über seine frühere politische Einstellung ist nichts Näheres bekannt.

Vor seiner Abreise nach Deutschland lernte der Angeklagte in Lyon den Franzosen Marin kennen. Dieser führte ihn in eine Gastwirtschaft, und hier hörte der Angeklagte, wie der Wirt dieses Gasthauses den Marin aufforderte, in Lyon Männer für den Eintritt in die englisch-amerikanische Nordafrikaarmee zu werben. Der Gastwirt wollte dann diese Leute über Perpignan dem nordamerikanischen Konsulat in Barcelona zuführen, von dem für ihre Überführung zu der Armee de Gaulles nach Nordafrika gesorgt werde. Er habe schon drei Franzosen auf diese Weise nach Afrika geschickt. Als er hörte, daß der Angeklagte nach Deutschland gehen wolle, forderte der Gastwirt auch ihn auf, Franzosen, deren Arbeitsvertrag abgelaufen sei, oder Kriegsgefangene, die sich zur Armee de Gaulles begeben wollten, an ihn zu verweisen. Bei diesem Gespräch äußerte Marin auch, er habe eine Waffensammlung, die für eine Revolutionsbewegung in Frankreich verwendet werden sollte.

Während seiner Tätigkeit in Braunschweig kam der Angeklagte mit anderen französischen Zivilarbeitern in Berührung. Als einmal im Gemeinschaftsraum des Wohnlagers im sächsischen Hof durch einen Zivilarbeiter die Sprache darauf kam, nach Afrika zu den Achsentruppen zu gehen, sagte der Angeklagte zu den anwesenden Zivilarbeitern, er sei in der Lage, denen, die in Afrika kämpfen wollten, ein Büro in Lyon anzugeben, das sie über das amerikanische Konsulat in Barcelona nach Afrika schaffen werde; er könne jedem, der sich dafür interessiere, die Anschrift dieses Büros angeben. Dem französischen Zivilarbeiter Jean Savoie, dessen Arbeitsvertrag in Deutschland ablief, und der sich nach der Aussage des Zeugen Ispano mit dem Gedanken trug, nach Frankreich zurückzukehren, um der Falangue, einer an der Seite der Achsentruppen in Nordafrika kämpfenden Freiwilligenformation, beizutreten, gab der Angeklagte die Anschrift des Marin und des Kaffeehauses in Lyon, in dem er Marin sprechen könne, sowie ein Empfehlungsschreiben in französischer Sprache, das übersetzt in den wesentlichen Punkten etwa folgenden Wortlaut hat:

„Braunschweig, den 17.1.43.

Mein lieber Marin!

Ich schicke Dir einen „copain", bringe den bitte in Verbindung mit der Schenke, welche die „copains" nach Afrika bringt über Spanien. Du kannst bei ihm ganz sicher sein, es ist einer, wie Du bis jetzt noch nicht hast. Falls Du eine andere Verbindung hat, sprich mit ihm."

Es folgt dann die Anschrift des Marin, bezw. eine Beschreibung des Cafés, in dem er von 11.30 bis 12.30 Uhr anzutreffen sei, und eine Schilderung der Straßenbahnverbindung nebst einer Straßenskizze.

Ob Jean Savoie diesen Weg benutzt hat und nach Afrika gegangen ist, hat sich nicht feststellen lassen.

Der oben geschilderte Sachverhalt beruht auf der Einlassung des Angeklagten, auf der Aussage des Zeugen Ispano und auf dem bei den Akten im Original befindlichen Empfehlungsschreiben des Angeklagten, dessen Urheberschaft er anerkennt.

Zur inneren Tatseite hat der Angeklagte angegeben, er habe sich nie mit Politik befaßt, sei kein ausgesprochener Anhänger de Gaulles, wenn er auch mit den Maßnahmen der französischen Regierung nicht immer einverstanden gewesen sei. Er habe nie für de Gaulle geworben, habe über Marin und die

Anlaufstelle nur einmal gesprochen und habe dem Jean Savoie die Anschrift des Marin und das Empfehlungsschreiben nur aus Mitleid ausgehändigt, weil Savoie in Frankreich wegen Schwarzhandels verurteilt worden sei und zur Vollstreckung der Strafe gesucht wurde. Er habe ihm die Flucht nach Afrika ermöglichen wollen und habe nicht daran gedacht, daß er dadurch den Achsengegnern Hilfe leiste.

Der Senat hat dieser Einlassung des Angeklagten keinen Glauben geschenkt. Der Angeklagte hat aus den Erzählungen Marins und des Gastwirts klar entnommen, daß die der Anlaufstelle in Lyon zugeführten Leute über das amerikanische Konsulat in Barcelona zu den englisch-amerikanischen Truppen in Nordafrika zur aktiven Teilnahme an den dortigen Kämpfen gebracht werden sollten. Er hat auch erfahren, daß von dem Gastwirt auf diese Weise bereits drei Franzosen nach Afrika geschickt worden seien. Er hat in dem Gemeinschaftsraum der französischen Zivilarbeiter ganz öffentlich über diese Anlaufstelle in Lyon gesprochen und sich bereit erklärt, jedem, der Interesse daran habe, die Anschrift anzugeben. Erst daraufhin hat sich Savoie an ihn gewandt und die Anschrift und das Empfehlungsschreiben von ihm erhalten. Der Angeklagte hat also bewußt die Werbung im Reiche eingesetzter französischer Zivilarbeiter für den Eintritt in die in Nordafrika kämpfenden Feindarmeen betrieben. Wenn seine Tätigkeit keinen größeren Umfang angenommen hat und ein nachweisbarer Erfolg nicht eingetreten ist, so liegt das nur daran, daß sein Treiben rechtzeitig entdeckt und eine weitere Tätigkeit durch seine Festnahme verhindert wurde. Der Senat hat nach dem ganzen Sachverhalt keinen Zweifel darüber, daß der Angeklagte der Überzeugung war, Savoie werde auf dem von ihm angegebenen Wege nach Afrika zu den Armeen der Achsengegner gelangen, und daß er sich bewußt war, dadurch eine Stärkung der feindlichen Macht zum Nachteile der Kriegsmacht des Großdeutschen Reiches herbeizuführen.

Damit ist der Tatbestand des § 91 b StGB. erfüllt. Die Milderungsvorschrift des Abs. 2 dieser Gesetzesvorschrift konnte keine Anwendung finden. Es entspricht der ständigen Rechtsprechung des Volksgerichtshofs, daß die Zuführung auch nur eines einzelnen Soldaten oder waffenfähigen Mannes keinen unbedeutenden Nachteil für das Reich darstellt, denn auch ihm muß im Falle seines Einsatzes wertvolles deutsches Blut entgegengesetzt werden.

Der Angeklagte, dem in Deutschland Arbeit und sicherer Verdienst geboten wurde, während Großdeutschlands beste Söhne für die Freiheit Europas ihr Leben lassen, hat sich gegen das Reich schnöde vergangen. Mit Rücksicht auf die kämpfende Front und die Sicherung des Reiches muß er ausgemerzt werden. Der Senat hat daher gemäß § 91 Abs. 1 StGB. gegen den Angeklagten auf die Todesstrafe erkannt.

Die Kostenentscheidung regelt § 465 StPO.

gez.: Dr. Greulich
Dr. Makart.

Im Namen des Deutschen Volkes

In der Strafsache gegen

den Bergmann Charles G a n t y, geboren am 17. April 1920 in Jumet bei Charleroi in Belgien, zuletzt in Gelsenkirchen-Horst wohnhaft gewesen, belgischen Staatsangehörigen, zur Zeit in dieser Sache in gerichtlicher Untersuchungshaft,

wegen Feindbegünstigung

hat der Volksgerichtshof, 2. Senat, auf Grund der Hauptverhandlung vom 21. Mai 1943, an welcher teilgenommen haben

als Richter:

Kammergerichtsrat Diescher, Vorsitzer,
Landgerichtsdirektor Preußner,
SS-Brigadeführer Goetze,
SA-Brigadeführer Hauer,
Generalmajor Gempp,

als Vertreter des Oberreichsanwalts:

Erster Staatsanwalt Domann,

für Recht erkannt:

I.

Der Angeklagte hat in der Zeit vom Mai 1941 bis zum August 1942 in einem Lager ausländischer Zivilarbeiter ständig zur Arbeitssabotage aufgefordert.

Er wird deshalb wegen landesverräterischer Feindbegünstigung zum Tode verurteilt.

II.

Er trägt die Kosten des Verfahrens.

Von Rechts wegen.

Gründe

I.

Der Angeklagte, ein Belgier wallonischen Volkstums, war in seiner Heimat als Fabrikarbeiter und später als Bergmann tätig. Er wurde 1939 zum Wehrdienst im belgischen Heer eingezogen, kam aber nicht zum Einsatz an der Front.

Einer politischen Partei hat er nach seiner unwiderlegten Behauptung nicht angehört.

II.

Im Januar 1941 verpflichtete sich der Angeklagte auf unbestimmte Zeit als Zivilarbeiter für Deutschland und kam alsbald auf die Zeche „Nordstern" in Gelsenkirchen-Horst. Hier wurde er mit etwa 200 ausländischen Arbeitern teils belgischer, teils anderer Nationalität in einem Schulgebäude untergebracht. Obwohl es ihm wirtschaftlich gut ging, er verdiente einen höheren Lohn als in seiner Heimat und erhielt auch eine bessere Beköstigung als dort, führte er ständig unter seinen Arbeitskameraden gehässige Reden gegen Deutschland. Anfangs schimpfte er über die Verpflegung, die er als ein Fressen bezeichnete. Dann aber machte er auch Äußerungen politischen Inhalts. Insbesondere forderte er die auf seiner Stube mit ihm liegenden Arbeitskameraden auf, langsamer und nachlässiger zu arbeiten, die Arbeitsschichten zu versäumen oder gar die Arbeitsstelle überhaupt zu verlassen. Dabei wies er darauf hin, daß die Deutschen weniger Benzin zur Verfügung haben würden, wenn weniger Kohle gefördert würde, und äußerte im Zusammenhang damit, daß es besser sei, „für die Gegenseite" zu arbeiten, damit die Deutschen nicht den Krieg gewönnen. Derartige Reden führte er häufig, und zwar in Gegenwart belgischer Arbeitskameraden, insbesondere der Zeugen Guerit und van Laethen, aber auch im Beisein anderer ausländischer Arbeiter. Daß er damit Anklang gefunden hat, ist nicht mit Sicherheit festzustellen. Nach den Bekundungen des Zeugen van Laethen reagierten seine Zuhörer in der Weise, daß sie lachten oder ihn für verrückt erklärten. Einige äußerten auch, daß man so etwas nicht sagen dürfe. Der Zeuge Guerit, der zweimal in dieser Zeit aus dem Lager entflohen aber wieder zurückgebracht worden ist, behauptet zwar, gerade durch die Äußerungen des Angeklagten zur Flucht verleitet worden zu sein, doch hat der Senat Bedenken gehabt, ihm insoweit Glauben zu schenken. Denn Guerit hat gleichzeitig bekundet, daß er die erste Flucht unternommen habe, um nach einer Trennung von siebzehn Monaten wieder einmal zu seinen Angehörigen zu kommen, und das zweite Mal entwichen sei, weil er befürchtet habe, wegen eines Diebstahls bestraft zu werden.

Im März 1942 verließ der Angeklagte seine Arbeitsstelle heimlich und entwich in seine Heimat. Nach seiner Rückkehr wurde er in einem Arbeitererziehungslager untergebracht und erst dann zu seiner Arbeitsstelle entlassen, nachdem er sich ausdrücklich schriftlich verpflichtet hatte, sich jeder Äußerung gegen den nationalsozialistischen Staat zu enthalten. Trotzdem setzte er seine frühere hetzerische Tätigkeit fort. So äußerte er u. a., nur Verrückte könnten sich freiwillig zum Eintritt in die Flämische oder Wallonische Garde melden und auf seiten Deutschlands gegen die Sowjets kämpfen. Für ihn käme das nicht in Frage. Im übrigen arbeitete der Angeklagte entsprechend seiner eigenen Aufforderung selbst langsamer und schlechter.

Am 31. August 1941 wurde der Angeklagte festgenommen.

III.

Der Angeklagte hat diesen Sachverhalt in der Hauptverhandlung im wesentlichen bestritten. Er ist aber überführt durch die Bekundungen der Zeugen van Laethen, Kriminaloberassistent Marx und des von diesem zugezogenen Dolmetschers Pavlovic. Der Zeuge Guerit hat ihn allerdings darüber hinaus noch weiterer ähnlicher Äußerungen bezichtigt, doch hat der Senat Bedenken gehabt, dem Zeugen insoweit zu folgen. Denn Guerit hat, wie bereits geschildert, selbst zweimal die Arbeit verlassen und es besteht Grund zu der Annahme, daß er den Angeklagten zu Unrecht belastet, um sich selbst auf diese Weise in ein besseres Licht zu setzen.

IV.

Bei der rechtlichen Beurteilung des Sachverhalts ist der Senat von folgenden Erwägungen ausgegangen:

Der Angeklagte war mit seinen Landsleuten in einem Zechenbetrieb tätig, also mit kriegswirtschaftlichen Arbeiten beauftragt. Diese Arbeiten sind im totalen Krieg, wie ihn Deutschland zu führen gezwungen ist, von höchster Wichtigkeit und ihre ungestörte Durchführung kann auch für das militärische Geschehen von entscheidender Bedeutung sein, insbesondere wenn für die Kriegführung benötigtes Material nicht in der vorgesehenen Menge oder zur festgesetzten Zeit fertiggestellt und angeliefert wird. Aus diesem Grunde bedeutet jeder in der aufgestellten Planung nicht vorgesehene Ausfall von Arbeitskräften nicht nur eine Schädigung des betreffenden Werks, sondern vor allem einen Nachteil für die Kriegsmacht des Reiches. Einen solchen hat der Angeklagte auch beabsichtigt. Hat er doch seine Arbeitskameraden gerade darauf hingewiesen, daß Deutschland weniger Benzin zur Verfügung habe, wenn weniger Kohle gefördert würde, und daß man daher durch schlechtere Arbeitsleistung den Sieg des Reichs verhindern müsse. Die Bedeutung, die das Benzin als Kraftstoff für die Kriegsführung hat, ist ihm mithin wohl bekannt gewesen. Er hat sich nun nicht darauf beschränkt, durch seine Hetze zu schlechterer Arbeitsleistung, also zu einem Verbrechen der Feindbegünstigung im Sinne des § 91 b StGB. aufzufordern, sondern hat selbst schlechter und langsamer gearbeitet und schließlich sogar heimlich die Arbeit verlassen, um in seine Heimat zu gehen. Damit hat er den Tatbestand der Feindbegünstigung erfüllt. Er war deshalb, da das Verbrechen des § 92 StGB. in dem des § 91 b StGB. aufgeht, wegen Feindbegünstigung zu bestrafen.

V.

Die Tat des Angeklagten hat, soweit erkennbar, keine schweren Folgen gehabt, denn der vorübergehende Ausfall der Arbeitsleistung des Angeklagten selbst fällt nicht erheblich ins Gewicht und seine Hetze hat bei den Arbeitskameraden keinen Anklang gefunden. Trotzdem mußte der Senat dem Angeklagten die Strafmilderung des § 91 Abs. 2 StGB. versagen, da gerade die von ihm begangene Hetze schwerste Folgen herbeizuführen geeignet war. Die deutsche Staatsführung hat sich nämlich im Laufe des Krieges gezwungen gesehen, immer mehr wehrfähige deutsche Arbeiter aus dem Arbeitsprozeß herauszuziehen, um sie in die Wehrmacht einzureihen. An ihrer Stelle sind in steigendem Maße ausländische Arbeiter in die kriegswirtschaftlichen Betriebe eingesetzt worden, so daß bereits Millionen derartiger Arbeiter mit kriegswichtigen Arbeiten betraut sind. Diese stammen zum großen Teil – wie auch der Angeklagte und seine Arbeitskameraden – aus Staaten, die noch vor gar nicht langer Zeit gegen Deutschland mit der Waffe gekämpft haben. Sie arbeiten nur deshalb in Deutschland, wei sie hier bessere Arbeitsbedingungen als in ihrer Heimat gefunden haben, es besteht aber kein Grund zur Annahme, daß sie Deutschland Sympathien entgegenbringen oder auch nur die Bedeutung des Kampfes gegen die plutokratischen Mächte und gegen den Bolschewismus richtig erkennen. Nicht viel anders verhält es sich mit den anderen ausländischen Arbeitern, die in der Mehrzahl auch nur aus wirtschaftlichen Gründen sich zur Arbeit in Deutschland gemeldet haben. Sie alle können in politischer Beziehung keineswegs als unbedingt zuverlässig angesehen werden, es besteht vielmehr Anlaß, anzunehmen, daß sie deutschfeindlicher Propaganda zugänglich sind, insbesondere soweit sie in den luftgefährdeten Gebieten beschäftigt sind. Sollte es aber gewissenlosen Hetzern gelingen, auf diese vielfach ohnehin mit ihrem Los nicht zufriedene Elemente Einfluß zu gewinnen, so bestünde die Gefahr, daß sich Vorgänge wie der Munitionsarbeiterstreik des Ersten Weltkriegs wiederholen und auf diese Weise die Front hinterrücks erdolcht wird. Derartigem Vorhaben muß daher von vornherein mit aller Härte entgegengetreten werden. Aus diesem Grunde hat der Senat gegen den Angeklagten trotz seines jugendlichen Alters die Todesstrafe ausgesprochen.

Die Kostenentscheidung ergibt sich aus dem Gesetz.

gez.: Diescher
Preußner.

Im Namen des Deutschen Volkes!

In der Strafsache gegen

den Arbeiter Johannes Eligius B i s c h o p s aus Bremen, geboren am 30. November 1907 in Antwerpen, belgischen Staatsangehörigen, zur Zeit in dieser Sache in gerichtlicher Untersuchungshaft,

wegen Wehrkraftzersetzung

hat der Volksgerichtshof, 3. Senat, auf Grund der Hauptverhandlung vom 2. Mai 1944, an welcher teilgenommen haben

als Richter:

Volksgerichtsrat Lämmle, Vorsitzer,
Landgerichtsdirektor Dr. Münstermann,
SS-Brigadeführer Bauszus,
SA-Brigadeführer Hauer,
Stadtrat Vahlberg,

als Vertreter des Oberreichsanwalts:

Landgerichtsrat D ö l z,

für Recht erkannt:

Der Angeklagte Bischops, ein flämischer Arbeiter, der im Reich Arbeit gefunden hat, hat sich im Sommer 1943 wiederholt zu Arbeitskameraden defaitistisch geäußert.

Er wird deswegen zum T o d e verurteilt.

G r ü n d e:

Der Angeklagte, ein Flame, belgischer Staatsangehörigkeit, arbeitet seit dem 29. Jan. 1942 bei einer Schokoladenfabrik in Bremen, die ihn am 5.3.1943 an das dortige Marineverpflegungsamt abgab, aber weiterhin zur Luftschutzwache in ihrem Betrieb heranzog. Seine Vorgesetzten und Arbeitskameraden schildern ihn als einen ruhigen, anständigen und fleißigen Arbeiter, der für seine Frau und seine drei unmündigen Kinder zu sorgen bestrebt war. Wegen seiner häuslichen Verhältnisse hat ihn der Prokurist Koblank Anfang 1943 Sonderurlaub gegeben. Vom 29. 8. 1943 bis 11. 9. 1943 war der Angeklagte erneut in seine Heimat beurlaubt.

Schon vor diesem letzten Urlaub äußerte der Angeklagte während der Luftschutzwache bei der Erörterung der englisch-amerikanischen Landung auf Sizilien, daß die Engländer in 14 Tagen in Rom sein würden. Der Prokurist Koblank fragte den Angeklagten, wie er zu dieser Behauptung komme, worauf der Angeklagte antwortete, „Deutschland habe den Krieg sowieso verloren". Koblank wies den Angeklagten energisch zurecht, behielt aber schon damals den Eindruck, daß der Angeklagte unbelehrbar sei. Zugegen war bei diesem Gespräch die ganze achtköpfige Luftschutzwache.

Ebenfalls während einer Luftschutzwache, und zwar Ende Juli 1943, erklärte der Angeklagte – nach seiner Einlassung auf die Bemerkung einer Frau, daß nach Hamburg wohl Bremen herankommen würde –, daß die Engländer Hamburg bis zum 31. Juli fertigmachen würden, und daß Bremen am 1., 2. und 3. August herankommen würde. Eine durch die Auslassung des Angeklagten ängstlich gewordene Arbeiterin namens Brinkmann wandte sich an den Werkschlosser Engel, der sie mit dem Hinweis darauf zu beruhigen suchte, daß die Engländer den Zeitpunkt ihrer Angriffe ja wohl nicht vorher bekanntgeben würden. Nach der Befreiung Mussolinis, also nach Rückkehr von seinem letzten Urlaub, äußerte der Angeklagte auf seiner Arbeitsstelle, dem Marineverpflegungsamt, zu dem dort als Vor-Arbeiter beschäftigten Baumwollküper Hillmann, es sei ganz gut, daß Mussolini befreit sei, da könne er besser umgelegt werden.

Schließlich hatte der Angeklagte am 13.9.1943 wieder Luftschutzwache. Als bei dieser Gelegenheit eine Zeitung mit einem Bild des Papstes gezeigt wurde, erklärte der Angeklagte, daß der Papst sich ja mit Roosevelt in Rom treffe. Auf die erstaunte Rückfrage: wo?, blieb der Angeklagte bei seiner Behauptung und bestritt auf den Hinweis, daß Rom sich in deutscher Hand befinde, daß dies wahr wäre, das behaupteten nur die deutschen Nachrichten. Er gab zu, während seines Urlaubs englische Sender gehört zu haben, und führte aus, daß die Engländer in der nächsten Woche in Südfrankreich landen würden und die Deutschen in 8 Wochen die Hände hochhalten würden.

Der Angeklagte gibt alle diese Äußerungen zu. Er stellt auch nicht in Abrede, daß ihn nicht nur Koblank, sondern auch seine Wirtin vor derartigen Auslassungen gewarnt hätten. Er behauptet aber, daß er alle diese Äußerungen im Scherz getan hätte. Das konnte ihm der Senat nicht glauben. Der Angeklagte hat sie zum Teil auf energischen Widerspruch aufrechterhalten, er hat trotz Warnung zu wiederholten Malen sich deutschfeindlich geäußert.

Der Senat konnte dem Angeklagten allerdings nicht zur Last legen, daß er aus Deutschfeindlichkeit sogar gewagt hat zu sagen, daß die Deutschen an Ketten gelegt und ausgepeitscht werden müßten, denn diese vom Angeklagten dem Wortlaut und Sinne nach bestrittene schwerwiegende Äußerung ist nicht völlig aufgeklärt. Aber daß Deutschfeindlichkeit und nicht übel angebrachter Scherz das Motiv für die festgestellten Äußerungen des Angeklagten ist, ergibt sich aus ihrem Inhalt. Keiner der Zeugen hat auch den Eindruck gehabt, daß der Angeklagte die Äußerungen nicht ernst meinte und sie nur frotzeln wollte.

Die Deutschfeindlichkeit des ursprünglich politisch unauffälligen und arbeitsamen Mannes kann auch leicht erklärt werden. Der Angeklagte hatte gehört, daß seine Frau zu deutschen Soldaten in Beziehungen getreten sei. Deswegen ist ihm der Sonderurlaub bewilligt worden. Wenn er die Beschuldigungen auch größtenteils als Verleumdung seiner Frau erkannt und sich mit ihr nach einer Aussprache versöhnt hat, so mag hieraus doch ein Stachel gegen das Deutschtum zurückgeblieben sein. Weiter hat der Angeklagte – zwar nicht in der Hauptverhandlung, aber in Gegenwart des Zeugen Engel – zugegeben, daß er englische Sender abgehört hat. Die Feindpropaganda hat die Rückschläge im Osten und im Mittelmeer intensiv ausgenutzt. Dadurch hat der Angeklagte den Mut gewonnen, seine wahre, britenfreundliche und deutschfeindliche Gesinnung in dem Lande zu äußern, das ihm Arbeit und Brot gibt. Vielleicht ist der Angeklagte auch Nihilist, wie er selbst zu Koblank gesagt hat.

Daß der Angeklagte bei seinen Äußerungen planmäßig vorging und die ihm zuteil gewordenen Warnungen bewußt aus dem Winde schlug, beweist, was er am Tage nach dem letzten Vorfall nach seiner eigenen Einlassung zu seiner Wirtin gesagt hat: „Gestern abend habe ich es ganz schlimm gemacht, ich glaube, das geht nicht gut."

Der Senat hatte nach alldem keinen Zweifel, daß der Angeklagte aus einer einheitlichen deutschfeindlichen Grundeinstellung heraus die Siegeshoffnung und den Wehrwillen des deutschen Volkes zu schwächen gesucht hat. Er hat auch damit gerechnet, daß seine Äußerungen von denen, die sie hörten, weitergegeben werden und ist daher der fortgesetzten Wehrkraftzersetzung (§ 5-KSSVO.) schuldig.

Ein minder schwerer Fall liegt nach dem, was über die Umstände und Motive der Tat bereits festgestellt ist, nicht vor. Der Angeklagte ist zwar ein fleißiger Arbeiter und ein guter Familienvater, er hat aber die ihm gebotene Gastfreundschaft schlecht gelohnt. Wir dürfen nicht dulden, daß ausländische Arbeiter die Haltung der inneren deutschen Front – zumal in einem Luftnotgebiet wie Bremen – zu zersetzen versuchen. Der Angeklagte muß daher mit dem Tode bestraft werden. Weil er verurteilt ist, muß er auch die Kosten des Verfahrens tragen (§ 465 StPO.).

gez. Lämmle
Dr. Münstermann

Der Oberreichsanwalt

Brandenburg (Havel)-Görden, den 19. Jun. 1944
beim Volksgerichtshof
4 J 435/44

Vollstreckung des Todesurteils
gegen:
Johannes B i s c h o p s

Gegenwärtig:
als Vollstreckungsleiter:
LGR. W e l p

als Beamter der Geschäftsstelle:
Justizangestellter K a r p e

Um 15.06 Uhr wurde der Verurteilte, die Hände auf dem Rücken gefesselt, durch zwei Gefängnisbeamte vorgeführt. Der Scharfrichter R ö t t g e r aus B e r l i n stand mit seinen drei Gehilfen bereit.

Anwesend war ferner:
der Anstaltsarzt Dr. M ü l l e r.

Nach Feststellung der Personengleichheit des Vorgeführten mit dem Verurteilten beauftragte der Vollstreckungsleiter den Scharfrichter mit der Vollstreckung. Der Verurteilte, der ruhig und gefaßt war, ließ sich ohne Widerstreben auf das Fallbeilgerät legen, worauf der Scharfrichter die Enthauptung mit dem Fallbeil ausführte und sodann meldete, daß das Urteil vollstreckt sei.

Die Vollstreckung dauerte von der Vorführung bis zur Vollzugsmeldung 9 Sekunden.

Im Namen des Deutschen Volkes!

In der Strafsache gegen

1.) den Friseurmeister Gustav B l u d a u, geboren am 18. Oktober 1876 in Wehlau,

2.) den Bademeister a. D. Carl J a c o b e i t, geboren am 22. Dezember 1873 in Laukischken,

3.) den Lohnbuchhalter Paul K r a s c h e w s k i, geboren am 30. Oktober 1880 in Graudenz,

sämtlich aus Königsberg,
zur Zeit in dieser Sache in Polizeihaft,
beschuldigt der Wehrkraftzersetzung,
hat der Volksgerichtshof, 1. Senat, auf Grund der Hauptverhandlung vom 21. Januar 1944, an welcher teilgenommen haben

als Richter:
Präsident des Volksgerichtshofs Dr. Freisler, Vorsitzer
Landgerichtsdirektor Stier,
SA-Brigadeführer Hauer,
SA-Obergruppenführer Späing,
NSKK-Brigadeführer Hoffmann,
als Vertreter des Oberreichsanwalts:
Erster Staatsanwalt Henning,
für Recht erkannt:

Gustav B l u d a u, ein alter Marxist, hat am Schluß des vierten Kriegsjahres sein Friseurgeschäft zu einer Zentrale defaitistischer Zersetzung, auch vor einer Soldatenwitwe und einem Soldaten, gemacht.

Er ist für immer ehrlos und wird mit dem

T o d e

bestraft.

Paul K r a s c h e w s k i, jahrzehntelang sozialdemokratischer Gewerkschaftssekretär, hat im Friseurladen ebenfalls schwerste zersetzende und defaitistische Hetzreden geführt.

Auch er ist für immer ehrlos und wird mit dem

T o d e

bestraft.

Ebenso hat Carl J a c o b e i t defaitistische Bemerkungen gemacht. Aber er ist ein verbrauchter, alter Mann, der immer im Leben seine Pflicht getan hat und auch nach Auskunft der NSDAP kein politischer Feind, sondern ein geschwätziger Alter ist. Er kommt deshalb mit drei Jahren Gefängnis davon.

Seine ganze Haft wird ihm auf seine Strafe angerechnet.

Gustav B l u d a u ist seit Jahrzehnten selbständiger Friseurmeister in Königsberg. 35 Jahre lang war er bis 1933 ein, wie er selbst sagt, emsiges Mitglied der SPD. Jetzt hat er seinen Friseurladen zu einer Zentrale defaitistisch zersetzender Propaganda werden lassen.

Er unterhielt sich mit seinen Kunden des öfteren politisch, und stimmte, wenn diese defaitistische Gedanken äußerten, wie er selbst zugibt, ihnen zu!!! Er sagt sogar, das sei häufig gewesen. Und das tat er, während er die Pflicht hatte, dafür zu sorgen, daß in seinem Laden keine defaitistischen Ansichten geäußert werden.

Aber darüber hinaus betrieb er selbst auch positiv defaitistische und sonst zersetzende Propaganda.

So sagte er z. B. einmal am 28. 8., als ein 10jähriger Junge im Laden erschien und für später wieder bestellt worden war: Unsere Bevölkerungspolitik hat Fortschritte gemacht, man sieht mehr Kinder. Man hat eben jahrelang auf den Krieg hingearbeitet, weil man wußte, daß die beste Jugend fallen wird. Schon diese Begründung der nationalsozialistischen Bevölkerungspolitik zeigt seine ablehnende Gesinnung. Weiter führte er aber am selben Tage aus: Jetzt beginne ein neues Zeitalter; in Italien sei es schon soweit; es könne nicht mehr lange dauern, dann sei es bei uns ebenso; es sei auch höchste Zeit. Wenn es auch in Ostpreußen wegen der Geduld der Bevölkerung lange dauere, so hätten doch die Frauen und Mädels schon das Vertrauen zur obersten Führung verloren. Das ist reiner, zersetzender Defaitismus.

Am 14. 8., also 14 Tage vorher, hat er sich im Geschäft über die Fertigstellung der Splittergräben unterhalten. Da meinte er, es sei auch höchste Zeit, denn in einer Woche kämen sie über uns; die Amerikaner nämlich; schon wären Bombengeschwader von ihnen mit Piloten in Rußland gelandet; die würden Ostpreußen zusammenschlagen. Auf den Einwand eines Parteigenossen, die werde man schon vorher ordentlich „besacken", erwiderte er: Die hätten Gummi- und Chrompanzerung, denen könnten unsere nichts anhaben.

Und ein andermal, am 1. 9., sagte er in seinem Laden: Der Krieg werde noch einige Zeit dauern; es sei aber ausgeschlossen, daß wir die Feinde besiegen; mit Schweden gehe es nun auch schief, und zwar, weil wir das Transit-Abkommen zum Waffenschmuggel mißbraucht hätten.

Bludau gibt zwar zu, über derartige Dinge gesprochen zu haben. Aber er versucht, jedem Gespräch einen anderen Sinn zu geben; freilich nicht etwa einheitlich immer den gleichen, sondern vor der Polizei und vor Gericht unterschiedlich. Dem steht aber die absolut sichere Aussage des SS-Scharführers Höller gegenüber, der, weil Bludaus Geschäft schon aufgefallen war, den Laden überwachte und die dort gefallenen Äußerungen sich immer sofort notierte. Daher besteht kein Zweifel, daß es so ist, wie Höller als Zeuge geschildert hat und wie es hier angegeben ist.

Übrigens hat Bludau vor der Polizei auch zugegeben, einem Soldaten gegenüber sich defaitistisch so geäußert zu haben, wie dieser Soldat – Unteroffizier Willi Freitag – der Polizei gegenüber ausgesagt hat. Danach hat er Freitag erklärt, der Krieg könne nicht mehr lange dauern, die Amerikaner würden uns bald aus Italien herausgedrängt haben, und dann sei es aus; und auf den Einwand des Soldaten von der Ostfront, an der Front sei die Stimmung gut, erwiderte er, in Frankreich und Italien solle sie aber sehr schlecht sein; und gegenüber 1917 sei die Lage heute für uns viel schlechter. Heute in der Hauptverhandlung behauptete freilich Bludau, er habe zwar Freitags Aussage vor der Polizei als richtig bestätigt, aber diese Aussage sei ihm gar nicht vorgehalten worden. Er habe geglaubt, Freitag habe etwas ganz anderes ausgesagt. Das ist völlig unglaubhaft.

Sogar einer Soldatenwitwe, die 4 Jungen im Sinne ihres gefallenen Mannes aufzuziehen hat, der Volksgenossin Frau Lisbeth Henning gegenüber, wagte er zu äußern: Von Stalingrad könnten wir uns nicht mehr erholen, den Krieg könnten wir nicht gewinnen. Auch ein starker Mann, wenn er von 6 Jungen angefallen werde, könne wohl zwei zurückstoßen, aber schließlich müsse er unterliegen. Ein andermal sagte er in Gegenwart der Vgn. Frau Henning zu einem anderen Kunden:

Wenn die Engländer bei Dieppe hätten landen wollen, dann hätten sie es auch getan. Auch das bestritt Bludau. Es ist aber durch die Vgn. Henning, die einen tadellosen Eindruck gemacht hat, voll bewiesen.

Wer als Friseur in seinem Laden, wo er mit vielen Menschen zusammenkommt, derartig systematisch zersetzenden Defaitismus betreibt, ist ein durch und durch für immer ehrloser Mann. Er muß, damit die Kriegslage zu unseren Gunsten grundlegend anders bleibt, als sie 1917 war, damit also kein neues 1918 kommt, mit dem Tode bestraft werden.

Paul K r a s c h e w s k i war jahrzehntelang sozialdemokratischer Gewerkschaftssekretär. Daß er nach 1933 sich volksverräterisch benommen hätte, dafür besteht kein Anhaltspunkt. Aber jetzt ist er in seine frühere Haltung zurückgefallen. Er hat nämlich im Laden Bludaus mit diesem ein höchst verbrecherisches defaitistisch zersetzendes Gespräch geführt. Das war am 10. 9. 43. Er sagte, er habe gehört, daß Mussolini befreit sei, und da habe er hell aufgelacht, Mussolini befreit? Der sei doch gar nicht festgenommen und eingesperrt gewesen; das sei alles lächerliches Theater; er sei in Wien gewesen. Um das Volk noch mehr zu verblöden, sage man, er sei festgenommen gewesen. Ach, du armes deutsches Volk, wie wirst du verdummt und verblödet! Eine Nachricht jagt die andere, das Volk so dumm zu machen, daß es für die Wirklichkeit überhaupt keinen Blick mehr hat. Wie er Weihnachten aus Polen (er war in Grodno eingesetzt) zurückkommen werde, das wisse er noch nicht; man werde ihm wohl nicht wie Heß ein Flugzeug zur Verfügung stellen. Diese lächerliche Komödie! Der sei gar nicht nach England geflogen, der sei in Katyn geblieben. Hier mengte sich Bludau ein und sagte, er sei nach England geflogen und bestätigte auf Kraschewskis Frage, daß er das „vom Engländer", also vom englischen Sender, erfahren habe. Schließlich sagte Kraschewski, es könne nun nicht mehr lange dauern. Bei der Machtübernahme habe die Bevölkerung geschrien: Es muß anders werden! Jetzt ist es anders geworden. Aber wie! Mit 15 Jahren würden die Jungens schon in die Wehrertüchtigungslager und von da gleich an die Front geschickt. Jetzt werde es gut: die 15- und 60jährigen sollten

Deutschland retten! Auch Kraschewski will das, was eben geschildert ist, nicht wahrhaben. Er habe nur einiges davon, und zwar in ganz anderem Sinne, gesprochen. So habe er gesagt, er könne es noch gar nicht glauben, daß Mussolini befreit sei; allerdings habe er in diesem Zusammenhang auch etwas von Volk verdummen geredet. Und was Heß anlangt, so will er nur im Scherz gesagt haben, dieser sei in Katyn geblieben. So etwas ist aber kein Scherz. Der Volksgerichtshof hat keinen Zweifel, daß die bestimmte Aussage des SS-Scharführers Höller, die sich mit der obigen Schilderung deckt, das Richtige trifft, und daß Kraschewski so geredet hat, wie es hier dargestellt ist. Damit ist er aber ein ganz gemeiner Hetzer gewesen, und zwar nicht nur ein Defaitist, sondern auch sonst ein schlimmer Zersetzer. Das sieht man aus der besonderen Gemeinheit der Behauptung, Heß sei in Katyn geblieben, d. h. also: erschossen und in die dortigen Massengräber gelegt worden. Kraschewski ist offenbar unverbesserlich. Auch er ist wegen dieser zersetzenden defaitistischen Äußerungen, die er öffentlich im Friseurladen getan hat, für immer ehrlos. Wie Bludau mußte auch er wegen Zersetzung unserer Wehrkraft (§ 5 KSSVO) zum Tode verurteilt werden.

Der dritte Angeklagte Carl J a c o b e i t ist ein 70 Jahre alter Mann. Er war offenbar heute in der Hauptverhandlung kaum in der Lage, auch nur einzelne Sätze ganz zu begreifen und Gedankengängen zu folgen. Er ist körperlich und geistig völlig verbraucht. Das wird übrigens auch durch ein ärztliches Zeugnis dargelegt, das sein Verteidiger vorgelegt hat. Der Volksgerichtshof entnimmt es aber vor allem auch seinem eigenen Eindruck von diesem Angeklagten. Dieser alte, verbrauchte Mann steht im Ruf, Gerüchtemacher zu sein, wie die Auskunft der NSDAP besagt. Auch diese aber sagt, er mache die Gerüchte nicht aus Feindschaft, sondern aus Schwätzerei; er ist eben ein geschwätziger Alter. Er ließ sich ebenfalls im Geschäft Bludaus rasieren oder die Haare schneiden und unterlag ganz offenbar der Atmosphäre, die Bludau dort geschaffen hat. Insofern ist auch er ein Opfer Bludaus und trifft zum großen Teil die Schuld, die er auf sich geladen hat, den Bludau. Unter dem Eindruck der dortigen Gespräche hat Jacobeit seine ganze

Vergangenheit hinter sich gelassen. Er hat nämlich als Soldat im Weltkriege anständig seine Pflicht getan, war niemals Marxist, sondern gehörte 17 Jahre lang dem Kriegerverein an und sagt glaubhaft, daß er durch und durch in seiner Gesinnung Soldat sei. Dann war er als Bademeister jahrzehntelang Beamter des Magistrats in Königsberg und hat auch dort seine Pflicht getan. Von ihm zu Bludau und Kraschewski hinüber besteht überhaupt keine innere Gemeinschaft. Freilich hat er unter dem Eindruck der Propaganda Bludaus in dessen Geschäft selbst sehr häßliche und sehr schwer zersetzende defaitistische Äußerungen getan. Und zwar in einem Gespräch mit Bludau am 10. 9. Er hat da gesagt, der Führer und Göring hätten die ganze Welt beherrschen wollen. Das italienische Regime sei genauso ein Gewaltregime wie unseres. Nun würden die Engländer jeden einzelnen Faschisten herausholen und wegputzen. Mussolini sei Gott sei Dank schon tot. Dieses Gewaltsystem sei verschwunden, und unseres werde genauso verschwinden. Er machte weitere Ausführungen: Hindenburg sei bei der Machtergreifung betrogen worden, weil man ihn, nachdem er alles übergeben habe, abgeschoben habe. Der Führer habe, weil ihm 4 Millionen Stimmen gefehlt hätten, vor der Machtergreifung noch einmal in Königsberg gesprochen; da habe er den Bauern das Blaue vom Himmel versprochen, und die seien nun auch die Reingefallenen. Was würden die Millionen Kriegsgefangene machen? Die würden bei uns tüchtig aufräumen, wenn wir den Krieg verlieren. Sein Schwiegersohn sei ein 150%iger, der trage das Parteiabzeichen unter der Rockklappe, weil er Angst habe, es zu tragen. Jacobeit sagt, so etwas gesagt zu haben, könne er sich überhaupt nicht denken, denn das widerspräche ganz seiner Gesinnung, und erklärt sich die Aussage des SS-Scharführers Höller, der das alles bezeugt, damit, daß dieser ihn mißverstanden habe. So etwas könne er auch deshalb nicht sagen, weil er sich so gar nicht auszudrücken vermöge. Man muß aber angesichts der Bestimmtheit der Aussage des Zeugen Höller annehmen, daß Jacobeit, jedenfalls dem Inhalt nach, so gesprochen hat, wie es hier dargestellt ist.

Keiner Begründung bedarf es, daß solche Äußerungen normalerweise todeswürdige Verbrechen wären. Aber die ausnahmsweisen Besonderheiten des Falles, die oben geschildert sind, haben den Volksgerichtshof veranlaßt, diesen 70jährigen Mann, der, wie er sagt, nur noch den einen Wunsch hat, bei den Seinen zu sterben, anders zu behandeln als jemanden in der Vollkraft der Jahre. Deshalb hat der Volksgerichtshof wegen der Persönlichkeit des Mannes den Fall trotz der Schwere der Äußerungen ausnahmsweise als leichter angesehen und den Angeklagten Jacobeit mit 3 Jahren Gefängnis davonkommen lassen. Auf seine Strafe hat der Volksgerichtshof Jacobeit seine Haft ganz angerechnet.

Weil Bludau, Kraschewski und Jacobeit verurteilt sind, müssen sie auch die Kosten tragen.

DER AUTOR

Raimund Kusserow, 36 Jahre, Redakteur beim STERN, gelernter Jurist. Studierte in Göttingen und West-Berlin Rechtswissenschaft und Völkerkunde. Arbeitete als Autor und Regisseur für Rundfunk und Fernsehen. Schreibt für den STERN deutsche Reportagen. In Hamburg ist er als Rechtsanwalt zugelassen.

WEITERE AUTOREN DIESES BUCHES:

Martin Beradt, Berliner Rechtsanwalt und expressionistischer Erzähler, wurde 1881 in Magdeburg geboren. 1930 erschien sein Buch „Der deutsche Richter". Er starb 1949 im Exil in New York.

Diether Huhn, 47 Jahre, Vorsitzender Richter am Landgericht Berlin und Professor für Familienrecht an der Berliner Fachhochschule für Verwaltung und Rechtspflege. Autor des Buches „Der Fall Famile".

Klaus-Martin Groth, 34 Jahre, Richter am Verwaltungsgericht Berlin.

Helmut Kramer, 52 Jahre, Richter am Oberlandesgericht Braunschweig.

BILDNACHWEIS

Titel: Manfred Mahn; S. 139 (2), 140, 141 Volker Krämer; 143 Wolfgang Tscharnke; 148 Peter Hartmann/Puk-Press; 149 STERN-Archiv; 150/51 Bundesarchiv Koblenz; Autorenfoto: Amadeus Gummersbach. Alle übrigen Fotos Cornelius Meffert

Sepp Ebelseder/
Peter Juppenlatz
SCHMUTZIGES GELD

336 Seiten mit zahlreichen Fotos, Format 14 x 21 cm, Paperback, DM 20,–

Je schlechter es der Wirtschaft geht, desto leichter haben es die Wirtschaftsganoven. Wenn alle Steuerzahler ehrlich wären, könnten die Steuersätze um 30 Prozent gesenkt werden. Wenn nicht jedes Jahr Milliarden „abgezockt" würden, könnte der Finanzminister ruhiger schlafen.

„In einem Krimi für Wirtschaftsfachleute und einem spannenden Buch auch für Krimifreunde haben Sepp Ebelseder und Peter Juppenlatz Fälle von Millionenschwindel zusammengetragen."
Hamburger Abendblatt

Hans Conrad Zander
GOTTES
UNBEQUEME FREUNDE
Heilige für unsere Zeit

240 Seiten mit zahlreichen, teils farbigen Fotos, Format 14 x 21 cm, Paperback, DM 20,–

Sind Heilige nur überkommene Vorbilder katholischer Tradition? Verstaubte, weltfremde Männer und Frauen, nur gut, bei Not und Verzweiflung angerufen zu werden? Mag sein, daß die größte Zahl der Heiligen den meisten Menschen heute kaum etwas sagt.

Dieses Buch bietet eine verblüffende Entdeckung: Da gibt es jahrhundertealte Heilige, die in unserer heutigen Gesellschaft Idole sein könnten. Deren progressive und alternative Leitmotive aus dem politischen und sozialen Alltag der Bundesrepublik entwickelt sein könnten.

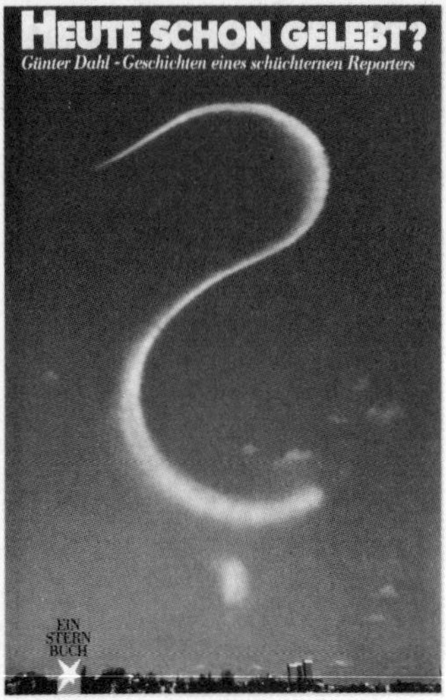

Günter Dahl

HEUTE SCHON GELEBT?
Geschichten eines schüchternen Reporters

288 Seiten, Format 14 x 21 cm, Paperback, DM 20,–

„Ich glaube, Leute, die ich beschreibe, trifft man mehr unter dem Regenbogen als unter einer Stahldachkonstruktion." So beschreibt Günter Dahl die Personen in seinen Geschichten, Feuilletons und Satiren. „Ich glaube, das Bedürfnis der Leser, ohne Ambitionen, ohne Anliegen des Schreibers zu lächeln oder zu sinnieren, ist in der jetzigen Zeit recht ausgeprägt."

Berichte, die so ganz anders sind als gewohnt – deren Wahrheit so unabhängig ist von den aktuellen Ereignissen . . .

Jost Herbig

DER BIO-BOOM
Geschäfte mit dem Leben

294 Seiten, mit zahlreichen Fotos und Zeichnungen, Format 14 x 21 cm, Paperback, DM 20,–

Dieses Buch beschreibt die erstaunlichen Möglichkeiten der neuen Gen-Technik, es zeigt aber auch, welche bedrohlichen Risiken Forscher eingehen, wenn sie der Faszination des Machbaren erliegen: „Wir müssen den biotechnischen Fortschritt an allgemeinen Bedürfnissen orientieren und nicht nur an den Zielen der Forscher und der Industrieunternehmen, die das Geschäft mit den Genen bisher betrieben haben."
J. Herbig